资助：
本教材的出版受“福建省财政厅预算绩效管理智库福建农林大学绩效管理研究中心（项目编号：KZK19M01A）、会计学专业课程群教学团队（项目编号：111416031）、案例开发和案例教学的经费（项目编号：111110040）、福建农林大学研究生出版基金”资助。

# 财务会计理论与实务案例编写教程

张瑞琛　主编



中国财经出版传媒集团
中国财政经济出版社

**图书在版编目（CIP）数据**

财务会计理论与实务案例编写教程／张瑞琛主编
．--北京：中国财政经济出版社，2021.12
ISBN 978－7－5223－0889－0

Ⅰ.①财… Ⅱ.①张… Ⅲ.①财务会计－高等学校－教材 Ⅳ.①F234.4

中国版本图书馆 CIP 数据核字（2021）第 223014 号

责任编辑：彭　波　　　　责任印制：史大鹏
封面设计：卜建辰　　　　责任校对：张　凡

中国财政经济出版社 出版

**URL**：http：//www.cfeph.cn
E－mail：cfeph@cfeph.cn

社址：北京市海淀区阜成路甲 28 号　邮政编码：100142
营销中心电话：010－88191522
天猫网店：中国财政经济出版社旗舰店
网址：https：//zgczjjcbs.tmall.com
北京密兴印刷有限公司印刷　各地新华书店经销
成品尺寸：185mm×260mm　16 开　11 印张　260 000 字
2021 年 12 月第 1 版　2021 年 12 月北京第 1 次印刷
定价：68.00 元
ISBN 978－7－5223－0889－0
（图书出现印装问题，本社负责调换，电话：010－88190548）
本社质量投诉电话：010－88190744

# “财政部规划教材”“普通高等学校“十三五”规划教材”“高等学校会计核心课程教材”系列编委会名单

（以姓氏拼音排名，不分先后）

## 企业类成员

陈亨强　福建中医药大学附属第二人民医院
陈永云　集美大学财务处
傅中琰　福建林业职业技术学院计划财务处
李怀宇　福建星网锐捷通讯股份有限公司
连国萍　福建省人民政府发展研究中心
梁武全　中核产业基金管理（北京）有限公司
刘　锦　中国航空研究院
施晓莹　漳州市财政局
宋家兴　中国煤炭科工集团天地科技股份有限公司
万爱民　新疆维吾尔自治区新华书店
王伟明　北京兴华会计师事务所（特殊普通合伙）
王文章　中国中煤能源集团有限公司
王欣健　航天科工投资基金管理（北京）有限公司
吴峰宇　华东建筑设计集团股份有限公司
杨淑飞　恒泰证券股份有限公司
游俊红　福建体育职业学院财务处
曾政林　福建诚仕达税务师事务所
郑丽敏　福建医科大学附属南平市第一医院

# 前　言

随着我国高校教学改革的深入，财务会计教学改革也在如火如荼地进行。众所周知，财务会计理论与实务课程具有很强的理论性与实践性，不仅课程难度较大，而且与会计实务紧密结合。因此，在财务会计理论与实务教学中，案例教学与理论教学相得益彰。在理论教学中辅助以案例教学，可以使学生加深对理论知识的理解，能够培养学生的分析问题、解决问题的能力，从而提高财务会计理论与实务课程的教学效果。案例教学与理论教学相结合，将财务会计理论深刻地置于真实的经济背景中，财务会计的知识点才能变得鲜活起来，财务会计理论与实务的教学才能变得更加生动。如何在会计教学过程中引入案例教学方法，成为近年来高校会计学教育界普遍关注的问题。

传统会计教学模式是教师讲、学生被动听的“填鸭式教学”。在这样的教学模式中，学生和教师完全沉浸在教师构造的“乌托邦”中，完全抽象的理论和例子使学生无法了解现实经济生活中的会计行为。会计教材和相关的练习题往往都是与相关联业务的知识点严丝合缝地结合在一起，而与其他业务则很少相关联，这实际上是将现实中复杂业务简单化。学生对这样练习题进行分析和解答往往仅能够掌握与之对应的知识点，而很难了解到相关知识点在现实业务中与其他知识点的关联，因而不利于培养学生的综合分析和判断能力。整个教学过程枯燥无味，难以调动学生学习的主动性和积极性，学生的主观能动性受到限制。在现实的会计教育模式中，教师组织教学是关键，教师更多的是体现主导性角色，既提高了课堂教学的趣味性，同时也提高了教学效率。另外，传统的会计教学模式中，课堂教学处于静态和相对静态的过程，现实会计环境的复杂性没有得到很好地体现。课堂讲授的内容都是课本上已经成为定规的理论和实务，没有考虑到会计环境的变化对会计理论与实务的冲击。而现实经济生活中，会计理论体系与会计实务经过“扬弃”后都会产生巨大的改变。为了培养学生应对环境复杂性的能力，只有将会计案例教学模式引入课堂教学过程。与传统的财务会计教学相比，财务会计案例教学中所选择的案例，多来自实务，或者根据实务编写，案例更贴近现实的经济生活，能帮助学生了解、关注目前较为热点的问题，从而激发学生的学习兴趣和学习热情，变被动思考为主动参与，变被动接受为主动获取。

所谓案例教学是指将现实生活中的实际例子通过教师的加工处理成为教学案例，通过学生课下广泛查阅资料，课堂中在教师引导下踊跃发言的方式，通过师生互动的交流发掘案例中蕴藏的会计理论和实务的教学过程。案例教学法一般包括以下步骤：第一，依据教学目标选择、设计教学案例。案例的选择应充分考虑学生的基础知识和学习能力，遵循趣味性高、难易度适中的原则，根据教学重难点提出问题和要求。第二，组织案例分组讨论。在案例讨论中，教师应给予学生正确的引导，让每个学习者都参与进来，从不同的角度进行阐述和辩论，共同解决问题。第三，进行案例总结。在学生分组讨论并提交分析报告后，教师对案例中的重难点和理论知识部分进行梳理、总结，并结合学生在讨论中的参与程度、对案例的分析结果等对学生进行反馈评价。

采用案例教学模式一方面可以活跃课堂气氛，启发学生思维。财务会计课堂教学中有效引入案例教学法，能让学生在分析案例、讨论案例中熟悉理论知识，开发智慧，活跃思维，从而提高自己解决实际问题的能力。学生通过分组讨论，活跃了课堂氛围，调动了学生学习的主动性和积极性，摆脱了传统课堂教学中学生懒散的学习习惯和对教师讲解的依赖心理。通过真实生动的案例教学让学生学会主动思考问题，解决问题，这有利培养学生的实际应用能力。另一方面可以培养学生的团队合作能力。教师在进行案例教学时，一般会采用小组讨论的形式展开教学。在这一过程中，教师将课堂节奏交给学生，学生按小组合作讨论的形式对案例进行充分的分析和探讨，最终形成解决问题的方案。这一环节不但活跃了课堂氛围，启发了学生的思维，还培养了学生团队协作的能力。学生通过小组合作，在案例分析和讨论中学会了沟通与协作，提高了自身的团队协作能力，培养了自己的人际关系处理能力。

案例教学法能否取得良好的效果在很大程度上取决于案例质量的高低。目前市场上以国外会计案例教材较多，以本土公司为主要素材的财务会计案例教材并不多见。国外案例教材内容全面，形式规范，与理论联系紧密，但由于国外企业面临的制度环境和文化背景与中国存在较大差异，学生对国外案例中很多问题没有切身的理解和体会，不利于学生进行案例讨论，不能满足我国财务会计类课程案例教学的需要。本教材即针对这一问题，采用本土公司作为主要素材进行案例撰写，由于编者的水平有限，本教材难免有疏漏之处，恭请广大师生及其他读者予以批评指正。

# 目　录

# 第一章 总 论

## 一、引言

改革开放以来，我国的经济体系已经过近半个世纪的改革和不断发展，而财务会计学科也不断发展壮大、日趋成熟。我国的会计体系也逐渐搭建完毕，《企业会计准则》《政府会计准则——基本准则》也都已经施行。随着我国会计体系的规范化，在这种趋势下，对于财务会计教学的要求也逐渐提高，而会计学科作为一门应用面极广的学科，需要将理论知识与实践相结合，在校园内实践机会较少的情况下，运用案例教学法是行之有效的方法。

由于我国会计体系的理论体系已经逐渐成熟，各高校目前对于会计学科的理论教学已经相当完备，但也存在着过于重视理论教学和培养学生核算能力，从而忽视了培养学生应对资本市场瞬息万变的情况下管理决策和随机应变的能力。而将案例教学与理论教学结合起来，则可以使学生在案例中加深对理论的理解和应用，培养学生思考问题、解决问题的能力，将理论融入案例中，达到提升教学的效果。案例教学法符合当前会计教育的特点和需求，因而在会计教学过程中颇受重视。基于以上背景，笔者编写了这本适合于会计教学使用的案例编写教程。

## 二、本书内容概述

本书共分为财政绩效、长期股权投资、企业合并、反向收购、优先股、公允价值计量、金融工具七个部分，共 11 个案例。每个案例都点出了编写目的、相关知识点解析、拟解决的关键问题、相关会计准则连接，同时每个案例中包括案例正文、具体分析两部分，其中案例分析包括编写目的及用途、启发思考题、理论依据、分析要点、分析思路五个部分的内容，力求将理论知识和实际应用相结合，提高本教材的可读性，便于理解；同时，每个案例的思考题、分析要点、分析思路都是编者结合案例要点提出，引导案例读者切实地掌握各章的核心内容和分析案例的基本方法，以提高学生在实务中的应变能力、判断能力以及分析能力，读者可以通过本书所收录的案例以对如何编写财务会计案例有总体的了解，起到启发和借鉴的作用。

## 三、当前案例撰写现状及初学者存在的问题

### （一）国内案例研究水平有待提高

MPACC 学生的毕业论文与会计学术型硕士的毕业论文有较大不同，后者采用实证研究方法，而 MPACC 学生则需要撰写案例论文。然而，案例研究与撰写在我国依然处于起

步阶段，案例研究方法的普及度依然不高，研究的广度、深度依然有待加强。学术界也存在不重视案例研究的情况，片面地认为案例研究并非科学的研究方法，当前，国内著名的《经济研究》《会计研究》和《财会月刊》等期刊所发表的案例研究论文数量明显少于实证研究论文。也有部分学者片面地认为案例研究仅局限于管理会计方面，然而事实上案例研究方法在财务会计、管理会计、审计、公司治理等方面都有所应用。可见，国内案例研究的起步缓慢，也制约了 MPACC 教学水平的提升。

### （二）在初次接触案例论文撰写时存在的问题

MPACC 学员在初次撰写案例论文时往往存在诸多问题。首先，部分学员会将案例论文当作报告来撰写，缺乏研究过程与拟解决的问题，而需要注意的是，案例撰写需要的是“研究”而并非“陈述”；其次，案例研究需要与理论密切相关，初学者往往会因为缺乏理论指导，为凑足字数拼凑不相关的理论，不符合案例的基本要求；最后，初学者也会存在不够客观、在案例中出现主观臆断而非研究分析得出结论的现象。

## 四、对于初学者案例教学的相关建议

### （一）规范案例论文流程及格式

案例论文事实上并没有严格统一的格式与内容，但通常来讲，案例论文需要包括以下几个部分：第一，案例的摘要或者引言。这部分属于案例的综述，需要给出案例研究题目、研究方向、选题意义等。第二，案例设计。其包括案例选取、案例背景介绍、案例具体过程等。第三，案例分析。这部分是案例的核心内容，需要通过案例分析得出新的理论，或者用案例分析的结论支撑、解释原本存在的理论。第四，结论。需要给出本案例所得出的结论，并要说明与现有的理论之间的联系。第五，指出未来的研究方向以及案例研究过程中的不足。

### （二）案例选择方法以及案例研究过程中的注意事项

第一，如何寻找合适的案例研究。学员可以通过自己拟订主题，寻找相关企业行为作为案例进行研究，也可以观察企业行为，从中找到问题并加以研究。第二，如何选择案例。案例的选择标准是能否验证理论，或拓宽新的理论，因此选择案例时一定要注意案例和自己想要研究的理论是否紧密相关，保证案例研究能够支撑理论。第三，案例研究时的数据收集。数据可以通过多种渠道方法进行收集，访谈、问卷、数据库数据、历史文献等，以团队为单位进行案例研究时，可以互相佐证，确保客观性。第四，案例分析需要客观。不能为了得出自己想要的结论来论证理论，而刻意摈弃反面数据，导致结论的可信度降低。第五，注意案例研究具有独特性。案例研究与实证研究并不相同，案例所研究的往往是单独事件，其所得出的结论未必适用于整个研究方向，如果想将研究所得出的结论套用给所有的相关事件，一定需要谨慎求证，必要时可以使用多案例来进行研究。

### （三）在撰写案例之前参考模板论文

MPACC 学员之前对案例了解不深，初学者一时之间难以入手也属于正常。在案例课程中，初学者可以对本书收录的案例进行阅读，在阅读过程中了解其写作格式及内在逻辑。通过阅读培养自身的写作技巧、思辨能力，并进行深度讨论，对案例的写作进行归纳总结，逐渐理解如何着手准备案例撰写。

### （四）加强对英文文献的阅读

虽然我国国内的案例研究在迅猛发展，但因为起步较晚，比较起国外依然有所不足，因此对于国外更为深入的案例研究领域的借鉴也是相当重要的，考虑到 MPACC 学员的实际情况，要求初学者直接阅读英文文献显然不现实，在学员对案例研究有所进展后，可以考虑对国外文献进行研究，这不仅仅能提高学员阅读英文文献的能力，也可以提高学员案例论文的写作水平，拓宽案例研究的思路。

## 五、结语

对于偏重实务的 MPACC 学员而言，案例研究可以帮助其提高在复杂多变的环境中解决问题的能力，而且可以帮助发现总结实践现象，对于将所学理论与实务相结合具有重大的作用及深远的意义。

本书可作为财务会计理论与实务案例编写的教材，希望读者通过本教材，可以达到获取如何编写案例的知识、启发创作案例的思路的目的；限于编者的经验不足、水平局限，本书在编纂过程中尚存在不足之处，欢迎专家、学者、读者批评指正。

# 第二章　财政绩效案例分析

## 第一节　案例编写说明与理论基础

### 一、案例编写目的

通过财政绩效的相关案例，有助于了解财政绩效评价过程中的各个程序。明白在整个财政绩效评价过程中所需要依据的理论以及实际操作的复杂性，清楚地认识到财政绩效评价是政府绩效管理的基本制度，应认识到其重要性。案例通过对政府财政绩效评价的研究，能够了解整个评价过程中的会计概念及理论依据，对于具体场景的应用也有一定的了解。同时也对政府绩效评价的相关处理提出建议，不能仅仅依靠理论依据，也需要合理地设定指标进行灵活的应对。

### 二、案例相关知识点解析

1. 财政绩效评价：财政绩效评价也称政府支出绩效评价，是指运用一定的评价方法进行量化指标及评价标准，对政府部门为实现其职能所确定的绩效目标的实现程度以及为实现这一目标所安排预算的执行结果进行的综合性评价。

2. 财政绩效评价的过程。

（1）确定绩效评价对象；

（2）下达绩效评价通知；

（3）确定绩效评价工作人员；

（4）制订绩效评价工作方案；

（5）收集绩效评价相关资料以及设定评价指标；

（6）对资料和评价分数进行审查核实；

（7）综合分析并形成评价结论；

（8）撰写与提交评价报告是评价工作的成果，也是对被评价对象财政资金绩效情况的结论性报告；

（9）评价结果反馈；

（10）建立绩效评价档案。

3. 设置财政绩效目标需注意的构成成分。

（1）设置绩效目标内容。需要根据实际工作内容来应对，对于已经确定的评价目标设定清晰明确、可量化、便于具体指标化的文字描述。

（2）参考标准。参考标准要设置合理，具有参考意义，如可设置为三年的平均值、类似项目的先进水平、行业标准等。

（3）绩效目标值。对绩效目标内容进行评比的可量化标准，通过对项目的执行所可以实现达到目标的具体值。

## 三、拟解决的关键问题

1. 了解财政绩效评价的重要性，以及其对政府财政的意义。
2. 了解财政绩效评价的程序。
3. 了解在财政绩效评价过程中易出现的问题，思考如何应对。
4. 了解在财政绩效评价过程中设立评价标准的方式和原则。
5. 了解在财政绩效评价过程中运用的理论，掌握如何将理论与实践相结合的方法。

# 第二节　H地区支持科技创新若干政策的绩效评价

## 一、案例正文

**摘要：**本政策评价项目案例，介绍了H地区高层次科技人才团队扶持政策评价的开展情况。该项目按照“投入、过程、产出、效果”的逻辑路径对政策执行情况全面梳理，分析政策成效，评价得分为86.66分，评价等级为“优”。评价组在绩效分析的基础上，梳理总结了政策实施经验及其存在的问题，并提出了改进建议。本案例的主要亮点在于评价内容的全面性和评价实施方式的创新性，尤其在评价实施方面具有两大特色，一是信息化平台的使用，二是中介联动，为省级层面开展覆盖全省范围的绩效评价工作提供了新的思路。

**关键词：**财政绩效评价、财政绩效评价指标、财政绩效评价指标体系构建

### （一）引言

为深入贯彻全国科技创新大会精神，落实省委、省政府重大决策部署，抢抓协同发展重大机遇，推动以科技创新为核心的全面创新，各地区都发布了支持科技创新的若干政策，为提高政府部门财政资金的使用效率，近年来财政绩效评价越来越受到重视。

### （二）H地区支持科技创新若干政策基本情况概述

H地区高层次科技人才团队创新创业扶持政策自2015年出台以来，一直延续执行，未明确政策执行期限。扶持政策主要内容有：在市（县）先行投入支持的基础上，省以债权投入或股权投资方式，分A、B、C三类，分别给予高层次创新创业人才团队1 000万元、600万元、300万元支持。政策范围在2015～2016年为外省来H地区创新创业高层次人才团队，2017～2018年将H地区纳入扶持范围，不再局限于外省高层次人才团队的引

进。2015 ~2018 年共扶持高层次科技人才团队 120 个。

本政策扶持资金来源于财政资金，纳入部门年度预算。各年度预算和执行情况如表 2 –1 所示。

表 2 –1　　　　H 地区高层次科技人才团队扶持情况

| 年份 | 预算金额（万元） | 公告扶持数量（支） | | | 实际扶持数量（支） | 实际拨付金额（万元） |
|---|---|---|---|---|---|---|
| | | A 类 | B 类 | C 类 | | |
| 2015 | 10 000 | 10 | — | — | 9 | 9 000 |
| 2016 | 19 000 | 10 | 10 | 10 | 26 | 14 613 |
| 2017 | 19 000 | 11 | 11 | 10 | 27 | 16 500 |
| 2018 | 28 100 | 48 | | | 暂未执行 | 暂无拨付 |

### （三）背景介绍

党的十八大明确提出："科技创新是提高社会生产力和综合国力的战略支撑，必须摆在国家发展全局的核心位置"，强调要坚持走中国特色自主创新道路、实施创新驱动发展战略。

为了推进创新驱动战略实施和创新型省份建设，切实发挥地方、企业、高校院所在创新型省份建设中的重要作用，2015 年出台的《关于实施创新驱动发展战略进一步加快创新型省份建设的意见》（H 发〔2015〕4 号）中提出了推进产业转型、培育创新型企业、打造创新型城市的总体要求，并制定了力争在 5 年内培养引进一流创新创业团队 50 个左右的目标，鼓励携带自主知识产权的高层次科技人才团队在 H 地区开展科技成果转化，高新技术产品产业化活动，从而实现 H 地区创新型省份建设。

2015 年 3 月，H 地区出台了《关于印发实施创新驱动发展战略进一步加快创新型省份建设配套文件的通知》（H 政办〔2015〕8 号），对高层次科技人才来 H 地区创新创业政策中的扶持对象、扶持方式、扶持力度、申报审核程序等做出了进一步规定。

此后，H 地区科技创新扶持政策及人才团队引进政策持续完善，2018 年出台了《H 地区人民政府关于印发支持科技创新若干政策的通知》（H 政〔2018〕52 号），支持高层次科技人才团队创新创业，鼓励携带自主知识产权的科技团队在 H 地区创办公司或与省内企业共同设立公司，开展科技成果转化。

### （四）绩效评价设计与实施

1. 绩效评价过程。

（1）拟解决的问题。

本次绩效评价，主要目的在于：

①全面梳理 2015 ~2018 年扶持执行情况，考察政策落实情况。

②客观评价高层次科技人才团队扶持绩效，根据政策的执行经验和存在的不足，为政策扶持对象的优化、扶持方式的调整、投后管理的完善等提供依据。

③综合分析政策效益和政策目标实现程度，加强预算绩效管理，提高财政资金配置和

使用效益。

(2) 总体思路的设计。

首先，评价组按照高层次科技人才团队扶持政策的“政策投入，执行过程、政策产出、政策效果”的逻辑思路设计评价指标体系，充分考虑本次政策评价时段和扶持方式的特殊性；其次，对高层次科技人才团队政策的多级政策主管单位、受益团队负责人展开深入访谈，并实地走访调研受扶持人才团队注册企业，发放政策满意度问卷；再次，评价组调研数据和指标体系，以百分制对评价指标进行量化打分，在指标评分基础上展开绩效分析，全面评估政策成效；最后，从政策制定、政策执行、政策效果方面全面梳理高层次人才团队的政策执行和团队成长经验，分析政策执行中产出和效果方面的问题，提出改进意见和建议。

(3) 评价内容及指标体系建设。

本次高层次科技人才团队扶持政策绩效评价针对 2015 ~ 2018 年扶持高层次科技人才团队在 H 地区创新创业政策扶持的 120 个团队、40 113 万元扶持资金，评价内容包括扶持资金的投入、产出和扶持政策执行成效等内容。评价组根据评价内容，设计评价指标体系。在投入指标方面，从项目立项、资金落实两个方面设计 5 条指标；在过程指标方面，从项目管理、资金管理、投后管理三个方面设计 6 条指标；在产出方面，从团队建设、公司发展、科技产出、成本指标四个方面设计 6 条指标；在成效方面，从经济效益、社会效益、受益方满意度三个方面设计 5 条指标。

2. 评价实施。

评价组通过文件资料搜集、实地走访、访谈、问卷调查的方式实施本次绩效评价，通过抽查的方式现场调研 20 个、电话调研 30 个人才团队以获取一手资料，评价扶持政策的执行和绩效情况。

在评价的具体实施方面，评价组采用信息化平台作为评价手段，在信息平台内实现项目组的任务分工，完成方案编制、指标设计、调研设计、报告撰写等工作。

### （五）H 地区支持科技创新若干政策绩效评价分析

1. H 地区支持科技创新若干政策绩效评价指标得分。

评价组通过基础数据填报、问卷调查和访谈获取的数据，对 H 地区 2015 ~ 2018 年支持高层次科技人才团队创新创业政策整体情况进行了独立客观的评价，最终评分结果为 86.66 分（见表 2 – 2），参照评价标准，评价等级为“优”。

**表 2 – 2　　H 地区高层次科技人才团队扶持政策绩效评价指标体系与得分**

| 序号 | 一级指标 | 二级指标 | 三级指标 | 标杆值 | 权重 | 得分 |
|---|---|---|---|---|---|---|
| 1 | 投入（18 分） | 项目立项（10 分） | 立项规范性 | 规范 | 4 | 9.45 |
| 2 | | | 政策目标合理性 | 合理 | 3 | |
| 3 | | | 绩效指标明确性 | 明确 | 3 | |
| 4 | | 资金落实（8 分） | 市（县）资金到位率 | 100% | 4 | 8.00 |
| 5 | | | 省级资金到位率 | 100% | 4 | |

续表

| 序号 | 一级指标 | 二级指标 | 三级指标 | 标杆值 | 权重 | 得分 |
|---|---|---|---|---|---|---|
| 6 | 过程（12分） | 项目管理（10分） | 项目管理制度健全性 | 健全 | 4 | 8.50 |
| 7 | | | 制度执行有效性 | 有效 | 6 | |
| 8 | | 资金管理（6分） | 资金专户管理有效性 | 有效 | 2 | 6.00 |
| 9 | | | 资金拨付合规性 | 合规 | 4 | |
| 10 | | 投后管理（6分） | 日常管理 | 规范 | 3 | 6.00 |
| 11 | | | 重大事项管理 | 规范 | 3 | |
| 12 | 产出（35分） | 团队建设（8分） | 团队构成合理性 | 合理 | 4 | 4.35 |
| 13 | | | 团队发展情况 | 健康 | 4 | |
| 14 | | 公司发展（10分） | 项目进展情况 | 100% | 10 | 9.20 |
| 15 | | 科技产出（12） | 知识产权情况 | 良好 | 8 | 10.25 |
| 16 | | | 其他科技成果产出情况 | 良好 | 4 | |
| 17 | | 成本指标（5） | 管理成本规范性 | 规范 | 5 | 5.00 |
| 18 | 效果（25分） | 经济效益（9分） | 企业成长性 | 良好 | 4 | 7.09 |
| 19 | | | 税收贡献增长率 | 30% | 5 | |
| 20 | | 社会效益（12分） | 就业岗位增长率 | 10% | 4 | 8.817 |
| 21 | | | 创新创业环境改善情况 | 优化 | 8 | |
| 22 | | 受益方满意度（4分） | 受扶持企业满意度 | ≥85% | 4 | 4.00 |
| 23 | 合计 | | | | 100 | 86.66 |

2. 绩效分析。

政策绩效分析是结合评价指标，综合考察政策目标实现程度、政策执行效率、政策产出效益的方法。本案例的政策分析围绕扶持政策的目标，首先，考察目标的达成情况；其次，对扶持团队进行分析，考察团队的类型及其与当地发展规划的匹配性；再次，对团队的成长性和其企业的发展情况进行分析，考察扶持政策的效益情况；最后，综合分析扶持政策与企业发展的相关性。

评价组在深入调研和全面的数据分析的基础上，开展高层次科技人才团队扶持政策绩效分析，分析结论如下：该政策成功吸引了一批高层次人才团队在H地区创新创业，已经达成5年培养引进一流创新创业团队50个左右的政策目标；受扶持团队类型多样，与省区市发展规划相匹配；团队成长性较好，领军人才水准高，核心成员稳定，但团队架构需要进一步完善；人才团队技术产业化情况与团队类型具有一定相关性，产业化进程呈现出不同态势；扶持政策对企业的发展来说，能够解决初期的资金需求问题，同时也能带来一定的关联效应，但是投后管理机制的不完善也对企业的进一步发展造成阻碍。

具体政策绩效分析，本案例以产业化情况为例进行说明，首先，在知识产权情况方面，高层次人才团队及其注册企业，十分重视知识产权的申请和获取，以知识产权的获取和保护作为企业参与市场竞争的重要手段，并且在申请和授权数量方面，取得了较好的成绩。其次，从产品的开发周期来看，不同类型的人才团队产品化周期长短不一，转移转化类人才团队项目进展快，在厂房、机器、人员等配置后即可迅速形成产品，技术产业化类人才团队项目进展则相对较慢，技术研发类人才团队则需要更长的周期实现产品化。最后，在经济社会贡献方面，调研的20个团队销售收入大部分呈上升趋势，政策对于企业成长有一定的促进作用，但存在利润率偏低的问题，人才团队注册的企业成立时间不长，大多数伴随着产品研发及生产线投产，成本居高不下，导致利润整体偏低。纳税情况与其销售收入和利润基本吻合，整体纳税规模偏小。

3. 绩效评价结论。

（1）总体结论。

评价组通过基础数据填报、问卷调查和访谈获取的数据，对H地区2015～2018年支持高层次科技人才团队创新创业政策整体情况进行了独立客观的评价，最终评分结果为86.66分，参照评价标准，评价等级为“优”。

（2）政策成效。

扶持政策成功吸引了一批高层次科技人才团队在H地区创新创业。受扶持的人才团队可以分为转移转化类、技术产业化类、技术研发类三种类型，与省、地方产业发展规划匹配度高，团队领军人才具备很高的技术水平，能够起到技术带头作用，团队成员稳定度高，4年离职率低于5%，扶持人才团队以知识产权的获取和保护作为企业参与市场竞争的重要手段，在申请和授权数量方面，取得了较好的成绩。人才团队的产业化进行情况良好，绝大多数形成了订单并有销售资金回笼，但是因为处于市场初期，销售规模有限，致使企业利润和纳税金额偏低。

### （六）H地区支持科技创新若干政策绩效评价案例总结

（1）评价政策内容全面。本案例以2015～2018年的政策实施情况为评价内容，是在政策实施4年后开展绩效评价。评价的周期较为合理，能够较好地评价政策实施的成效；评价结论也能较好地为政策调整提供参考。在评价指标体系设计方面，本案例充分考虑了政策的决策、执行、成效的逻辑过程，同时也对团队和企业的成长进行全面考量，设计了一套较为全面的评价指标体系。全面的指标体系，使以指标分析为基础的绩效分析和报告撰写更具有全面性。另外，高层次人才团队政策评价构成了2018年支持科技创新若干政策评价的主要内容之一。其评价结论对整体评价结论的得出产生重要影响。

（2）评价实施方式。本次绩效评价的工作有两大特色：一是信息化平台的使用；二是中介联动。

首先，在信息化平台使用方面，本案例不仅实现了项目工作开展的平台化，而且利用平台开展调研取数和数据分析，实现了调研的平台化操作和数据分析的系统化解决。在调研前，评价组与平台开发组沟通后，在系统部署取数基础表模板和数据复核、验证标准，并将部署完成的系统配置给调研对象开展数据填报工在调研时，现场调研组根据调研对象填报的数据，对企业和团队的现实情况进行现场复核，完成调研取数工作；调研结束后，评价组设置数据分析要求，利用平台完成基础数据分析，汇总得出指标评分关联数据和利益相关方满意度，解决了人工分析的不便利问题，提高了数据分析效率。

其次，在中介联动方面，本次高层次人才团队扶持政策绩效评价属于H地区支持科技创新若干政策绩效评价的一部分，涉及面十分广泛。因此，在评价工作的开展中，创新性地采用了中介联动的方式进行。中介联动不仅是指共同开展绩效评价，而且是在评价的过程中，牵头方完成任务分配和数据复核，其他中介均通过平台完成任务领取、数据采集工作，形成平台中介联动。通过中介联动，完成了大型评价项目的协调统一部署，优化了系统功能，为后期开展类似大规模项目积累了宝贵经验。

最后，评价结果应用。本政策评价对高层次科技人才团队扶持政策的制度设计、执行及其成效进行全面梳理分析，提出了契合政策实际的调整建议，具有较高的可行性，为后续政策调整和财政资金安排提供了有力的制度依据。

## 二、案例说明书

### （一）案例要解决的关键问题

本案例的编写目的在于让学生了解财政绩效评价工作全过程，明白财政绩效评价的指标体系如何构建、绩效评价实施过程步骤，以及绩效评价结果，并从中总结问题。从而让学生简捷明了地对财政绩效评价有一个清楚的认知，提高学生对绩效方面知识的重视。

### （二）需要学员识别的关键问题

1. H 地区支持科技创新若干政策绩效评价的必要性？
2. 财政绩效评价指标与分值设立原则？
3. H 地区支持科技创新若干政策绩效评价存在的问题原因分析？

### （三）部门绩效评价管理相关理论依据

1. 公共财政理论。

从概念的角度讲，公共财政有几个不同层面的意义：第一，从公众的层面来说，它是涵盖了每一位公民的财政，通过公共财政来满足整个社会的运转需求，需要注意的是，公共财政并不是私人财务，不归属于某一个人，也不是只为了行政事业单位运转的财政；第二，从宏观经济层面来说，公共财政可以从宏观层面来为社会运转提供一定的帮助，由于市场的自动运转还不够满足社会的需求，而公共财政的存在可以补充这部分的缺失，企业与个人无法做到的事情，它可以弥补；第三，想要让公共财政较好地起到作用、实现其目标，它必须是以民意为核心为主导的财政，不能以某个官员的意志为转移。

公共财政与政府的公共服务关系密切，因此想要让公共财政得到良好的效益，也需要将绩效这个概念与其相联系，公共财政是为了满足每位公民的需求，必须把人民的需求放在第一位，以此为导向。所以在绩效评价过程中也会涉及服务对象满意度这样的项目，通过对民意的调查来反映公共财政的效益，建立完善的公共财政管理体系。

2. 委托代理理论。

委托代理理论是为了探索企业内部管理层面中的委托代理关系，这个理论最早是从公司中委托人和代理人的关系命题中来的。由于存在信息不对称的情况，因此在这两者当中存在不平衡的情形，委托人为了使自己的利益得到最大化，希望代理人的行为能按照其要求同时也须接受委托人的监督。而发展到如今，委托代理理论不仅仅是在企业当中才存在，在其他层面也能找到委托代理理论的身影。一般来说，该理论指出，虽然委托人是财产的所有人，但委托人不能完全地掌管所有的财产、指导企业所有的经营，这就牵扯出了代理人的概念，好比现代企业中的股东和 CEO 的关系。从委托人的角度而言，他希望代理人能够忠诚、尽职尽责地工作、尽力实现利润，为委托人带来利益；而从代理人的角度而言，代理人是独立的个体，是利益人，也希望自己的利益最大化。

为了消除委托人和代理人之间的不稳定因素，委托人与代理人之间便会形成协议或签署合约，在这些无法解决实际问题的情况下，也可以通过建立制度，用制度规定进行监控，做的好有激励，做的差有惩罚，以此来达到委托人的利益。而政府层面上也会存在这样的委托代理的关系，而财政支出绩效评价能较好地解决行政事业单位与社会公民之间存在的这种关系，因此，将绩效评价加入政府的日常支出管理中是十分有必要的，它能提升政府的工作效率、加强支出的有效性。

3. 新公共管理理论。

新公共管理理论的产生是由于社会的不断进步，人民素质的普遍提高，人们的需求品质不断提升，这属于政府随社会不断更新而来的新兴理论。在这种环境下，政府必须对本部门存在的问题进行探究并研究出更创新更好的理论，由此西方理论界提出了新公共管理理论和公共服务理论。新公共管理理论认为，政府应重新进行角色定位，应该去关注每个人独立意识，绩效管理不应只是固定不变的形式，不应仅以达成既有目标、完成生硬的数据为目的，更应该像做企业文化一样，去吸引广大公民，去努力获得社会公民的归属感和认同感。

新公共管理理论有几个特点，主要有：放大管理的视野，用更高的层次去考量问题，宏观地进行管理。行政事业单位在进行公共服务的过程中，应从全面整体宏观的层面来进行制度体系的构建，而不仅是完成任务，坚持以人为本，以公众需求为导向来改善政府的行政绩效；将竞争意识加入政府管理中，可以进行末位淘汰制、绩效考核制等方法，来使市场更加公平、更加透明；以绩效为指引，政府实施“相对宽松”的行政规则，用动态的、全新的、高效的方式方法去开展工作；将权力下放，制订合理有效的政府内部的运行组织架构、人力资源架构，减少政府“一支笔”工作性质，提升工作效率。

新公共管理理论摈弃了过往的旧的公共理论，以前的公共理论只重视遵规守纪、完成任务，而不重视绩效、不进行动态管理，相对比较死板。现在的理论认为应刚柔并进，宽松管理，同时对于绩效评价工作的全流程管理应较为严格，用绩效推动政府工作的进步。

### （四）关键分析要点

1. 了解 H 地区支持科技创新若干政策绩效评价在当前政策背景与大环境下的重要性。

2. 解决问题的关键最终需要对 H 地区支持科技创新若干政策绩效评价全过程有一个全面的了解，结合详细情况进行分析，得出问题答案。

### （五）分析思路

1. H 地区支持科技创新若干政策绩效评价的必要性。

（1）政府扶持方式的探索。政府投资主要有四种类型，即财政投资（包括财政拨款与资本金注入）、财政补助（如财政补贴、基金补助、研发委托费等）、政策性金融（如低息贷款、贴息及贷款担保等）和税收优惠（如特别折旧、进口设备税收减免、所得税减免、税前扣除研发费用等）。本案例中高层次人才团队扶持为财政投资，具体为股权投资和债权投入两种形式。这里有两个值得讨论的问题：一是政府投资方式的合理性，以财政投资的方式进行扶持，目的是充分发挥团队的潜力和调动地方的积极性，省级财政投资起到引导和鼓励作用；二是财政投资形式的合理性，以股权和债权的形式进行扶持，这就涉及国有资产的保值增值问题，难以避免地对扶持团队的选取产生影响。本报告的定位是政策绩效评价，因此对涉及股权投资、债权投入的合理性分析，大多基于组织和管理层面，如何处理好扶持政策执行与国有资本的保值增值的关系在本案例中未进行深入剖析。

（2）扶持政策的绩效分析。本案例中针对扶持政策的绩效分析，从政策目标、扶持产出、政策效益等方面开展，在扶持方向的合理性和扶持标准的合理性上，可以进一步探讨。在扶持方向方面，高层次科技人才团队要结合当地产业发展程度、产业集聚情况等进行分析，确定重点扶持方向，配置相关的政策、资金等资源。在扶持标准的合理性方面，本案例中的扶持标准为政策划定，其合理性需要结合人才团队的实际融资需求和财政承受能力进行分析。另外，还要关注财政投资的比例在人才团队注册企业中所占的股权比例问题，探索界定政府扶持力度。

（3）政策群研究。政策评价不仅要关注政策本身，还需要关注与政策相关的其他政策，对科技发展、产业扶持相关的政策群进行研究。本案例中高层次人才团队政策评价是H地区支持科技创新若干政策中的一条，在进行评价时，将本政策评价从整体中抽离，独立开展绩效评价。同时，评价组也对该科技发展政策群中的其他政策进行了评价，在处理高层次人才团队扶持政策与该科技发展政策群的关系时，评价组将人才团队的扶持政策评分纳入总体政策评分之中，处理较为简单，未对政策之间的相互影响关系做进一步探索。另外，高层次人才团队扶持政策也是产业扶持政策之一，其对当地产业发展和营商环境的影响也可加以探索。

2. 财政绩效评价指标与分值设立原则。

（1）整体性。

绩效评价指标的设立首先应遵循的是整体性原则，首先每一个行政事业单位的预算是一个完整全面的系统，因此各部门在进行绩效工作的过程中应该重点考量整体性原则，在进行绩效目标设定、指标框架构建时应当进行全面的考量，每个指标之间首先应按照自身的特性具体地指向独立进行设置，同时各项设计之间也应该存在一定的勾稽关系，不能完全脱节，相互独立同时也互相联系。以此构建一个结构清晰、内部联系紧密、有着相同方向和基础的专项财政资金绩效评价体系。

（2）可测量性。

可测量性是绩效评价工作有效展开的基础，尤其是定量部分的指标，只有可测量才能得出具体的数据。虽然作为政府部门，设计绩效评价指标时，不可能只有定量指标，必然存在部分定性指标，针对这部分指标可以运用一定的方法获取相关资料去进行打分。此时就更加要求设置的绩效指标具有可测量性，否则定性指标的内容将无效，评价结果也难以反映真实效果，导致绩效评价流于形式。由于目前政府单位的绩效评价工作没有形成完善的体系构建，还面临着多种其他的问题，因此在进行开展评价工作时，应当选择可测量的指标。

（3）可比性。

绩效评价过程中的可比性指的是根据绩效评价的结果可以进行横向或纵向的比较。首先，通过绩效评价结果，我们可以通过不同绩效指标的可比性和其他部门类似评价项目进行比较，也可以在本部门将不同项目的绩效评价结果进行比较，以此可以通过比较的方式来发现各个不同项目绩效评价过程中的问题，同时可以通过对比吸收优秀的好经验，也可以修正自己项目过程中存在的问题。可比性也可以称作统一性原则，因此各部门在进行指标选择时应考虑可比性，以便于绩效评价结果使用者进行比较。

（4）可持续性。

可持续性是随着现代社会发展过程中越来越重视的一个原则，因为政府部门进行履职项目的运行过程中，不应该只顾眼前的效益，而应从长远的角度看待问题，做出能够可持续发展的战略决策。同时应该动态地进行管理，因为社会在不断进步，我国政府的政策制度也一直在更新，所以政府部门在进行绩效评价的过程中，必须多考虑可持续发展的指标。从环境保护的角度来看，也应当从可持续发展的角度出发，设立相应的指标体系，这不仅有利于环境的可持续发展，也对社会的长足发展起到作用。

3. H 地区支持科技创新若干政策绩效评价存在的问题原因分析。

（1）存在问题。

第一，政策制定方面：政策出台后需要持续调整完善，进一步增强稳定性；政策内容需要进一步细化完善，明确债权投资方式，界定扶持标准，细化股权退出条款，扶持升级机制需要操作化，确保政策执行有章可循。

第二，政策执行方面：一方面，政策部分条款因主客观原因执行不到位，主要包括：①少数市（县）存在观望态度，先行扶持政策执行不完全；②核心成员均持股未执行，股东现金出资额未达标；③个别团队未能按照政策要求时间实现销售收入。另一方面，资金结转量大，扶持成本支出来源未见制度化，管理成本不成比例，扶持资金利息缺乏有效监督，存在尽职风险。

第三，政策效果方面：团队结构基本趋于稳定，团队专业人员构成需要进一步完善；产业化情况良好，但利税偏低，企业发展环境需要进一步优化；国有股权在民营企业中的政治关联效果较好，但融资难问题亟待解决。

（2）改进建议。

第一，政策制定方面：建议政策主管单位根据评价中发现的问题，总结经验，考虑政策执行全过程，完善实施细则。完善内容主要有：①明确债权投资方式，保障政策有效执行；②细化股权退出条款，打破逻辑悖论；③明确扶持标准和升级机制执行流程，量化设计升级指标；④明确项目出资人单位的成本来源，加强资金监控。同时，建议加强预算绩效管理，根据政策目标申报年度绩效目标，细化设计绩效指标。

第二，政策执行方面：一方面，建议政策主管单位建立科技人才团队库，明确团队库范围、入库条件、扶持标准、扶持流程、管理办法，将受省扶持及准备申请省扶持的人才团队纳入团队库管理；另一方面，明确省高新投的引导职能，服务团队发展。

第三，政策绩效方面：针对人才团队缺乏营销、投资等专业人才的情况，建议高新投结合自身优势，开展专业的投融资辅导，提高人才团队核心成员的融资谈判能力。同时，人才团队需要积极引进营销、投资专业人才，进一步完善团队架构。另外，依托H地区宏观环境优化，深入推进“放管服”改革等配套政策实施，激发创新创业活力。

## 第三节 Z市L区绿化养护项目财政绩效评价

### 一、案例正文

**摘要：** 随着城市化进程的一步步推进，人口增多和环境的恶化逐渐成为城市建设路上绕不开的难题，本案例首先介绍了此次绿化养护项目起因，对项目背景进行了说明；其次，描述了政府部门为了此次绿化养护项目所采取的各种办法以及所收集的各界意见；再次，描述了目前尚存在的各种问题以及分歧；最后，把此次绿化养护项目财政绩效评价的问题留给了读者，期望读者根据所给的资料做出有说服力的回答。

**关键词：** 绿化养护、财政绩效、财政事后绩效评价

#### （一）引言

生态环境的恶化使人民和政府对于城市绿化建设的重视程度与日俱增，在党的十八大上，“美丽中国”“生态文明建设”被写入党章。这表明了党和国家对于城市绿化建设的重视。而近年来城市绿化养护的财政支出也逐年增加，我们需要用科学规范的绩效评价方法以及统一的合理评价体系，对绿化养护方面的财政支出的过程和结果进行客观公正的评价。社会各界对于“财政对L区绿化养护方面取得的绩效究竟如何”十分关注，因此，对L区的绿化养护财政支出绩效评价是十分必要的。目前，L区参照Z市的各项文件政策，已经形成了包括绩效目标管理、事前绩效评估、事中绩效跟踪、事后绩效评价、结果应用在内的预算绩效管理体系和操作规范，并于2017年出台了《L区预算绩效管理办法（试行）》（L财绩效〔2017〕175号）。本案例根据Z市相关文件与政策，对L区绿化养护项目绩效评价过程进行分析，探索研究了符合绿化养护项目的绩效指标目标值，对L区绿化养护项目的绩效进行了客观合理的评价，相关部门领导及负责人召开会议对此次财政绩效评价做出了讨论和交流意见，并为绿化养护项目未来绩效评价发展提出了建设性建议。

#### （二）项目简介

1. 项目基本概况（见表2-3）。

表2-3　　L区绿化养护项目基本概况

| | |
|---|---|
| 项目名称 | L区绿化养护项目 |
| 项目主管单位 | L区园林绿化局 |
| 项目绩效评价主管部门 | L区财政局绩效考评中心 |

续表

| | |
|---|---|
| 项目预算金额（万元） | 2 688.39 |
| 实际拨付金额（万元） | 财政局街乡科 1 612.26 |
| | 财政局农业科 1 076.13 |

绿化养护按照Z市《园林绿化养护管理质量标准》的要求进行，养护管理的工作内容包括绿地清理、浇水、施肥、中耕、除草、修剪、植物防寒、病虫害防治以及绿地日常保洁等。绿化养护是一项季节性非常强的工作，不同季节的工作内容和侧重点有所不同。春季养护的主要工作包括开堰浇水、水井维修、苗木补植；夏季在做好防汛抢险工作的基础上，重点进行病虫害防治、施肥和苗木修剪；秋季及时进行落叶清扫、浇水排水、保洁清理；冬季养护要加强防寒挡盐、扫雪铲冰等工作的投入。从养护面积来看，2018 年 L 区园林绿化局进行专业化养护的绿地面积一共是 294.45 万平方米。

2. 项目实施主体。

一是政府部门，L 区环保局。根据 L 区环保局的规定，L 区环保局主要职责为制订和规划本区的绿化隔离区、城乡干道、居住区、重点绿化项目计划；组织本区绿化养护项目面对施工单位进行招标的工作，并监督实施；拟订本区绿化养护的资金预算和支出计划，依法收缴绿化补偿费；使用、分配和监督本区绿化资金。总体来说，环保局机关在绿地养护项目中的主要任务是宏观方面的业务指导、对具体行动进行监督检查、对资金使用进行计划和落实。

二是 L 区环保局下属基层养护单位及工作人员。其包括 L 区环保局绿化一队、绿化二队、绿化三队、A 苗圃、B 苗圃、C 公园、D 公园、E 公园、F 公园。这些养护单位中，绿化一队、绿化二队和四个公园属于差额拨款事业单位，两个苗圃属于自收自支事业单位，绿化三队属于全额拨款事业单位。在责任上，以上专业绿化队负责具体养护工作，并安排相应班组人员作业，同时，各专业绿化队还负责对外包单位日常养护工作进行监督、考评和管理。

三是外包单位。L 区环保局下属各专业绿化队、苗圃、公园作为基层单位，根据其自身人员构成、作业能力等因素，决定相关绿地是否通过招投标进行外包养护，这取决于各基层单位现有的养护模式和养护作业计划，一般情况下，每个基层单位都有一部分由外包单位承担养护工作的绿地，各外包单位根据外包合同的约定开展各项养护工作。

3. 项目具体实施过程。

首先，每年由 L 区财政局委托 L 区环保局并拨款，根据 L 区环保局现有养护范围和面积，结合本年度新增、核减、更改绿化面积和绿化地点的情况，对 L 区环保局整体的绿化养护管理范围每年都进行重新核定。核定结果由第三方提供明细表，在 L 区环保局认可并加盖公章后，经财政局审核认定之后，列入下一年度预算安排事项。

其次，L 区环保局在明确了养护面积和养护地点，统一编制绿化养护明细统计表的基础上，根据现有的绿化养护范围和绿地的地理位置，根据就近工作的原则，将道路的养护分配给下属各专业养护队进行养护管理。

最后，绿地的养护实行专业化管理。统一由 L 区环保局根据绿地景观的好坏、绿地所处地理位置的差异、绿地养护内容的繁简、养护难度的难易程度等确定绿地养护等级。其分别是特级、一级、二级、三级，每一养护等级的养护要求不同，所分配的经费也不同，但同一等级绿地的经费分配标准相同。绿地的养护责任依据地理位置分配给下属基层单位后，各养护单位根据自身管理情况，将道路分配给下属各班组进行养护，若人手不足，则可以进行招标，将一部分绿化养护的工作任务承包给外包单位。

### （三）项目财政绩效评价过程

1. 项目大体工作流程。

本项目属于城市环境建设领域的每年固定的支出，涉及资金预算金额较大，且为民众及上级单位所重视的项目，以L区绩效评价中心为主导，L区环保局在年初申请财政预算时需要填写《项目支出绩效目标申报表》，在每年年中需要对项目进行年中跟踪，对项目支出情况进行报告和总结分析，填报《项目支出绩效跟踪分析表》，项目结束之后，再委托第三方进行项目支出的事后绩效评价：从绩效目标的制定方针、资金安排以及绩效目标的实现程度及产出效益等方面展开客观、公正、详实的评价工作。具体的操作流程为：先由环保局介绍项目基本情况，再由专家进行提问，所有问题回答完毕后项目单位离场，专家进行内部讨论，出具评价结果。

2. 事前确定绩效目标并申报。

绿化养护项目已经确定，L区环保局申报2018年绿化养护项目的预算，并根据下一年度的工作任务以及任务目标填写L区项目绩效目标申报表（见表2-4）。

表2-4　　项目绩效目标申报表

| | | | |
|---|---|---|---|
| 项目名称 | 绿化养护项目 | 项目申报部门 | L区环保局 |
| 项目负责人 | ××× | 联系方式 | ××××××××××× |
| 申请项目资金 | 2 688.39万元 | 项目实施单位 | L区环保局 |
| 项目起止日期 | 2018.1.1～2018.12.31 | | |
| 项目绩效目标 | 确保绿地整洁，使各种植物长势良好，创造优美环境，给城市居民良好生活体验，为城市带来正面效益 | | |
| 绩效指标 | 第一级指标 | 第二级指标 | 具体指标内容 |
| | 产出指标 | 产出数量指标 | 绿化面积达到294.45万平方米 |
| | | 项目成本指标 | 成本控制低于2 688.39万元 |
| | | 产出质量指标 | 植物成长程度、虫害控制指标、植被覆盖率、植物观赏效果 |
| | 效益指标 | 经济效益指标 | 为部分失业工人带来就业机会。改善环境有助于发展旅游业 |
| | | 环境效益指标 | 美化城市环境，调节生态气候 |
| | | 居民满意度指标 | 使城市居民对项目的满意度达到95%以上 |
| | | 可持续发展指标 | 可以改善城市环境，持续改善城市生态系统循环 |

3. 事中对项目及时进行追踪。

2018 年 6 月底，由 L 区绩效考评中心下发《绩效跟踪分析表》，L 区环保局绿化养护项目负责人根据项目的实际情况，对该表进行填写。主要希望帮助相关部门掌握绩效目标完成情况、项目财政情况，旨在对项目的进行和完成进行监督和督促（见表 2-5）。

表 2-5　　L 区绿化养护项目财政绩效跟踪分析表

| 绩效跟踪目标 | 项目相关情况 |
|---|---|
| 1. 项目目标 | 确保绿地整洁，使各种植物长势良好，创造优美环境，给城市居民良好生活体验，为城市带来正面效益 |
| 2. 项目实施调整情况 | 无 |
| 3. 项目绩效目标改变情况 | 无 |
| 4. 项目资金情况 | 资金充足 |
| 5. 项目完成情况 | 规划好城市绿化带，以及绿化带中种植的植物，目前项目已完成57% |

4. 事后对项目绩效进行评价。

2019 年 3 月，L 区绩效考评中心聘请第三方机构对绿化养护项目进行事后绩效评价（见表 2-6）。

表 2-6　　绿化养护项目支出绩效评价指标体系评分表

| 一级指标 | 分值 | 二级指标 | 分值 | 三级指标 | 分值 | 四级指标 | 分值 | 得分 |
|---|---|---|---|---|---|---|---|---|
| 项目决策 | 15 | 绩效目标 | 5 | 目标内容 | 5 | 绩效目标的明确性 | 3 | 2 |
| | | | | | | 绩效目标的可量化程度 | 2 | 1 |
| | | 决策过程 | 10 | 决策依据 | 5 | 立项依据的充分性、明确性 | 3 | 2 |
| | | | | | | 立项依据的合理性 | 2 | 2 |
| | | | | 决策程序 | 5 | 决策程序的公开性 | 2 | 1.5 |
| | | | | | | 决策程序的合规性 | 3 | 2 |
| 项目管理 | 30 | 项目资金 | 15 | 预算管理 | 5 | 预算编制情况 | 3 | 3 |
| | | | | | | 预算执行情况 | 2 | 1 |
| | | | | 资金到位 | 5 | 资金是否及时、足额到位 | 5 | 5 |
| | | | | 财务管理 | 5 | 财务制度与会计核算 | 3 | 3 |
| | | | | | | 财务监督与审计 | 2 | 2 |
| | | 项目实施 | 15 | 组织机构 | 4 | 组织机构分工的明确性 | 2 | 2 |
| | | | | | | 组织机构法律责任明确性 | 2 | 2 |
| | | | | 制度建设 | 5 | 项目管理的健全程度 | 2 | 2 |
| | | | | | | 项目实施方案的科学合理 | 3 | 2 |
| | | | | 过程控制 | 6 | 项目实施程序 | 3 | 2 |
| | | | | | | 项目实施方案执行 | 3 | 3 |

续表

| 一级指标 | 分值 | 二级指标 | 分值 | 三级指标 | 分值 | 四级指标 | 分值 | 得分 |
|---|---|---|---|---|---|---|---|---|
| 项目绩效 | 55 | 项目产出 | 30 | 产出数量 | 5 | 项目产出是否达到预期数量 | 5 | 4 |
| | | | | 产出时效 | 5 | 项目是否按期完成 | 5 | 5 |
| | | | | 产出质量 | 5 | 项目运行的稳定性 | 5 | 4.5 |
| | | | | | 5 | 项目运行质量 | 5 | 4 |
| | | | | 产出成本 | 10 | 项目支出的合理性 | 5 | 4 |
| | | | | | | 项目运行成本的节约性 | 5 | 4 |
| | | 项目效果 | 25 | 经济效益 | 5 | 对相关产业的扶持作用 | 5 | 3 |
| | | | | 社会效益 | 5 | 吸纳就业的作用 | 5 | 4 |
| | | | | 环境和生态影响 | 10 | 项目的环境效益 | 5 | 4 |
| | | | | | | 项目生态效益 | 5 | 4 |
| | | | | 项目可持续性 | 5 | 项目是否具备持续存在的价值 | 5 | 5 |
| 项目总得分 | | | | 83 | | | | |

**（四）相关负责人对此次绿化养护项目绩效评价的探讨和争论**

2019 年 3 月，此次绿化养护项目由第三方专家机构进行绩效评价结束后，L 区区委书记 Y 立刻召开了一次会议，讨论此次项目的绩效评价过程中有什么不足之处，如何在接下来的工作中进行改正并取得进步。此次会议出席者有 L 区财政局 F 局长，L 区环保局 D 局长、副局长 N 局长，L 区绩效评价中心 J 主任等人。

会上，Y 书记首先明确了此次会议的目标为：找出去年在绩效评价过程中不足之处，探讨需要改正的地方，提出如何进一步更好完成工作的建议。

首先，Y 书记说道："我先抛砖引玉了，去年绿化养护项目的绩效评价工作总体上是不错的，但是也有一些不足之处，如绿化养护项目的总绩效目标为确保绿地整洁，使各种植物长势良好，创造优美环境，给城市居民良好生活体验，为城市带来正面效益，但是我注意到，除了这个总的目标外，我们并没有细化的一个个的阶段性目标，这就是绩效目标设置上的一个不足。目标设置越细就越具有操作性，基层工作人员的目标就更明确，同时目标细分也是绩效评价的基础，项目的目标不够细致，监督管理上的困难就会增大啊。"

D 局长说道："您说的是一个方面，我还留意到此次绩效评价的各项指标具体权重比较模糊，这也是这次工作的不足之处之一，在项目绩效目标申报表中，虽然各项指标列得很清楚，但是实际上并没有给出一个具体的打分标准和占的权重，这样子我们最终做事后绩效评价时，很多需要用分数量化的指标，我们都需要第三方的主观判断来进行评价，我们的指标尤其是细分的指标，应该更好地表现各种指标在绩效评价中所占的比重。"

J 主任补充道："两位说的都很有道理，我还有一点需要补充，我们在此次绿化养护项目的事前目标申报、事中情况追踪都做的不到位，仅仅依赖于事后第三方的绩效评价是不够的。虽然有填写相关表格，但是很明显过于简陋，不够充分，这样是无法对项目的真实情况得到具体精准的反馈的。"

随后，与会的各位相关工作人员都对此次绿化养护项目的绩效评价发表了自己的看法，经过一段时间的讨论后，Y书记看了看表：“时间不早了，今天的讨论就告一段落吧，这次的会议内容很有价值，也提出了很多存在的问题，小D啊，根据这次会议内容，接下来年度的绿化养护项目的绩效评价该怎么做，你也可以多考虑考虑。这次会议就先到这里结束吧，散会。”

散会之后，关于接下来的绿化养护项目的绩效评价过程该如何改进，D局长陷入了沉思。

## 二、案例说明书

### （一）案例要解决的关键问题

本案例的编写目的在于让学生了解财政绩效评价事后绩效评价的整体过程，明白财政绩效评价的重要性和复杂性，了解财政支出绩效评价是指运用科学、规范的绩效评价方法，对照统一的评价标准，按照绩效的内在原则，对财政支出行为过程及其效果进行的科学、客观、公正的衡量比较和综合评判，从而提高学生在将来涉及绩效评价的事务时对相关问题和需要注意的事项敏感度，以此提高财政绩效评价体系的合理性，提高财政支出绩效评价的质量。

### （二）需要学员识别的关键问题

1. 你认为相关部门在这次L区绿化养护项目的财政绩效评价中有什么做的不足的地方？

2. 从相关部门管理层角度如何分析判断？

3. 如果你是D局长，在接下来年度的绿化养护项目财政绩效评价工作中会做出什么样的改变？

### （三）理论依据

1. 公共产品理论。

公共产品是指由公共部门提供的，具有效用的不可分割性、受益的非排他性和消费的非竞争性产品，由人民群众通过纳税进行消费和享受。人民群众作为消费者支付了相应的费用，公共部门就要按照人民群众的需求提供相应的服务。但资源是有限的，因此需要了解如何增加资源配置效率，分析公共部门的各项支出能否满足社会需求。这就是绩效评价的理论基础之一，公共产品理论要求监督公共资源的拨付、使用和管理，考察资源的规模、结构以及用途等。但同时，规范公正科学的绩效评价体系也能提高公共资源的使用效率，优化支出结构，从而保证相关部门的高效运转。公共产品理论阐述了进行绩效评价的原因，是进行绩效评价工作的理论基石。

2. 委托代理理论。

委托代理理论以委托代理关系为研究对象，信息不对称是当下的环境，在这种背景中，找到委托方如何以最小的成本去设计一种促使受托方努力工作的机制，在政府管理中，此次项目政府就是委托方，而代理方则是提供绿化养护项目的相关部门；预算资金方面，宏观层面上，纳税人是委托方，政府则作为代理方负责编制财政规划，而在政府内部，财政局则是委托方，各需求预算的单位是代理方，很显然委托方对资金的使用情况不能完全清晰地掌握，各需求预算的单位会基于自身部门利益产生资金扩张使用的想法，或在资金分配使用过程中，出现损害财政部门利益的行为。因此需要委托方进行绩效评价工作，来解决这种问题，抑制代理方可能出现的不良行为。委托代理理论更加表明为什么要进行绩效评价，充分说明了对此次项目进行绩效评价工作的重要性和必要性，开展绩效评价工作一方面能够保障相关项目经费预算的充分使用，另一方面也能监督财政拨款的使用情况是否合理。

3. 投入产出理论。

该理论用于研究政府公共部门管理过程中各环节的关联作用，对最终资源投入和产出产生的影响，投入是指分配的公共资源（如财政拨款等）的去向，产出是指使用公共资源后带来的效益。该理论通过分析投入产出比、建立相关模型，来模拟政策最终效果、分析预测未来经济，从而制订当前的计划、管控经济运营等。该理论运用在绩效评价方面能为绩效评价指标的确定提供理论依据。

4. “4E”理论。

该理论是指从经济性、效率性、效果性和公平性四个维度对政府部门的绩效开展评价。经济性主要表现在政府部门的行政成本，需要以最少的预算达到预期的目标；效率性主要是通过投入产出比，判断此次项目的效益是否得到最大化；效果性则指绿化养护项目目标是否实现、最终的结果如何，包含固定的由相关部门规定的指标和人民群众对此次项目的认可度；公平性是指提供的服务过程要体现平等，不能以政府名义强迫第三方以低于相关价格提供服务。本理论是设计项目支出绩效评价的二级指标所需要的理论依据，根据项目最终的结果和中间的过程是否满足经济性、效率性、效果性和公平性四项来进行评价，结合 L 区的具体情况，运用这个理论的方式还需要进一步讨论。

### （四）关键分析要点

1. 本案例要解决的关键问题。

本案例主要针对绩效评价实施过程、事前确定目标、事中追踪情况、事后评价指标体系表以及绩效管理中存在的问题与建议展开。目的是让读者更好地理解环境治理领域的常态化支出绩效评价。以 L 区绿化养护项目为例，根据 L 区总体绿化养护绩效评价指标的运用，分析其绩效管理中存在的问题，给出适当完善建议，并在最后总结本案例给予的启示。

2. 本案例的分析框架。

本案例的分析框架如图 2 - 1 所示。

### （五）分析思路

1. 从绩效评价体系的整体制度分析。

完整的绩效评价体系需要有细化的实施规则和标准的奖励以及惩罚措施，并且要容易实施。这样构筑的体系，一方面可以提高绩效评价体系的规范化，在很大程度上保证了绩

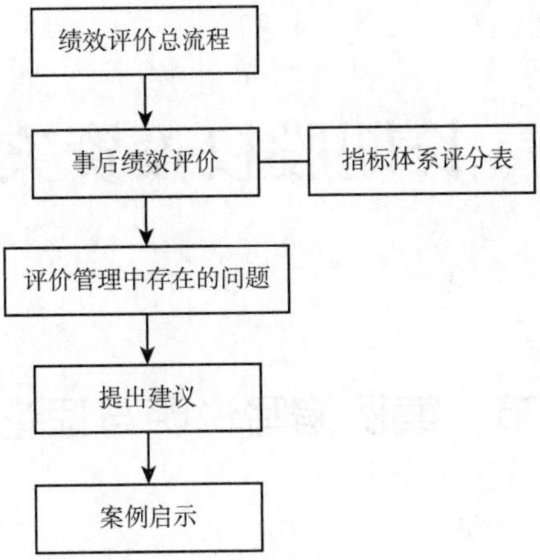


**图 2－1　案例分析框架**

效评价的公开性和公正性；另一方面也可以做到有规可依、赏罚分明，为相关工作的开展和落实保驾护航。

2. 从绩效评价目标设定的方面分析。

在财政绩效评价体系中，绩效评价的目标越细化，在事后绩效评价中就越可以反映出目标的完成程度和不足之处。例如，L 区环保局可以在总目标“确保绿地整洁，使各种植物长势良好，创造优美环境，给城市居民良好生活体验，为城市带来正面效益”下设立一些细致的量化目标，如植被的成活率 90% 以上、一年进行灭杀害虫 8 次以上等，设立细致的目标会使工作具有更好的操作性和更明确的方向。

3. 从绩效评价方法方面的分析。

目前，L 区环保局的方法主要为事后寻求专家机构进行绩效评价，而完善又行之有效的体系需要多种方法合作，L 区环保局可以在事前发布问卷询问服务区域的人民群众对于绿化养护项目的建议和要求，在事中调查相关区域民众的满意度和意见，在事后将民众的意见与专家的绩效评价相结合，可以在很大程度上避免专家机构的主观意愿影响绩效评价的结果，从而得出一个相对客观的结论。

4. 从部门自身内部的方面分析。

L 区环保局在事前事中的绩效评价体系显然不成熟，这是由于内部人员的知识储备量和相关经验不足所导致的。L 区环保局应该加强这方面的培养和锻炼，定期举办相关的学习交流活动，选拔综合素质高、业务能力强的相关人才，能将事中和事前的工作认真完成，也可以自主进行事后绩效评价，政府内部的评价与外部中肯的第三方机构评价相对照，以期使绩效评价工作更为完善，更好地反映该年度相关项目的完成情况。

# 第三章　长期股权投资案例分析

## 第一节　案例编写说明与理论基础

### 一、案例编写目的

通过长期股权投资的相关案例，有助于了解长期股权投资程序的整个过程。明白长期股权投资减值确认的依据以及减值计量的复杂性，清楚长期股权投资减值的确认、企业长期股权投资是风险最大、结果不确定性最强的投资项目之一。长期股权投资的形成源自企业的相关多元化投资和非相关多元化投资，其资产质量对企业长远发展至关重要。案例通过对合营安排以及长期股权投资的相关会计准则进行研究，能够详细了解相关会计处理及概念，对企业长期股权投资中如何分类合营安排，对具体业务进行账务处理也有了一定的了解。同时对长期股权投资的划分也提出具体的要求，不能只是依靠它的法律形式，用简单的占股比例进行判断，更要看重它的经济实质。

### 二、案例相关知识点解析

1. 长期股权投资：是指企业进行了对其他单位的投资，以投资的方式达到控制标的企业的目的，也可能是希望对被投资方产生重大影响，由此达到减轻自身经营风险的目的。需要注意的是，长期股权投资也会在企业合并中产生，这个时候需要格外注意其类型，是否属于同一控制下的控股合并，这对于确定长期股权投资的成本十分重要。

2. 合营安排：是指一项一个实体由两个或以上的控制方联合控制的安排。

3. 我国长期股权投资的取得方式：

（1）通过支付现金进行投资，成本按照实际支付来计量；

（2）通过权益性证券来进行投资，此时成本按照公允价值来计量；

（3）以非货币性资产交换、债务重组等方式取得的长期股权投资。

### 三、拟解决的关键问题

1. 了解金融工具与长期股权投资核算方法及在持有期间对公司利润的影响，掌握上市公司盈余管理的典型手段。

2. 了解长期股权投资中如何分类合营安排，以及相关账务处理，为准则的完善提供借鉴参考。

3. 探究长期股权投资成本法转为权益法的会计处理对企业的实际影响。分析企业是否存在利用会计准则的规定操纵财务报表的机会主义动机。

4. 长期股权投资新修订准则的变化会对其财务报告与投资者产生什么影响。

## 四、相关企业会计准则链接

企业会计准则第 2 号——长期股权投资（财会〔2014〕14 号）

# 第二节　FZ 证券投资 SJ 银行的长期股权投资

## 一、案例正文

### （一）案例背景

1. 理论背景。

长期股权投资在我国乃至全世界经济市场中都是相当普遍常见的经营行为，对其的研究一直以来也都是重中之重，本案例基于长期股权投资过程中存在的一些问题进行研究，希望能够对读者有所启发，也为相关企业提供建议和解决问题的思路。本案例重点围绕长期股权投资成本法、权益法的基本内容及其财务影响的比较；企业如何对长期股权投资进行会计处理；长期股权投资如何进行重分类等基本问题来进行研究。

2. 制度背景。

2014 年财政部先后修订了多条会计准则，长期股权投资的定义等发生重大变化，基于此背景下，对长期股权投资继续进行研究就显得十分有必要。本案例以 FZ 证券公司和 SJ 银行为例，对这一方面再次进行研究。

3. 公司背景。

（1）FZ 证券公司简介。

FZ 证券股份有限公司（以下简称 FZ 证券）的前身为浙江省证券责任公司，于 2003 年 8 月 1 日更名为“FZ 证券有限责任公司”，又在 2010 年 9 月更名为 FZ 证券股份有限公司，注册资本 46 亿元。第二年 8 月，经中国证监会审核批准，FZ 证券公开发行人民币普通股（A 股）150 000 万股，共募集资金净额 564 800 万元，在沪交所成功上市，股票代码为 601901。

（2）SJ 银行公司简介。

SJ 银行股份有限公司（以下简称 SJ 银行）成立于 1997 年 9 月，其前身是沈阳市商业银行，注册资本 21 627. 52 万元。2007 年 2 月经国家银监会批准更名为 SJ 银行，2008 年末注册资本为 39 600. 52 万元。

2011 年 12 月，FZ 证券认购 SJ 银行 30 000 万股，SJ 银行注册资本增加至 369 600. 52 万元。FZ 证券持股占 SJ 银行总股本的 8. 12%，为其第三大股东。

2013 年 12 月至 2014 年 4 月，多家企业对 SJ 银行增资共计 7 亿股，使 SJ 银行注册资本从 369 600. 52 万元增加至 439 600. 52 万元。

2014 年 12 月 29 日，SJ 银行以注册资本 564 600. 5 万元，在港交所成功上市，股票代码为 02066。

### （二）案例主题

通过对 FZ 证券投资 SJ 银行股份的案例分析，了解长期股权投资的成本法、权益法、重分类、可出售金融资产会计核算等相关问题。

### （三）案例的具体过程分析

1. 案例介绍。

2011 年 12 月，FZ 证券出资 15 亿元收购 SJ 银行 3 亿股，占 SJ 银行股本总额 8. 12%。2011 年 FZ 证券将该笔投资计入长期股权投资，采用成本法核算；2012 年和 2013 年 FZ 证券以向 SJ 银行推荐董事能正常履行董事职责为由将该笔投资核算“成本法”变更为“权益法”；2014 年 10 月，FZ 证券又发布公告：公司对 SJ 银行持股比例稀释为 6. 82%，对 SJ 银行不再具有重大影响，公司将持有 SJ 银行的股份转入可供销售金融资产核算。

2. 案例的具体分析。

（1）案例过程梳理。

①第一阶段：2011 年。

2011 年 12 月 26 日，FZ 证券出资 150 000 万元收购 SJ 银行 30 000 万股，占 SJ 银行股本总额 8. 12%，与新湖中宝并列第三大股东。SJ 银行注册资本增加至 369 600. 52 万元，并在其董事会推荐一名股东董事。截至 2011 年 12 月 31 日，SJ 银行主要股东持股情况参阅表 3 - 1。

表 3 - 1　　截至 2011 年 12 月 31 日 SJ 银行主要股东持股情况

| 序号 | 股东名称 | 认购股份数额（万股） | 持股比例 |
|---|---|---|---|
| 1 | 沈阳恒信 | 40 000 | 10. 82% |
| 2 | 汇报国际 | 40 000 | 10. 82% |
| 3 | 新湖中宝 | 30 000 | 8. 12% |
| 4 | FZ 证券 | 30 000 | 8. 12% |
| 5 | 中油天宝 | 28 000 | 7. 58% |
| 6 | 联美集团 | 20 000 | 5. 41% |
| 7 | 华海能源 | 20 000 | 5. 41% |
| 8 | 上海昌鑫 | 20 000 | 5. 41% |
| 9 | 同联集团 | 20 000 | 5. 41% |

续表

| 序号 | 股东名称 | 认购股份数额（万股） | 持股比例 |
|---|---|---|---|
| 10 | 五爱实业 | 20 000 | 5.41% |
| 11 | 大洋服饰 | 12 000 | 3.25% |
| 12 | 沈阳商业城股份有限公司 | 12 000 | 3.25% |
| 13 | 沈阳强大油气空调安装工程有限公司 | 11 568 | 3.13% |
| 14 | 辽宁华峰投资有限公司 | 10 000 | 2.70% |
| 15 | 沈阳市和平区国有资产经营有限公司 | 10 000 | 2.70% |
| 总计 | | 323 568 | 87.54% |

2012 年 4 月 5 日，FZ 证券公布了 2011 年年报，年报显示：公司对 SJ 银行的投资以实际支付的购买价款 150 000 万元作为初始投资计入“长期股权投资”账户，采用成本法核算，期末未计提减值准备，当期 SJ 银行现金分红为 0。

②第二阶段：2012 年至 2014 年 4 月。

2013 年 12 月和 2014 年 4 月，北京奥吉通、大连和升、长春乾源、大连液力、北京兆泰完成对 SJ 银行增资共计 70 000 万股，SJ 银行注册资本从 369 600.52 万元增加至 439 600.52万元。FZ 证券未参与增资，持股比例稀释至 6.82%。截至 2013 年 12 月 31 日，SJ 银行主要持股股东情况参阅表 3－2。

**表 3－2　　　　截至 2013 年 12 月 31 日 SJ 银行主要股东持股情况**

| 序号 | 股东名称 | 认购股份数额（万股） | 持股比例 |
|---|---|---|---|
| 1 | 沈阳恒信 | 40 000 | 9.10% |
| 2 | 汇报国际 | 40 000 | 9.10% |
| 3 | 新湖中宝 | 30 000 | 6.82% |
| 4 | FZ 证券 | 30 000 | 6.82% |
| 5 | 中油天宝 | 28 000 | 6.37% |
| 6 | 联美集团 | 20 000 | 4.55% |
| 7 | 华海能源 | 20 000 | 4.55% |
| 8 | 上海昌鑫 | 20 000 | 4.55% |
| 9 | 同联集团 | 20 000 | 4.55% |
| 10 | 五爱实业 | 20 000 | 4.55% |
| 11 | 北京奥吉通 | 15 000 | 3.41% |
| 12 | 大洋服饰 | 12 000 | 2.73% |
| 13 | 沈阳商业城股份有限公司 | 12 000 | 2.73% |
| 14 | 沈阳强大油气空调安装工程有限公司 | 11 568 | 2.63% |
| 15 | 辽宁华峰投资有限公司 | 10 000 | 2.27% |
| 16 | 沈阳市和平区国有资产经营有限公司 | 10 000 | 2.27% |

续表

| 序号 | 股东名称 | 认购股份数额（万股） | 持股比例 |
|---|---|---|---|
| 17 | 大连和升 | 10 000 | 2.27% |
| 18 | 长春乾源 | 8 000 | 1.82% |
| 19 | 大连液力 | 7 000 | 1.59% |
| 总计 | | 363 568 | 82.68% |

2013 年 3 月 5 日，FZ 证券发布《关于以权益核算公司持有 SJ 银行股份的提示性公告》：公司持有 SJ 银行 30 000 万股股份，占其总股本的 8.12%，为其第三大股东。2013 年 1 月 15 日公司向 SJ 银行去函，商请其回函确认公司推荐董事履职情况。2013 年 3 月 1 日，公司收到 SJ 银行关于 FZ 证券股份有限公司股东董事事宜的情况说明，公司推荐董事目前正常履行董事职责。根据《企业会计准则》及公司会计政策的有关规定，公司将对 SJ 银行的长期股权投资核算的方法由“成本法”变更为“权益法”，调整使用会计期间尚未确定。

③第三阶段：2014 年 4 月至 2014 年 12 月。

2014 年 12 月 29 日，SJ 银行在香港联合交易所主板成功上市，每股最终发售股份定价为 7.56 港元，募集资金约为 103.95 亿港元。FZ 证券占 SJ 银行股本总额下降至 5.31%。截至 2014 年 12 月 31 日，SJ 银行主要持股股东情况参阅表 3－3。

**表 3－3　截至 2014 年 12 月 31 日 SJ 银行主要股东持股情况**

| 序号 | 股东名称 | 认购股份数额（万股） | 持股比例 |
|---|---|---|---|
| 1 | 沈阳恒信 | 47 985 | 8.50% |
| 2 | 汇报国际 | 40 000 | 7.08% |
| 3 | 新湖中宝 | 30 000 | 5.31% |
| 4 | FZ 证券 | 30 000 | 5.31% |
| 5 | 北京兆泰 | 30 000 | 5.31% |
| 6 | 中油天宝 | 23 000 | 4.07% |
| 7 | 联美集团 | 20 000 | 3.54% |
| 8 | 华海能源 | 20 000 | 3.54% |
| 9 | 上海昌鑫 | 20 000 | 3.54% |
| 10 | 同联集团 | 20 000 | 2.66% |
| 11 | 北京奥吉通 | 15 000 | 2.66% |
| 总计 | | 290 985 | 51.52% |

2014 年 10 月 17 日，FZ 证券发布《关于拟变更主要会计政策及 SJ 银行股份核算方法的提示性公告》，根据财政部 2014 年最新修订的《企业会计准则第 2 号——长期股权投资》的具体要求，FZ 证券需要自 2014 年 7 月 1 日起执行上述准则，根据相关要求公司编制了 2014 年第三季度报告以及以后期间的财务报告，并按照各项具体准则相关衔接规定在公司 2014 年第三季度报告中进行处理。《企业会计准则第 2 号——长期股权投资》中对

长期股权投资的核算范围进行了重新界定。公司持有的对被投资单位不具有共同控制或重大影响的长期股权投资调整到金融资产中进行核算，并调整比较财务报表。

**（四）得到的启示**

加大投资和减小投资时，都可能会导致被投资单位的核算方法从成本法向权益法过渡。需要具体情况具体分析。其中主要的关注点在于是否拥有对于被投资单位的控制权以及对被投资方是否产生了重要的影响。如果是的话，这种情况更适合于权益法进行计量。而如果投资方拥有一定的投资，但并未对被投资方实际控制时，则更适合使用成本法来计量。

然而在实际的操作中，成本法和权益法的计量一直是难以界定的，对长期股权投资的重分类也是诸多企业重点关注的对象，关于这一方面的研究，依然任重道远，还有很多方面需要不断补充。

## 二、案例说明书

**（一）案例要解决的关键问题**

本案例的教学目的：让学生了解长期股权投资减值从判断、测试、确定减值金额、履行相关审议程序等整个过程，明白长期股权投资减值确认的复杂性，清楚长期股权投资减值以及其他资产减值的确认、计量对企业当期及以后各期财务状况、经营成果可能产生的影响和带来的风险（指判断失误造成财务信息失真的风险），从而提高学生在企业管理中对应收款项、存货、长期股权投资、固定资产、无形资产、商誉等重要财务报表项目减值问题的重视，提高资产减值判断的准确性和计提的合理性，提高财务会计信息的质量。

**（二）需要学员识别的关键问题**

1. 你认为 FZ 证券把对 SJ 银行的投资确认为可供出售金融资产合理吗？
2. 2012 年采用权益法的差错更正理由是否充分？
3. 2014 年 FZ 证券对 SJ 银行股权投资重分类是否恰当？
4. 如果你是 FZ 证券的 CFO，请对其长期股权投资方面提出建议。

**（三）理论依据**

1. 价值评估理论。

价值评估理论要求企业对长期股权投资的价值实时进行评估，企业需要判断长期股权投资是否会减值，这一判断过程通常在资产负债表日完成。经营状况不佳等原因往往会导致企业所持有的长期股权投资出现减值的迹象，当有这种情况发生时，企业需要及时进行减值测试，并且判断可收回的余额。可收回的部分通常是比较公允价值减去相关费用后的数额，与预计的未来现金流量两者之间进行比较，取其中较高者作为可收回金额。当这个数值较小时，企业需要将该项资产更改为可收回金额的数值，而其中的差额通常被记为资产减值损失，同时确认为当期损益，企业需要为此计提相同数额的资产减值准备。

2. 长期股权投资采用成本法和权益法的区别及对报表的影响。

成本法是指一直使用成本计价，通常并不更改其账面价值，其核算要点为：投资方仅仅关注被投资方分派股利和净损益，而其他的行为导致所有者权益变更时，投资方均处理。在这种情况下，投资方会在被投资方发放现金股利时，将受益记为投资收益。

权益法计量则会变动账面价值，投资方在开始时以账面价值计量，而在股权持有期间，也会根据所占投资对象的所有者权益份额来进行对账面价值的调整。

成本法和权益法的区别主要在于两点，一是账面价值的确认，二是对账面价值的调整。在通常情况下，成本法只会在被投资方发放股利时确认投资收益，且在一般情况下不调整其账面价值，除非对被投资单位增加或者减少投资；而权益法不同，会根据被投资方的盈亏情况来确认投资收益，只要存在盈亏，投资方都要按其投资所占股份的份额来确认收益，同时相关的账面价值也会进行调整。

相比较而言，如果偏好于会计计量稳定简单的话，通常选择成本法；在这种情况下，账户可以很清晰地反映投资所投入的成本；流入的现金股利、收益也都简单明了，十分直接地显示了数额；同时，使用成本法计量，确认投资收益和税务上确认应纳税所得额的时间一致，也避免了会计和税务的不协调。

但成本法只显示数值，不显示所占的份额，这种情况肯定增加了投资方为了自身利益诉求，伪造瞒报被投资单位的利润以及股利分配的可能性，账面上的投资收益科目存在着一定的操作空间，增大了企业财务舞弊的风险。

权益法相对而言能够较为明确清晰地显示投资方在被投资方所占所有者权益的份额，而且以权益法计量可以较好地防止投资方操纵利润。但在会计核算程序上相对复杂，需要考虑投资收益流入和确认所得税额的时间不一致、投资和被投资双方在法律现实上不是同一主体，与会计处理不一致等诸多问题。

3. 长期股权投资的重分类相关概念。

（1）重分类要求。

通常来讲，企业初始确认金融资产并分类后，是不可以随意地重新分类的。但也并非没有例外，具体有以下两条规定：①企业在初始确认时将某金融资产划分为以公允价值计量且其变动计入当期损益的金融资产，这种金融资产是不可以再重新进行分类的；而被划分为其他类金融资产或金融负债来计量的金融资产，也不可以进行重分类。②这种情况可以对长期股权投资进行重分类：企业由于经营状况或者持有意图的变化，使某项投资不适合作为持有至到期投资的情况下，应当对其进行重新分类，将其作为可供出售的金融资产。

（2）重分类的强制要求。

企业改变了最初意图之后，通常才会将持有至到期投资在到期前处置或重分类。处置或重分类时如果该项数额较大，占有的比例较高，需要特别注意强制要求：企业将持有至到期投资重新分类作为可供出售金融资产。则在三个会计年度内不可以将其转回——包括该会计年度以及该会计年度之后的两个完整的会计年度。

但是，遇到下列情况可以除外：①企业对其重分类日距离该投资到期日或赎回日较近，通常是在三个月内，且市场利率变化对该项投资的公允价值没有显著影响的情况下。②企业已收回几乎所有初始本金的情况。③企业由于无法控制、难以预计的独立事件才不得不对金融资产进行重分类的情况。在这种情况下，企业可以再将符合规定条件的金融资产划分为持有至到期投资。

**（四）背景信息**

2014 年，财政部修订了多项会计准则，长期股权投资的定义等发生重大变化。

2011 年 12 月，FZ 证券出资 15 亿元收购 SJ 银行 3 亿股，占 SJ 银行股本总额 8.12%。2011 年 FZ 证券将该笔投资计入长期股权投资，采用成本法核算；2012 年和 2013 年 FZ 证券以向 SJ 银行推荐董事能正常履行董事职责为由，将该笔投资核算“成本法”变更为“权益法”；2014 年 10 月，FZ 证券又发布公告：公司对 SJ 银行持股比例稀释为 6.82%，对 SJ 银行不再具有重大影响，公司将持有 SJ 银行的股份转入可供销售金融资产核算。

**（五）关键分析要点**

（1）通过可供出售金融资产的定义与初始计量分析 FZ 证券把对 SJ 银行的投资确认为可供出售金融资产的合理性。

（2）通过权益法相关概念分析采用权益法的差错更正的合理性。

（3）通过重分类相关概念分析 FZ 证券对 SJ 银行股权投资重分类是否恰当。

（4）最后结合以上分析，对本案例提供相应对策建议（见图 3－1）。

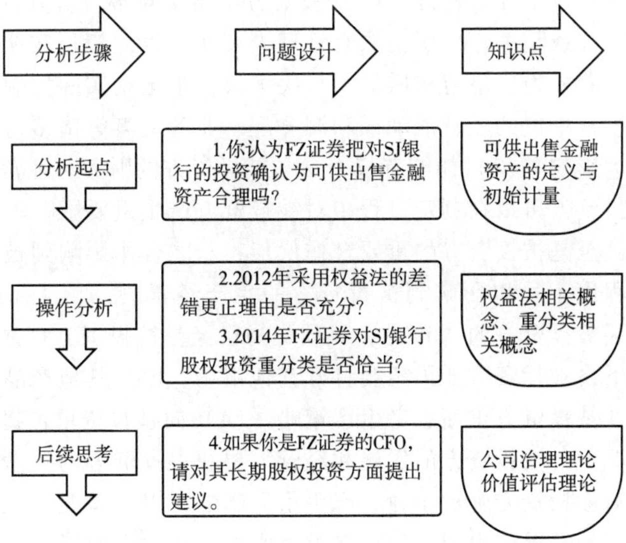


**图 3－1　分析要点及思路**

**（六）分析思路**

1. 你认为 FZ 证券把对 SJ 银行的投资确认为可供出售金融资产合理吗？

合理。

2011 年 12 月 26 日，FZ 证券出资 150 000 万元收购 SJ 银行 30 000 万股，其出资份额达到了 SJ 银行股本总额 8.12%，与新湖中宝并列第三大股东。并同时在 SJ 银行董事会推荐一名股东董事。2013 年 12 月至 2014 年 4 月，大连和升、大连液力、北京兆泰、长春乾源、北京奥吉通五家企业也都分别对 SJ 银行进行投资，总计的股数达到了 7 亿股，在这一轮注资中，SJ 银行的注册资本也从 369 600.52 万元增加至 439 600.52 万元。与此同时，FZ 证券并没有继续对 SJ 银行进行注资，这导致了它的持股比例从 8.12% 降至 6.82%。2014 年 12 月 29 日，SJ 银行成功获批并在港交所上市，每股发售定价为 7.56 港元，而在此期间，又进行了新一轮的融资，总额约为 103.95 亿港元。这一情况，毫无疑问进一步降低了 FZ 证券所占的比例，此时，FZ 证券占 SJ 银行股本总额下降至 5.31%。在这种情况下，FZ 证券决定变更对此项长期股权投资的主要会计政策和核算方法，是非常合理的。

FZ 证券这一举动是有着充足的依据的，在其发布《关于拟变更主要会计政策及 SJ 银行股份核算方法的提示性公告》中也提到了这一点，其进行改变的依据是来自我国的企业会计准则对于长期股权投资的规定，在我国第 2 号会计准则中，对长期股权投资的核算范围进行了重新界定，而该项会计准则需要企业在 2014 年 7 月 1 日起开始实施。准则中提及，公司所持有的长期股权投资，如果对被投资单位不具有共同控制或重大影响，这种情况下，应该将其调整到金融资产的科目中进行核算，并以此来对财务报表进行调整。

因此，FZ 证券的做法毫无疑问是合理的。

2. 2012 年采用权益法的差错更正理由是否充分?

充分。

采用权益法的一个重要标准就是对被投资方产生实际控制和重大影响，而对于是否有重大影响，一般来讲有以下几个标准：(1) 投资方不单单对被投资方有着巨额的投资，同时在被投资方的董事会或相关管理层指派有管理人员和实权代表。在这种情况下，由于拥有着参与人员并掌握着权力，享有实质的参与决策权，甚至是实际控制权，投资方可以通过相关人员参与被投资单位的经营活动、利润分配、业务决策等诸多行为，因此显然可以对被投资方产生重大影响。(2) 能够有权力参与被投资方的财务和经营行为政策的制定过程。这种情况下，投资方可以在制定过程中对被投资方产生重要影响。(3) 可以与被投资方达成重要交易，甚至是被投资方的重要合作伙伴，与之合作影响到被投资方日常的经营活动，进而在一定程度上可以影响到被投资方的生产经营决策，从而施加重大影响。例如，投资方经常购买被投资方的 A 产品，该项交易已经是被投资方日常交易不可或缺的一部分，在这种情况下，被投资方如果想要打开其他市场，增加其他产品的产量，投资方则可以施加压力，迫使被投资方重新思考生产策略。(4) 向被投资单位提供关键技术资料等无形资产。这种情况下，被投资方的发展和经营需要获得投资方的技术支持，因此投资方可以通过这一点来对被投资方施加压力，产生重大影响。以上情况仅供参考，并非出现了上述一种情况甚至多种情况就说明必然存在重大影响，相关企业还是需要根据实际情况自行判断是否存在重大影响。

而结合案例，2011 年 12 月 26 日，FZ 证券出资 15 亿元收购 SJ 银行 3 亿股股份，占 SJ 银行股本总额 8.12%，是 SJ 银行的第三大股东，而且向 SJ 银行派出的董事能正常履职，符合上述第一条，且投资数额所占的比例巨大，因此采用权益法核算理由充分。

3. 2014 年 FZ 证券对 SJ 银行股权投资重分类是否恰当?

企业在金融资产初始确认时对其进行分类后，不得随意变更。具体要求如下：(1) 企业在初始确认时将某金融资产划分为以公允价值计量且其变动计入当期损益的金融资产，不能重分类为其他类金融资产；其他类金融资产或金融负债也不能重分类为以公允价值计量且其变动计入当期损益的金融资产或金融负债。(2) 企业因持有意图或能力的改变，使某项投资不再适合划分为持有至到期投资的，应当将其重分类为可供出售金融资产。

企业将持有至到期投资在到期前处置或重分类，通常表明其违背了将投资持有至到期的最初意图。如果处置或重分类为其他类金融资产的金额相对于该类投资（即企业全部持有至到期投资）在出售或重分类前的总额较大，此时应关注两个强制要求：企业在处置或重分类后应立即将其剩余的持有至到期投资（即全部持有至到期投资扣除已处置或重分类的部分）重分类为可供出售金融资产，且在本会计年度及以后两个完整的会计年度内不得再将该金融资产划分为持有至到期投资。

2014 年 FZ 证券对 SJ 银行股权投资重分类是恰当的，原因如下：(1) 在 2013 年 12 月 26 日和 2014 年 4 月 26 日，SJ 银行进行了两次增资扩股，而 FZ 证券均未参加增资，持股比例稀释至 6.82%。(2) 2014 年 5 月 30 日，在 SJ 银行 2013 年度股东大会上，FZ 证券未继续推荐股东董事及独立董事。(3) FZ 证券近年与 SJ 银行的业务协同和合作极为有限，预计该现状在未来不会发生变化。

综合以上因素判断，FZ 证券对 SJ 银行不再具有重大影响。根据《企业会计准则第 2 号——长期股权投资》规定：对不具有重大影响的股权投资，按账面价值转入可供出售金融资产核算。因此，FZ 证券从 2014 年 10 月 1 日起，将 SJ 银行股权转入可供出售金融资产核算。

4. 如果你是 FZ 证券的 CFO，请对其长期股权投资方面提出建议。

对长期股权投资进行核算时，核算方法的转换主要是为了表现企业之间进经济交易或实际情况的本质，通过对真实的经济交易和实际情况进行准确计量，进而为相关企业提供切实、可靠的专业会计计量信息，这也是会计在进行核算工作过程中应该遵循的基本原则。

在会计进行核算过程中，对长期股权成本核算工作是非常关键的，对于其中两种核算方法，需要核算人员经过对实际情况的分析，进行有针对性核算方法的选择，核算人员要遵守会计核算相关规定法则，始终保持注重实质的核算理念，进而更好地体现会计核算工作的专业性和成效性。最重要的一点就是需要核算人员具备准确的核算能力和对实际情况的判断能力，进而提高企业在会计核算方面的整体水平，同时为企业长期稳定发展提供有力保障。

## 第三节　长期股权投资计量方法变化及对 FT 汽车的影响

### 一、案例正文

#### （一）案例背景

改革开放以来，中国的经济实现了腾飞，与此同时，资本市场也在不断壮大和发展，企业日渐关注长期股权投资。众所周知，企业除了简单生产经营以外，还包括投资活动。它不但可以合理地利用企业的剩余资金，还可以更好地拓宽企业的业务范围，减少企业的经营风险。

对于财务人员和企业家来说，想要搞清楚长期股权投资的意义是比较困难的。对于长期股权投资的分析比较常见的有成本法和权益法两种计算方法，但是这两种计算方法，由于内在理论形成依据不同，因而同样一家企业同样的一项会计业务，可能采取了不同的计算方法，得出的结果会相差甚远。在会计核算上，采取账面价值或者供应价值来分析资产的真正价值会存在较大的差距，这种差距也体现在对于长期股权投资的核算上。长期股权投资会计核算变化极大地影响了企业财务活动以及财务数据。

《企业会计准则第 2 号——长期股权投资》是财政部于 2014 年颁布的新准则。新旧准则对比发现，2014 年的新准则明显比 2006 年的旧准则更加细致，明确长期股权投资的计量方式与确认方法。

### （二）准则变化分析

2014 年，新准则中长期股权投资发生了变化，主要有以下几个方面。

2014 年的新准则将企业的相关长期股权投资限制在了子公司、联营企业、合营企业方面，对于除此之外的无明确价格不能准确计量的公允价值的股权投资放在金融资产之中。

长期股权投资旧准则规定分配额不可超过被投资方接受投资后的净利润整合，新准则取消了这一规定。

另外，如果企业选择权益法对长期股权投资进行计算，新准则改变了被投资方净资产变动的相关内容。

通过对比发现，新旧准则差别较大，如果企业想要正确地计量长期股权投资的价值，无疑应当认真学习新准则与旧准则的区别。正确地运用新会计准则，反映企业的真实盈利能力，把不能以公允价值计算的长期股权投资等资产归并至金融资产中。

### （三）案例的具体过程分析

1. FT 汽车的基本情况和背景。

依据新旧会计准则中长期股权投资的变化，本案例重点剖析了新旧会计准则的变化对于企业生产经营及会计核算方面的影响，运用了规范性研究与案例分析相结合的方法。作为一家国有控股企业，北汽 FT 汽车股份有限公司也是一家上市企业，它的主要生产经营范围包括研发制造汽车 W 商用车，这是北汽 FT 汽车股份有限公司的代表产品。1996 年，北汽 FT 汽车股份有限公司在首都北京成立，仅仅相隔两年，北汽 FT 汽车就在上海证券交易所上市。通过多方调研，我们能够发现，北汽 FT 汽车有限公司的各项指标包括生产指标、研发指标均是行业的佼佼者，与此同时，北汽 FT 汽车有限公司也在与其相关的产业方面进行了多项投资活动。

我们之所以重点对于中国北汽 FT 汽车有限公司进行分析，原因在于 FT 汽车有限公司在所有上市公司中，它的长期股权投资所占的比例较大，并且类型丰富。而且，中国北汽 FT 汽车有限公司所拥有的长期股权投资以及相关财务对其考核方法，包括成本法以及权益法，这涵盖了我们目前所有的关于长期股权投资的核算方法。新长期股权投资会计核算准则的更新，对于中国北汽 FT 汽车有限公司的会计核算影响较大，而且作为一家上市公司，其长期股权投资以及相关的财务数据均可较为容易获取，所以中国北汽 FT 汽车有限公司适合我们这次的案例分析。

2. 案例分析的理论基础。

我们本次案例分析的理论基础，主要是依据新旧会计准则中有关长期股权投资的部分《企业会计准则第 2 号——长期股权投资》。

3. 案例的具体分析。

（1）长期股权投资核算范围变化对 FT 汽车的影响。

2014 年长期股权投资新准则中第二条规定：长期股权投资，包括投资方具有的控制型、重大影响型的权益性投资、与其合营企业共同控制型的权益性投资；强调投资方对被投资单位的控制、共同控制、重大影响这一特征。此外，2014 年长期股权投资新准则表明，其他未予以规范的权益性投资，纳入金融工具中确认和计量。

通过对于 2014 年新会计准则中有关于长期股权投资的变化，我们可以得知，中国北汽 FT 汽车有限公司存在着大量非公允市场价值，且可以可靠计量的长期股权投资，这些不符合新长期股权投资准则的，都需要我们进行重新归类调整。

长期股权投资核算范围的变化，对可供出售金融资产和长期股权投资两个报表项目金额产生了较大的影响：可供出售金融资产科目增加了 175 515 200 元，长期股权投资科目减少了 175 515 200 元。即，FT 汽车 2012 年、2013 年长期股权投资科目变动比分别为 13.31% 和 10.78%。新旧会计准则中，有关长期股权投资部分的规定变化较大，这不但会影响到企业的财务核算，如果企业长期股权投资占比较大或者金额较大，那么还很可能会对企业的生产经营情况产生波动。为美化财务报表，粉饰企业的生产经营情况，企业的生产经营管理者有可能会借助新会计准则中长期股权投资的规定，频繁地变换可供出售金融资产与长期股权投资的分类。

（2）处置时权益法下投资损益确认变化对 FT 汽车的财务影响。

向 FT 戴姆勒转让欧曼二工厂是北汽 FT 汽车有限公司于 2011 年 11 月做出的决定并向外宣布。将欧曼二工厂转让给 FT 戴姆勒，是 ATF 汽车有限公司与合营企业发生的出售长期股权投资资产交易。

通过对于 2014 年新会计准则中关于长期股权投资方面的内容，我们得知，投资方向，合营企业出售资产取得的与业务相吻合的账面价值之间的所差金额应当全部记入当期损益之中。而现实却是，2012 年，北汽 FT 汽车有限公司将欧曼二工厂出售给 FT，戴姆勒企业并没有在当时期间全部将其金额确认为损益。表 3－4 反映了 2014 年长期股权投资新准则的实施给 FT 汽车母公司带来的长期股权投资及利润总额的影响。通过对财务数据的分析，我们得知，2014 年，北汽 FT 汽车公司的利润总额 2012 年和 2013 年由于受到了新会计准则中有关长期股权投资的变化使财务数据产生了正向影响和负向影响，这在一定程度上体现了会计准则的变化给一家企业所带来的影响是不确定的。

**表 3－4　依据新准则调整 FT 汽车 2012 年与 2013 年长期股权投资及利润总额**　单位：元

| 科目 | 2012. 12. 31 | 2013. 12. 31 |
| --- | --- | --- |
| 长期股权投资 | 188 578 265. 38 | －40 829 110. 72 |
| 利润 | 188 578 265. 38 | －40 829 110. 72 |

（3）成本法转换为金融资产模式对 FT 汽车的影响。

2014 年新会计准则中，有关长期股权投资方面规定，将非存在活跃市场、无法可靠计量其公允价值的权益性投资纳入金融工具之中。前面，FT 汽车根据 2014 年长期股权投资新准则的第二条规定，将原有按照成本法后续计量的长期股权投资重新分类为按成本计量的可供出售金融资产。因此，FT 汽车对此的追溯调整涉及了由原有长期股权投资后续计量的成本法转换为可供出售金融资产后续计量的金融资产模式。实质是将长期股权投资重新分类为可供出售金融资产，需转换其后续计量方法，因而将会对 FT 汽车产生财务影响（见表 3－5）。

**表 3－5　调整前后对 FT 汽车产生财务影响**

单位：元

| 会计科目 | 2012 年 12 月 31 日 | | 2013 年 12 月 31 日 | |
|---|---|---|---|---|
| | 调整前 | 调整后 | 调整前 | 调整后 |
| 营业收入 | 40 973 308 479 | 40 973 308 479 | 34 152 543 118 | 34 152 543 118 |
| 归属于上市公司股东的净利润 | 1 513 591 800 | 1 353 300 274 | 728 350 621 | 763 055 365 |
| 归属于上市公司股东的扣除非经常损益的净利润 | －808 367 737 | －808 367 737 | 220 259 255 | 220 259 255 |
| 归属于上市公司股东的净资产 | 14 891 608 990 | 14 731 317 464 | 15 092 776 771 | 14 967 189 990 |
| 总资产 | 33 209 297 700 | 33 049 006 174 | 32 558 179 741 | 32 432 592 960 |

成本法转换为金融资产模式影响了归属于上市公司股东的净资产和净利润及母公司的总资产，追溯调整影响 FT 汽车 2012 年、2013 年归属于上市公司股东的净资产变动比分别为 1.09% 和 0.84%，影响 FT 汽车 2012 年、2013 年归属于上市公司股东的净利润的变动比分别为 11.84% 和 －4.55%，影响 FT 汽车 2012 年、2013 年母公司总资产的变动比分别为 0.49% 和 0.84%。

2012 年和 2013 年，北汽 FT 汽车有限公司归属于上市公司股东的利润与权益受到了新会计准则中长期股权投资规定下成本法和金融资产模式重新分类的影响。股东利润与权益的变化，将对公司财务决策和相关决定的变化产生重大影响，因而企业有可能为了追求相关的财务目标，主观上调整股权投资的类型。

### （四）得到的启示

企业长期股权投资的范围、计量方式等都受到了 2014 年新会计准则中有关长期股权投资新规定的影响，这些变化会进一步影响企业的财务报表和管理层与投资者的决定。

新会计准则方面想要真正得到落实，归根结底还得对企业进行考核。因此企业要对政策变化及时学习，根据新的会计准则进行会计处理。会计准则的不断更新变化是经济社会发展的必然结果。也是我国会计规范与国际标准接轨的重要标志，此次新会计准则不但提升了各企业的会计质量，而且也使我国资本市场更加有序健康地发展。

### （五）结论

第一，改变长期股权投资的核算范围，直接影响了长期股权投资账面金额的计算。新会计准则中有关长期股权投资部分的变化涉及了企业的投资收益可供出售金融资产长期股权投资等相关科目，另外，如果这些科目的数额变动偏大将对企业的财务报表经营状况产生影响，进而影响到管理者和投资者的决定。

第二，资产负债表与利润表相关的投资损益会因为新会计准则中有关长期股权投资部分的变化而产生较大变化。投资方对于合营企业出售资产的业务取得的金额与资产账面价值相关的差额应当全部计入当期损益，对之前的其他方法要求企业采用追溯法进行调整。

第三，中国北汽 FT 汽车有限公司净资产和净利润采用新会计准则中有关长期股权投资后续计量中成本法与金融资产模式变换的对比产生影响。由于存在着调整长期股权投资与金融资产的主观范围，这将对企业的利润产生波动，因此需要进一步完善会计准则来规范金融资产与长期股权投资之间的转换。

## 二、案例说明书

### （一）案例要解决的关键问题

本案例的教学目的：企业长期股权投资是风险最大、结果不确定性最强的投资项目之一。长期股权投资的形成源自企业的相关多元化和非相关多元化投资，其资产质量对企业长远发展至关重要。作为一家国有控股企业，北汽 FT 汽车股份有限公司也是一家上市企业。通过多方调研，我们能够发现，北汽 FT 汽车有限公司的各项指标包括生产指标、研发指标均是行业的佼佼者。随着社会的进步以及世界经济的发展，新能源金融等五大业务板块与汽车构成了中国北汽 FT 汽车有限公司的价值链，北汽 FT 汽车有限公司在这些模块进行了大量的投资行为。在中国目前的上市公司里，长期股权投资占据了北汽 FT 汽车有限公司较大的份额以及总额。另外，北汽 FT 汽车有限公司拥有对联营企业与合营企业和其他方面的长期股权投资的类型较为丰富。而且，北汽 FT 汽车有限公司对于长期股权投资的核算，既有权益法又有成本法，涉及的计量方法比较完整。新长期股权投资会计核算准则的更新，对于中国北汽 FT 汽车有限公司的会计核算影响较大；作为一家上市公司，其长期股权投资以及相关的财务数据均可较为容易地获取。因此，中国北汽 FT 汽车有限公司适合这次的案例分析。

### （二）需要学员识别的关键问题

1. 你认为北汽 FT 汽车有限公司对长期股权投资进行重新分类调整对其有什么影响？
2. 北汽 FT 汽车有限公司的哪些变化，特别是财务方面的变化，是由于 2014 年新会计准则中关于处置时权益法下投资损益确认方法的改变而引起的？
3. 成本法转换为金融资产模式对北汽 FT 汽车有限公司的影响有哪些？
4. 如果你是北汽 FT 汽车有限公司的 CFO，请对其长期股权投资方面提出建议。

### （三）理论依据

1. 长期股权投资质量分析。

一家企业为什么要对外长期股权投资呢？这往往出于多种目的，主要包括：

第一，出于企业战略性考虑，形成企业的竞争优势。例如，通过兼并竞争对手消除竞争，或者对供应链上的供应商进行投资来保障原料持续稳定供应。

第二，作为多元化的策略之一，长期股权投资在一定程度上能够减少企业的生产经营风险，稳定企业的生产经营收益。

第三，长期股权投资可为企业带来一定的资金效益，以便实现企业的某些目标或者不时之需。

第四，长期股权投资中权益法和成本法的转变，或者说采用的不同可以造成较大的财务数据差异，这可以为企业的管理者美化财务报表提供有效的途径。例如，有些企业预计下一年财务状况发生恶化，以长期股权投资的形式控制一家经营状况良好的公司的大部分股权，未来在编制母公司财务报表时，能够借助子公司良好的经营业绩缓解母公司的财务问题；同时，编制合并报表也能够表现出企业经营良好的形势。根据张新民等提出的对长期股权投资的质量分析框架，一般对长期股权投资的质量分析主要着眼于以下四个方面：

（1）对长期股权投资进行构成分析。

我们分析一家企业为何要对外长期股权投资，主要考虑到它的投资方式及投资目标、投资的金额大小以及长期股权投资占企业的比重等。在年度财务报告中，企业应当披露关于长期股权投资的对象持股比例金额等信息。基于这些信息财务报告的所有使用者能够根据企业所披露的有关长期股权投资的信息来认识企业与其他相关企业之间的联系和额外收益，并且据此来分析企业的收益。

（2）长期股权投资计量方法的运用对财务状况和经营成果的影响。

长期股权投资的计算方式包括权益法以及成本法，采用这两种方法的区别在于投资方在持有被投资方资产期间对被投资方的影响来确定。

（3）实质上，某家企业的经营状况或者财务情况，有一部分是由长期股权投资造成的影响。

长期股权投资对企业财务状况的实质性影响主要表现为两个方面：一是长期股权投资在很大程度上代表企业长期不能直接控制的优质资产流出；二是长期股权投资代表企业高风险资产领域。对长期股权投资所产生的实质性影响需要结合企业投资布局、投资效益等进行综合分析。

2. 多元化投资战略的动因。

多元化投资战略，是指企业投资与现有产品和市场不同的领域，发展多品种或多种经营的长期谋划。

（1）市场力量理论。

市场力量理论认为企业寻求占据市场支配地位，提高产品价格以及对市场的垄断程度从而获取更高的超额利润。Comanor（1967）认为壮大市场势力能够加强对市场的控制，从而可以提高服务或者产品的售价，从垄断或者接近垄断中获取更多的利润。想要制止其他的生产者进入某一个市场，可以通过控制企业特别是关键企业来影响。

（2）投资组合理论。

Markowitz（1952）提出的投资组合理论主要用于分析证券市场的风险—收益最佳组合。后来的研究者通过分析收益最佳组合，得出分散投资风险成为多元化战略的推动因素。什么是多元化战略？实际上，多元化战略的目的是将其所在的企业非系统性的风险化解掉，将资本投向风险不同的领域，以化解产业风险。

（3）资源富余理论。

一家公司如果拥有剩余的资源，特别是经济资源，那么它可以将这些剩余资源在其他领域进行投资，自然就是多元化经营，这是资源富余理论的归纳。Penrose（1959）提出，企业经营过程中产生的一些尚未得到完全利用的资源能够给企业提供一个可持续发展和多元化的空间。

（4）内部资本市场理论。

由于外部市场不完备以及信息不对称，企业可能会承担较高的外部交易成本，因此企业如果通过内部资本组成的市场，就能够减少交易成本，提高资源配置效率。Williamson（1975）研究发现，企业减少交易成本，可以降低较高交易成本带来的损失风险；Stluz（1990）认为，多元化使企业不同业务之间的内部交流逐渐形成市场，这个市场提供了企业内部的低成本融资平台，提高了企业自身的价值。

总之，内部市场对投资项目了解较为清楚全面；同时，资金调度能够确保资金有效分配给优质项目，能够明显增加资金使用效率，降低对企业内部融资的约束条件。

3. 成本法以及权益法之间存在着什么差别？他们分别对财务报表有何影响呢？

所谓成本法，是指长期股权投资始终按成本计价的方法。被投资方宣告分配现金股利时，投资方按享有的部分确认为当期投资收益。权益法是指投资者以初始投资成本计量后，在投资持有期间根据投资企业享有被投资单位所有者权益份额的变动对投资的账面价值进行调整的方法。

这两者之间主要的差异在于调整账面价值，确认投资收益方式的不同。仅当被投资单位宣告发放股利时，账面上确定投资收益的即为成本法。根据被投资单位的经营盈亏状况来确认投资收益的则是权益法。在权益法下，投资方需要根据其资本占被投资企业的份额的比例来确定投资收益，并且对于其所投资的账面金额进行调整。

相比较而言，长期股权投资如果采用成本法进行核算，那么会计处理方式会比较稳定并且简单；其账面价值可以比较相对稳健地体现了初始投资成本；每当利润或者现金股利等科目有流入时，投资收益也随之做出更改；另外，我们税法上所规定的缴纳所得税时投资收益的标准与成本法确定投资收益的标准相吻合，这就方便了我们会计与税法政策的统一；当我们使用成本法对长期股权投资进行核算时，投资方和被投资方为相对独立的两个企业法人，这也与我们法律上的相关概念相吻合。

成本法由于账面上无法反映投资方在被投资单位中所占所有者权益份额，且由于使用条件为对被投资企业控制或能产生重大影响的情况，因此存在投资方操纵被投资单位利润或股利分配的情况，这就使账面上的投资收益存在一定的操纵空间。

权益法也有其优势，权益法可以随着市场和现实条件的改变，更加真实、贴切地反映投资方所占有的长期股权投资在被投资方中的份额。但权益法的缺陷也比较明显，采用权益法时，会计上投资收益的确认和现实中资金流入的时间有差距，其账面金额难以正确反映投资方的原始成本，这就造成了会计核算和财务制作上的困难。

**（四）背景信息**

改革开放以来，中国的经济实现了腾飞，与此同时，资本市场也在不断壮大和发展，企业日渐关注长期股权投资。企业除了简单生产经营以外，还包括投资活动。外部投资活动对企业的影响是巨大的，它不但可以合理地利用企业的剩余资金，还可以更好地拓宽企业的业务范围，减少企业的单一性经营风险。

长期股权投资的分析比较常见的有成本法和权益法两种计算方法，但是这两种计算方法，由于内在理论形成依据不同，因而同样的一家企业同样的一项会计业务，可能采取了不同的计算方法，得出的结果会相差甚远。在会计核算上，采取账面价值或者公允价值来分析资产的真正价值会存在较大的差距，这种差距也体现在对于长期股权投资的核算上。长期股权投资会计核算变化极大地影响了企业财务活动以及财务数据，本文的选题正是基于此背景。

《企业会计准则第2号——长期股权投资》是财政部于2014年颁布的新准则。新旧准则对比发现，2014年的新准则明显比2006年的旧准则更加细致，明确长期股权投资的计量方式与确认方法。

### （五）关键分析要点

（1）通过金融资产重分类分析长期股权投资核算范围变化对北汽FT汽车有限公司的影响。

（2）北汽FT汽车有限公司的哪些变化，特别是财务方面的变化，是由于2014年新会计准则中关于处置时权益法下投资损益确认方法的改变而引起的？

（3）通过新准则的变化分析成本法转换为金融资产模式对北汽FT汽车有限公司的影响。

（4）最后结合以上分析，对本案例提供相应对策建议（见图3-2）。

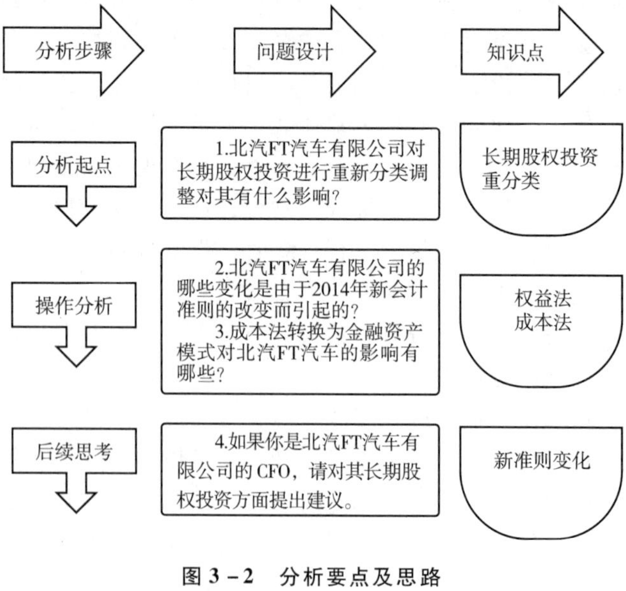


**图3-2　分析要点及思路**

### （六）分析思路

1. 你认为北汽FT汽车有限公司对长期股权投资进行重新分类调整对其有什么影响？

（1）重分类要求。

企业不能随意改变金融资产的分类。具体要求如下：①企业不得将划分为以供应价值计量其变动计入当期损益的金融资产再分类为其他金融资产；同样的，其他金融负债与金融资产不能再分类为以公允价值计量且其变动计入当期损益的金融负债和金融资产。②某些项目的投资，如果因为企业持有目的的改变而无法持有至到期，则应当将这项投资再划分为可供出售金融资产。

（2）重分类的强制要求。

企业若将持有至到期投资在未到期时再分类或者另外处置及更改将此项投资的最初意图再分类到其他金融资产要注意：企业在处置或重分类后应立即将其剩余的持有至到期投资重分类为可供出售金融资产，且在本会计年度及以后两个完整的会计年度内不得再将该金融资产划分为持有至到期投资。

通过对于2014年新会计准则中有关于长期股权投资的变化，我们可以得知，中国北汽FT汽车有限公司存在着大量非公允市场价值，且可以可靠计量的长期股权投资，这些不符合新长期股权投资准则的，都需要我们进行重新归类调整。

为美化财务报表、粉饰企业的生产经营情况，企业的生产经营管理者有可能会借助新会计准则中长期股权投资的规定，频繁地变换可供出售金融资产与长期股权投资的分类。

2. 北汽FT汽车有限公司的哪些变化，特别是财务方面的变化，是由于2014年新会计准则中关于处置时权益法下投资损益确认方法的改变而引起的？

通过对于2014年新会计准则中关于长期股权投资方面的内容，我们可以得知，投资方向，合营企业出售资产取得的与业务相吻合的账面价值之间的所差金额应当全部记入当期损益之中。然而，2012年，北汽FT汽车有限公司将欧曼二工厂出售给FT，戴姆勒企业并没有在当时期间全部将其金额确认为损益。

向FT戴姆勒转让欧曼二工厂是北汽FT汽车有限公司于2011年11月做出的决定并向外宣布。将欧曼二工厂转让给FT戴姆勒，是ATF汽车有限公司与合营企业发生的出售长期股权投资资产交易。

通过对财务数据的分析，我们得知，2014年，北汽FT汽车公司的利润总额在2012年和2013年，由于受到了新会计准则中有关长期股权投资的变化产生了正向影响和负向影响，这在一定程度上体现了会计准则的变化给一家企业所带来的影响是不确定的。

3. 成本法转换为金融资产模式对北汽FT汽车有限公司的影响有哪些？

2014年的新准则将企业的相关长期股权投资限制在了子公司、联营企业、合营企业方面，对于除此之外的无明确价格不能准确计量的公允价值的股权投资放在金融资产之中。前面北汽FT汽车有限公司根据2014年长期股权投资新准则的第二条规定，将原有按照成本法后续计量的长期股权投资重新分类为按成本计量的可供出售金融资产。因此，北汽FT汽车有限公司对此的追潮调整涉及了由原有长期股权投资后续计量的成本法转换为可供出售金融资产后续计量的金融资产模式。实质是将长期股权投资重新分类为可供出售金融资产，需要转换其后续计量方法，因而将会对北汽FT汽车有限公司产生财务影响。

4. 如果你是北汽FT汽车有限公司的CFO，请对其长期股权投资方面提出建议。

第一，2014年新准则中重新分类为可供出售金融资产的权益性投资的后续计量应当有单独的规定。新准则将企业的相关长期股权投资限制在了子公司、联营企业、合营企业方面，对于除此之外的无明确价格不能准确计量的公允价值的股权投资放在金融资产之中。

金融工具确认与计量准则中将持有至到期投资重新分类为可供出售金融资产时，持有期间公允价值与账面价值之家的差额计入的是其他资本公积。

第二，对于长期股权投资的分析比较常见的有成本法和权益法两种计算方法，但是这两种计算方法，由于内在理论形成依据不同，因此同样的一家企业同样的一项会计业务，可能采取了不同的计算方法，得出的结果会相差甚远。在会计核算上，采取账面价值或者供应价值来分析资产的真正价值会存在较大的差距，这种差距也体现在对于长期股权投资的核算上。因此，进一步规范完善金融资产模式和成本法及权益法之间转换将会对提高财务报表信息质量有重要意义。

第三，严格控制并规范企业长期股权投资与金融资产之间的重新分类。为美化财务报表、粉饰企业的生产经营情况，企业的生产经营管理者有可能会借助新会计准则中长期股权投资的规定，频繁地变换可供出售金融资产与长期股权投资的分类。

# 第四章　企业合并案例分析

## 第一节　案例编写说明与理论基础

### 一、案例编写目的

企业合并是调整资源配置的重要手段。本案例旨在引导学员系统理解企业合并的会计处理，提高学员对企业合并准则的分析与决策能力，更好地了解我国资本市场运作规律。企业通过并购有望实现行业内部整合，增强企业竞争力。结合企业合并案例，可以理解掌握相关会计原则和条例在实践中的应用，分析相关企业在企业合并过程中是属于哪种合并、合并业务应该如何用会计计量、在合并财务报表中如何体现。

### 二、案例相关知识点解析

1. 企业合并：是指将两个或者两个以上单独的企业合并形成一个报告主体的交易或事项。企业合并分为同一控制下的企业合并和非同一控制下的企业合并。

2. 同一控制下企业合并：参与合并的企业在合并前后均受同一方或相同的多方最终控制且该控制并非暂时性的，为同一控制下的企业合并。

3. 非同一控制下企业合并：参与合并的各方在合并前后不受同一方或相同的多方最终控制的，为非同一控制下的企业合并。

### 三、拟解决的关键问题

1. 在会计上应该如何对该合并业务进行会计处理？

2. 合并在合并报表中应该如何体现？

3. 为什么要区分同一控制下合并和非同一控制下合并？

4. 是什么使公司连续多次采取了一系列的并购重组过程并且每次都可以成功地并购其他公司？

### 四、企业会计准则链接

**企业会计准则第 20 号——企业合并（财会〔2006〕3 号）**

# 第二节　CY 集团——鸠占鹊巢下的并购之路

## 一、案例正文

**摘要：**本文主要讲述了 CY 集团与其竞争对手沃尔核材在集团控制权争夺下的三次并购案例。CY 集团在 2014 年、2016 年与 2017 年分别并购了珠海市运泰利自动化设备有限公司、上海和鹰实业发展有限公司与湖南中锂新材料有限公司，这三次并购被并购方不仅没实现并购承诺，还接连出现销售业绩急剧下降、业绩造假、巨额亏损等现象。频繁而又失败的收购虽使 CY 集团财务恶化，但 CY 集团管理层也成功夺回公司控制权。2017 年 5 月，CY 董事会通过与沃尔核材的和解协议；2018 年 5 月，珠海格力金融投资管理有限公司经董事会讨论收购 CY 集团 20% 股权；2019 年 9 月，格力集团再次增持 CY 集团股票，成为 CY 集团首要股东。本案例按照时间顺序描述了 CY 集团并购过程中出现的困境，对企业稳定管理与业务扩张的关系作系统、深入的思考。

**关键词：**企业并购动机、企业并购风险、股权争端

### （一）引言

2018 年 7 月 9 日，深圳市南山区高新区科苑中路 CY 新材料港，CY 集团董事会正在进行，许晓文紧握着新任董事长吴启权的双手，深情地说："CY 以后就交给你了。"可能只有许晓文知道，这样简单的一句话包含着多少意味深长的期望。自 1995 年担任 CY 集团总经理、董事长以来，许晓文执掌 CY 集团长达 23 年。在这 23 年里，CY 集团倾注了许晓文大半生的心血。在许晓文的带领下，CY 集团从仅有的热缩材料业务逐步发展成为"新材料、智能电网设备、智能工厂设备"等多业务发展的经营局面。而近期，许晓文代领 CY 集团管理层狙击竞争对手沃尔核材对公司控制权的争夺更是引起了资本市场的关注。

2013 年，伴随着李嘉诚"西进东退"计划的推进，其旗下"长和投资"逐步减持 CY 集团的股票，直至 2014 年 1 月完全退出。自此，资本市场闻风而动，特别是 CY 集团在"热缩管"市场的主要竞争对手沃尔核材，沃尔核材及其行动一致人持续增持 CY 集团股票，直至 2015 年 4 月，沃尔核材及其行动一致人成为 CY 集团的第一大股东，由此拉开了 CY 集团管理层和沃尔核材控制权争夺的序幕。

### （二）公司简介

1. CY 集团。

CY 集团股份有限公司（以下简称：CY 集团）于 1986 年由中科院创立。1993 年，CY 集团成立 CY 电子，开始进入热缩材料、辐射功能材料等领域。1996 年 CY 电子成立，标志着 CY 集团进入热缩材料等市场。1996 年，长和投资入股 CY，2000 年 CY 旗下设立电力等公司，CY 集团随之改制为股份公司。2002 年，CY 集团在上交易所挂牌上市。上市以来，CY 集团通过对长远高能、长远共创、CY 新材、珠海运泰利等的并购，其主营业务

由之前单一的热缩材料逐步扩展到“新材料、智能电网设备、智能工厂设备”等领域(见表4－1)。

表4－1 CY集团子公司在行业地位

| 子品牌 | 产品 | 行业地位 |
|---|---|---|
| CY电子 | 热缩管 | 国内第一，全球第三 |
| CY维安 | 电池保护器件 | 国内第一，全球第三 |
| CY长通 | 管道防腐 | 国内前五 |
| CY特发 | 交联PE泡棉 | 国内领先 |
| CY赢彩 | APG | 国内领先 |
| CY深瑞 | 母线保护、监控 | 国内前五 |
| 长远共创 | 电力防护 | 国内前二 |
| CY电力 | 电缆附件 | 国内第一 |
| CY高能 | 复核绝缘子 | 国内领先 |
| 国电科源 | 防雷、接地 | 国内领先 |
| 江苏华盛 | 锂电池添加剂 | 全球第一 |
| 珠海运泰利 | 检测自动化生产线 | 全球领先 |

2. 沃尔核材。

深圳市沃尔核材股份有限公司（以下简称“沃尔核材”）成立于1998年6月19日，前身为深圳市沃尔热缩材料有限公司，初始投资现金100万元，由周和平等人共同出资。2004年公司改制，成为股份公司。2007年4月20日，公司股票获准在深圳证券交易所上市交易。创始人周和平持有55.70%的股份，实际控制沃尔核材。沃尔核材从事高分子辐射材料，电力材料集研发、制造、销售于一体，其主要产品应用于电子、石化、汽车等行业。

### （三）股权波动引起的并购困境

2014年初，全球辐射功能材料市场营业收入每年在30亿～40亿美元，而我国才刚起步，具有较大的发展空间。CY集团与沃尔材料在低端热缩管市场价格战打得十分激烈，甚至出现亏本销售以占据市场的场面，反观高端市场则大部分被美国瑞侃所占据。2014年1月，伴随李嘉诚的长和投资完全退出，作为CY集团在热缩管市场的主要竞争者，沃尔核材持续举牌，至2015年4月30日，沃尔核材持股比例达26.79%，成为CY集团的第一大股东。对于CY集团管理层认为沃尔核材是恶意收购的说法，沃尔核材创始人周和平表示：“CY是一家优秀的企业，希望两家做大做强。沃尔核材的入股一方面是认同热缩材料行业的潜力，希望携手共赢；另一方面引导行业走向健康发展，避免恶性竞争。”

为争夺CY集团控制权，CY集团管理层持股平台“藏金一号”开始了行动一致人招募行动，最直接体现为一系列的并购行动。CY集团分别于2014年、2016年、2017年并购了珠海运泰利、上海和鹰机电和湖南中锂新材几个公司，将其实际控制人吴启权、孙兰芳、尹志勇夫妇等人拉入“藏金一号”行动一致人的队伍。虽然行动一致人的队伍逐渐庞大，但是也给CY集团带来了困境。

在2014年控制权争夺发生之前，CY集团的并购策略较为稳健，控制权争端发生之后，CY集团的第一大股东频繁发生变动，竞争对手虎视眈眈。为加快脚步争夺控制权，CY集团逐渐偏离之前渐进式的并购，转而在多个业务领域加速突击整合。2014~2017年，CY集团进行了快速、大规模的收购、投资，4年间先后收购了江苏华盛、运泰利、湖南中锂、上海和鹰，并投资沃特玛、江西金锂，从而造成了业务众多、战线太宽、管理难度大的局面，导致子公司的经营业绩逐步下滑，特别是运泰利、湖南中锂、上海和鹰三家子公司（见表4-2）。

**表4-2　CY集团股权波动大事件**

| 时间 | 事件 |
|---|---|
| 1996年 | 长和投资成为控股股东 |
| 2014年1月 | 长和投资有限公司完全退出，集团处于无实际控制人状态，沃尔核材持续举牌 |
| 2015年4月 | 沃尔核材及其行动一致人成为第一大股东 |
| 2017年11月 | “藏金一号”及其行动一致人成为第一大股东 |
| 2019年9月 | 格力金投增持CY集团股票，成为第一大股东 |

## （四）CY集团的并购困境

1. 珠海运泰利，收购后净利率急速下滑。

珠海运泰利自动化设备有限公司（以下简称“珠海运泰利”）主要从事自动化产品的研制和开发，是CY集团进军智能工厂领域的重要步伐。2014年12月，CY集团发布公告，拟以发行股份和支付现金方式要约收购珠海市运泰利自动化设备有限公司100%的股权，作价17.2亿元，较账面价值1.23亿元增值15.98亿元。据此，CY集团以10.42元/股，合计发行1.62亿股，并支付3 440万元现金用于支付全部交易对价。同时，以11.63元/股的价格，非公开发行募集配套资金4.8亿元。其中，“藏金一号”（管理层持股平台）认购2亿元，沃尔核材认购1.8亿元。

在此项收购前，上海复兴为CY集团最大股东，共计持有4 617.55万股，占总股本5.35%；交易完成后，珠海运泰利原实际控制人吴启权个人认购了CY集团5.29%的股份，由此，珠海运泰利实际控制人吴启全成为CY最大股东，但还不足以实际控制CY集团。

对于此次交易，吴启全及珠海运泰利也作出业绩承诺，在完成并购后的连续3个年度净利润分别不低于1亿元、1.3亿元、1.7亿元，且累积利润不低于4亿元。

交易于2015年正式完成，自此珠海运泰利更名为CY运泰利，并重点研发并开拓高端自动化设备市场，为其他各行业提供智能化设备、方案。而CY集团也开始探寻多元化经营，凭CY运泰利已成为其全资子公司，在CY运泰利的珠海高新区科技园中，重点研发、制造智能汽车设备并投入市场。

本次交易并不如预期顺利，交易完成后，CY运泰利业绩暴跌，2015年完成收购时公司销售净利润为22.47%，至2018年已下降近10个百分点，跌至13.48%，如图4-1所示。

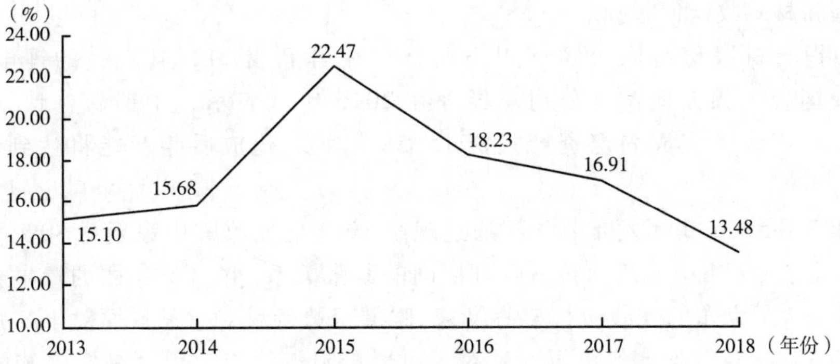


**图 4-1　运泰利销售净利率走势**

2. 和鹰机电科技，业绩涉嫌造假。

上海和鹰机电科技股份有限公司（以下简称“和鹰科技”）注册资本 6 000 万元，是我国乃至全球数控切割设备行业的龙头企业，旗下产品中有多数缝纫设备在市场占有率超 7 成。

2016 年 6 月，CY 集团经董事会协商拟要约收购和鹰科技 4 800 万股股份，占其 80%。一石激起千层浪，在交易完成后，沃尔核材公开发文指责 CY 集团董事长、总裁和监事，怀疑“藏金一号”投资企业系监事私人控制公司与和鹰科技实际控制人孙×芳、尹×勇夫妇旗下鼎明（上海）环保有限公司有内部经济往来。

同样，在此次并购交易中，和鹰机电向 CY 集团作出了业绩承诺，承诺在交易后连续两个年度的净利润分别不低于 1.5 亿元、2 亿元，且累计不少于 3.5 亿元。2015 年交易完成后，CY 和鹰（和鹰机电更名为 CY 和鹰）2016 年净利润 1.56 亿元完成第一年承诺，但 2017 年实现净利润 1.76 亿元，两年合计 3.32 亿元，未实现对 CY 集团的业绩承诺，且存在业绩造假现象被上交所问询。

2018 年 12 月 24 日，CY 集团对上海证券交易所提出的问询函进行公开回复，承认其全资子公司 CY 和鹰业绩真实性存在问题，有造假嫌疑。次日，CY 集团股票全天封死跌停板。CY 集团回复函显示：CY 和鹰 2017 年实现销售收入 9.7 亿元，其中设备销售收入占 68.29%，智能工厂销售收入占 31.71%。而在 2016 年下半年间，CY 和鹰分别与山东昊宝服饰有限公司、上海峰龙科技有限公司、安徽红爱实业股份有限公司签订智能工厂合同。但在 CY 集团的实地走访调查中却发现，上述三个智能工厂中，山东昊宝、上海峰龙公司工厂已停工，而安徽红爱工厂的运转情况也不如预期，而且，在 CY 集团对 CY 和鹰的销售业务调查中也发现，存在大额销售款逾期未回款、订单退货严重的现象（见表 4-3）。

**表 4-3　　3 个智能项目占和鹰收入比重**　　单位：亿元，%

| 年份 | 和鹰收入 | 和鹰净利润 | 3 个智能收入项目 | 智能项目收入占比 |
|---|---|---|---|---|
| 2016 | 617.2 | 128.4 | 169.4 | 27.4 |
| 2017 | 969.7 | 192.4 | 307.5 | 31.7 |
| 2018H1 | 248.8 | 17.0 | 0 | 0.0 |

3. 中锂新材，收购便亏损。

湖南中锂新材股份有限公司（以下简称“中锂新材”），其先进的锂电池湿法隔膜技术在我国处于领先地位。公司总经理在2015年就表示，中锂新材计划于次年新建8条产品生产线，完成固定资产投资15.58亿元。建成后年产能将达到3.24亿平方米。

2017年7月，CY集团发布公告拟通过现金19.2亿元收购中锂新材80%股份。本次交易再次激化了CY集团与沃尔核材管理层间的紧张关系，在CY集团的董事会、监事会投票中，对于7月发布的《投资框架协议》，监事贺勇持反对意见；而对于8月的正式收购公告，董事隋淑静与监事贺勇再次反对，而恰恰隋淑静与贺勇都是沃尔核材的选派董事、监事。交易完成后，CY集团管理层表示，掌握锂电池湿法隔膜技术是集团在电动汽车高端材料发展上的重大突破，此次收购有利于集团健康发展。

中锂新材的最大客户便是CY集团投资的沃玛特。2018年上半年沃特玛遭遇了新能源汽车行业最大的债务危机，中锂新材为沃特玛向银行借款1.5亿元提供担保。截至2018年底，中锂新材因担保责任被银行扣减贷款本息4 400万元。沃玛特的债务危机也波及中锂新材，使之2018年业绩下跌，仅上半年就亏损3 735万元且无法扭转。2018年，CY集团对此计提商誉减值4.82亿元（见表4-4）。

表4-4　中锂新材业绩情况　单位：百万元

| 年份 | 营业收入 | 净利润 |
|---|---|---|
| 2017 | 222.3 | 29.3 |
| 2018H1 | 73.6 | -37.4 |

### （五）财务状况急剧恶化，预期与现实差距巨大

CY集团管理为争取行动一致人，而不惜付出“高估值、高溢价、现金收购”的代价。近3年，CY集团的收购使其财务状况逐渐恶化。三年间，CY集团频繁地高估值、高溢价收购，而标的企业却一而再出现业绩问题，导致其巨大的商誉减值风险（见图4-2和表4-5）。

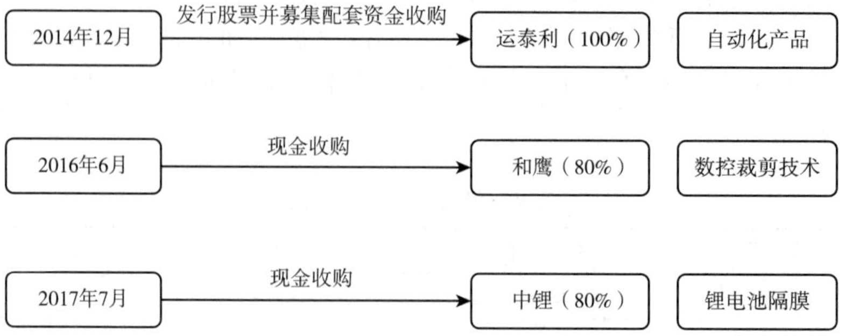


图4-2　CY集团三次并购主要内容示例

表 4-5　　CY 集团无形资产与商誉情况　　单位：百万元

| 年份 | 2010 | 2011 | 2012 | 2013 | 2014 | 2015 | 2016 | 2017 |
|---|---|---|---|---|---|---|---|---|
| 无形资产 | 176.1 | 158.8 | 278.0 | 269.4 | 319.8 | 418.8 | 475.1 | 644.3 |
| 商誉 | 372.7 | 384.0 | 378.8 | 383.7 | 914.8 | 2 369.1 | 3 988.0 | 5 476.2 |
| 合计 | 548.8 | 542.8 | 656.8 | 653.1 | 1 234.6 | 2 787.9 | 4 463.1 | 6 120.5 |
| 商誉减值 | 0.0 | 0.0 | 16.1 | 4.1 | 3.3 | 8.3 | 0.0 | 85.1 |
| 备注 | | | | | 收购江苏华盛 | 收购运泰利 | 收购和鹰科技 | 收购中锂新材 |

1. 负债率上升，短期偿债压力较大。

2014 年，在改变并购策略以前，CY 集团的资产负债率为 51.86%，而在完成一系列并购且出现业绩危机后，2018 年 6 元 CY 集团的资产负债率升至 58.55%，4 年间虽只上升了将近 7 个百分点，但 CY 集团的资产结构并不相同。通过收购，CY 集团资产中包括 50 多亿元商誉，而商誉并不能带来实质的经济利润反而有减值风险，若扣除商誉，CY 集团的资产负债率将呈跨越式的上升。另外，截至 2018 年 6 月，CY 集团临时性流动资产 16.1 亿元，远低于短期金融负债的 55.6 亿元，流动性成为集团公司一大难题。

2. 有息负债猛增、财务费用率上升，净利润承压。

公司有息负债由 2014 年的 9.4 亿元猛增至 2018 年 6 月的 92.5 亿元，有息负债的增加导致集团财务费用同期增长率达 80.18%，对公司净利润造成一个重大打击。

### （六）管理层夺回控制权，双方达成和解

通过一系列的并购，“藏金一号”行动一致人的队伍逐渐扩大，2017 年 5 月 24 日，吴启权、运泰协力、鼎明环保、孙兰华、许晓文、鲁尔兵与“藏金一号”签署了《一致行动协议》。其中，吴启权为原珠海运泰利董事长、运泰协力实际控制人，王建生为珠海运泰利原首席技术官、孙兰华持有鼎明环保 100% 的股权，是原上海和鹰科技实际控制人。

2015 年 5 月 31 日，根据“藏金一号”及其一致行动人的增持计划，“藏金一号”应在半年内以价格不高于 22 元的单价增持 CY 集团 1% ~7% 的股份，终于在同年 11 月 14 日，其以高于沃尔核材 986 股的持股权重新成为 CY 集团最大股东。

自此，经过深圳证券期货业纠纷调解中心的调解，CY 集团与沃尔核材管理层握手言和并签署和解协议。协议中约定：CY 集团向沃尔核材转让 CY 电子 75% 股份，而沃尔核材也承诺不再增持 CY 股份。最终，CY 集团管理层及其一致行动人将合计持有 24.29% 股权，沃尔核材及其一致行动人将持有约 18.5%，山东科兴将持有 5.58%。CY 电子的转让基本宣告 CY 集团退出热缩套管这一传统主业，而 CY 集团长达 4 年的股权争端也基本解决。

### （七）尾声

根据 CY 集团 2018 年合并财务报表，CY 集团 2018 年度归母净利润为 1.12 亿元，较上年减少 10.24 亿元，公司业绩遭遇悬崖式下跌，深受湖南中锂等并购形成的商誉、营收坏账计提、担保损失等影响。在资金链的巨大压力下，CY 集团无力维持中锂新材的后续

发展运营，2019 年 8 月，CY 集团向中材科技转让中锂新材 60% 的股份，持股比例由 90% 降至 30%。2019 年 5 月 31 日晚间，因涉嫌信息披露违法违规，证监会对 CY 集团正式立案调查。外界普遍认为，CY 集团被立案调查或与子公司 CY 和鹰涉嫌造假有关。由控制权争夺而触发的并购风险逐渐凸显。

2019 年 09 月 25 日，CY 集团发布公告称“公司收到格力金投及金诺信的《告知函》，格力金投通过增持，将合计持有 CY 集团股份 103 425 152 股，占 CY 集团总股本的 7.8135%，成为 CY 集团第一大股东。”CY 集团第一大股东的又一次变动会给 CY 集团带来什么影响，还需要我们拭目以待。

## 二、案例说明书

### （一）案例要解决的关键问题

本案例的编写目的在于，帮助和指导学生了解企业并购的原因、选择并购目标的动机、并购中存在的风险以及股权的改变。即：一方面，学员可以通过思考本次案例的企业并购动机以及企业并购目标的选择是否合适，考虑如何降低企业并购风险；另一方面，学员可以在本案例公司股权变动的基础上了解此次并购的更深层次原因及影响。从以上两个方面让学员在重点掌握了企业并购等内容基础上，进一步关注企业并购的一系列风险控制策略。

### （二）需要学员识别的关键问题

1. CY 集团为何进行三次跨行业的混合并购，并购目的是什么？
2. 三次并购给 CY 集团带来了哪些影响？
3. 你认为 CY 集团一系列并购失败的原因在哪？
4. 若你作为 CY 集团管理层之一，在今后的并购行为中应注意哪些方面？

### （三）理论依据

1. 企业并购动机。

企业寻求发展和突破是并购行为出现的最主要原因。企业发展有内部扩张和外部并购两种选择。内部扩张不但过程十分漫长，而且效果也有可能不好，与之相比，并购虽然具有一定的风险，但是能在较短的时间里达到较好的效果。企业并购的动因主要有以下六点：

①通过扩大经营规模，形成规模效益，达到降低成本的目的。

②通过占据更多的市场份额，达到提升行业地位的目的。

③通过获取低于市场价格的劳动力和生产原料，达到提高企业竞争力的目的。

④通过提高企业知名度的方法，达到获取超额利润的目的。

2. 协同效应理论。

协同效应就是指企业生产、营销、管理的不同环节、不同阶段、不同方面共同利用同一资源而产生的整体效应。或者是两家或多家企业并购之后的净现金流比并购之前的预期现金流量的总额还多，又或者是两家或多家企业并购之后的业绩比并购前的业绩好。协同效应由经营协同效应、管理协同效应和财务协同效应组成。

3. 战略重组理论。

为通过兼并来分散化经营，不仅存在规模经济的可能性，还隐含了对未充分使用的公司现有管理能力的利用。公司可以运用外部分散经营的方法，已达到获得所需管理技能的目的。

4. 资本结构控制权理论。

在“完善资本市场”假设条件下，如果不考虑公司所得税，则公司资本结构与公司价值无关。这就是“无关性定理”，简称 MM 理论。在现实中，MM 理论的假设条件是不存在的，因此资本结构不可能是无关紧要的，肯定会影响公司价值。

5. 企业并购风险。

企业的并购风险，就是企业在实施并购的过程中发生企业亏损的可能性。

①并购前的风险。并购前的风险，是指企业在并购行为发生之前，由于受外部因素影响而导致可能发生企业亏损的风险。并购前的风险包括战略选择风险、法律风险和投资风险三类。

战略选择风险包括信息不对称风险和动机风险。

法律风险是指，由于国家制定的相关法律不够完善，导致企业在生产经营活动中存在的风险。

投资风险是指，企业在日常的生产经营活动中，会受到很多外部因素的影响，导致在协同效应和盈利方面产生不确定性。

②并购中的风险。所谓的并购中的风险，就是指公司在实施并购行为的过程中，在支付价格、资金来源和支付方式存在问题而产生的风险。其主要包括估价风险和融资与支付风险。

估价风险是指，由于估价技术或者估价手段方面的不成熟导致的风险。

融资与支付风险是指，由于企业在实施并购行为的过程中，付出的成本过高，导致企业在日后的经营活动中资本结构恶化，难以维系企业生存发展。

③并购后的风险。并购后的风险是指，企业在并购行为完成之后，对并购后的企业进行经营管理，但是没有达到预期经营效果而导致的风险。其包括经营风险和整合风险。

经营风险是指，并购后的企业在经营过程中发现，企业产生的协同效应效果不好，产生的规模经济没有达到预期效果的风险。

整合风险是指，企业并购后，在各方面的整合没有达到预先设计的效果，导致企业内部造成内耗，给企业带来损失的风险。

**（四）背景信息**

随着世界经济的快速发展和全球一体化的进行，市场竞争愈加多元化，愈加激烈。企业进入新行业往往需要大量的时间和经验，而并购则成为企业进入新行业、实现企业转型的便捷之路。通过并购往往能实现并购企业与目标企业之间的经营协同、管理协同以及财务协同，快速地实现企业的战略。2014 年第一季度我国企业并购数量为 891 起，并购金额 8 618 亿元人民币，随着时间的变化，并购数量和并购金额也在不断提高，截至 2015 年底，并购数量已经提高到了 1 614 起，并购金额也达到 11 010 亿元人民币。CY 集团在此期间先后对珠海运泰利、上海和鹰机电和湖南中锂新材实施了并购。企业并购是一把“双刃剑”，出色的并购可以增加企业的资本，但是不合理的并购不仅不能让企业从中受益，反而还会适得其反，与之前的目标渐行渐远。合理评价并购财务绩效，理性分析并购结果，是避免盲目并购的有效手段。

### （五）关键分析要点

（1）通过企业动机理论分析案例中 CY 集团的并购目的；

（2）通过协同效应理论、战略充足理论等分析 CY 集团并购行为产生的效益；

（3）通过资本结构控制权理论及企业并购风险理论分析 CY 集团并购失败原因；

（4）最后结合以上分析，对本案例提供相应对策建议（见图 4－3）。

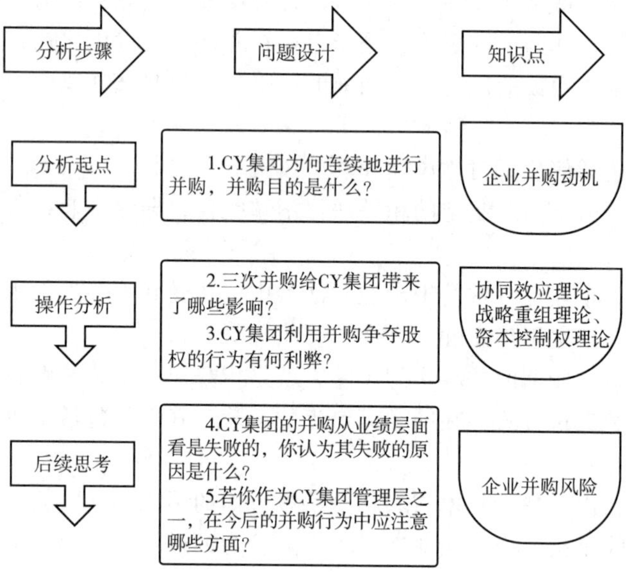


**图 4－3　分析要点及思路**

### （六）分析思路

1. CY 集团为何连续地进行并购，并购目的是什么？

CY 集团并购目的分析如表 4－6 所示。

**表 4－6　CY 集团并购目的分析**

| 并购事件 | 收购珠海运泰利 | 收购上海和鹰机电 | 收购湖南中锂新材 |
|---|---|---|---|
| 并购类型 | 发行股票并募集配套资金收购 | 现金收购 | 现金收购 |
| 并购目的 | （1）通过扩大经营规模，形成规模效益，达到降低成本的目的。<br>（2）通过并购扩大企业经营范围，帮助企业经营业务多元化，降低企业风险 | （1）通过占据更多的市场份额，达到提升行业地位的目的。<br>（2）通过并购获取先进技术，管理经验和专业人才等资源，从而实现企业发展壮大的目的 | （1）通过扩大经营规模，形成规模效益，达到降低成本的目的。<br>（2）通过并购获取先进技术，管理经验和专业人才等资源，从而实现企业发展壮大的目的 |

（1）收购珠海运泰利目的分析。

①通过扩大经营规模，形成规模效益，达到降低成本的目的。

CY 集团并购珠海运泰利，可以有效且迅速地扩大企业规模，形成规模效应，对资源进行充分的整合与利用，从而降低总成本。通过此次并购，CY 集团可以整合珠海运泰利原有的资源并充分利用，从而降低各个环节的成本，形成规模效应。

②通过并购扩大企业经营范围，帮助企业经营业务多元化，降低企业风险。

珠海运泰利的主要经营范围是研发自动化产品和设计制作各种模具，在自动化设备领域占有一席之地。CY 集团通过并购珠海运泰利，不仅得到了其资源，而且也借此进入了自动化产品的市场。此举不仅丰富了 CY 集团的生产经营范围，而且能有效降低企业在其他行业的经营风险（见表 4－7）。

**表 4－7　并购珠海运泰利近两年财务状况**　　单位：元

| 财务指标 | 2014 年 9 月 30 日 | 2013 年 12 月 31 日 | 2012 年 12 月 31 日 |
|---|---|---|---|
| 总资产 | 329 060 317.54 | 186 820 262.67 | 93 310 878.49 |
| 总负债 | 206 212 557.44 | 108 458 008.72 | 84 546 053.79 |
| 股东权益 | 122 847 760.10 | 78 362 253.95 | 8 764 824.70 |
| 营业收入 | 264 835 778.72 | 216 301 855.82 | 114 882 447.13 |
| 利润总额 | 49 897 247.45 | 38 330 912.05 | 7 901 773.22 |
| 净利润 | 44 844 330.35 | 3 265 296 248 | 6 481 361.41 |

由表 4－7 可以看出，珠海运泰利的总资产和股东权益每年都有增长，2014 年 9 月 30 日的总资产相比于 2013 年，增长了 76.14%，股东权益增长了 56.77%。珠海运泰利 2012～2014 年 9 月的营业收入、利润总额和净利润也是每年逐步提高，因此从纸面数据上看，珠海运泰利具备发展潜力与市场。

（2）收购上海和鹰机电科技目的分析。

①通过占据更多的市场份额，达到提升行业地位的目的。

上海和鹰机电科技有限公司，在“互联网＋”、智能制造、智慧物流无缝融合等方面占据着不少市场，很多先进技术都得到了整合。CY 集团收购上海和鹰机电科技，可以有效提高其生产力，完善其销售网络，从而大幅度提高市场份额，确立起 CY 集团的领导地位。

②通过并购获取先进技术，管理经验和专业人才等资源，从而实现企业发展壮大的目的。

上海和鹰机电科技拥有 406 项专利、46 项软著，并且起草 3 项行业标准。CY 集团收购上海和鹰机电科技，不仅使自身资产得到提升，而且在人力资源、管理资源和销售资源方面也都有很大的收获，不仅提高了 CY 集团在市场上的竞争力，而且对其以后的发展也有不小的帮助。

表 4-8　　并购上海和鹰机电近两年财务状况　　单位：元

| 财务指标 | 2015 年 12 月 31 日 | 2014 年 12 月 31 日 |
| --- | --- | --- |
| 总资产 | 391 312 129.28 | 270 184 308.47 |
| 总负债 | 194 069 136.16 | 102 026 681.06 |
| 股东权益 | 197 242 993.12 | 168 157 627.41 |
| 营业收入 | 131 607 165.17 | 80 353 877.82 |
| 利润总额 | 33 215 767.47 | 8 577 601.07 |
| 净利润 | 29 085 365.71 | 7 810 667.32 |

从表 4-8 看出，上海和鹰的总资产和股东权益每年都有增长，2015 年的总资产相比于 2014 年，增长了 44.83%，股东权益增长了 17.30%。上海和鹰 2014～2015 年的营业收入、利润总额和净利润也是每年逐步提高，同比增长分别为 63.78%、287.26% 和 272.41%。CY 和鹰 2015 年的利润总额和净利润的显著提升，这无疑是促进 CY 集团收购 CY 和鹰的一个主要因素。

（3）收购湖南中锂新材目的分析。

①扩大企业规模，增强企业竞争力。

湖南中锂新材有限公司是一家高新技术企业，在行业中位于全国第二，在锂离子电池湿法隔膜及涂覆隔膜研发、生产和销售等方面有很强的市场竞争力。CY 集团收购湖南中锂新材料有限公司，可以在短时间内扩大企业规模，提高生产和销售环节效率，从而增加 CY 集团在行业中的竞争力。

②通过并购获取先进技术，管理经验和专业人才等资源，从而实现企业发展壮大的目的。

中锂新材在湿法隔膜和涂覆隔膜问题的解决方面造诣很高，拥有国内先进技术和国际先进的湿法隔膜制造和检测装备。中锂新材是宁德时代以及比亚迪、ATL、亿纬锂能等国内领先锂电池企业的主力供应商，韩国三星、SK、LG 以及日本松下等海外客户也在逐步开发和批量供应，通过收购中锂新材，CY 集团不仅可以获得中锂新材的技术资源，而且可以顺利进入隔膜产品市场，增加企业利润渠道，分散经营风险。

近两年企业的资产、负债、权益状况和经营业绩如表 4-9 所示。

表 4-9　　并购湖南中锂新材近两年财务状况　　单位：万元

| 财务指标 | 2017 年 5 月 31 日 | 2016 年 12 月 31 日 | 2015 年 12 月 31 日 |
| --- | --- | --- | --- |
| 总资产 | 137 238.32 | 97 060.05 | 33 922.48 |
| 总负债 | 86 027.06 | 49 017.03 | 17 556.07 |
| 股东权益 | 51 211.26 | 48 043.02 | 16 366.36 |
| 营业收入 | 12 728.49 | 17 484.31 | 3 772.42 |
| 利润总额 | 3 633.89 | 2 121.96 | -336.68 |
| 净利润 | 3 168.24 | 1 927.60 | -269.35 |

从表4-9看出，中锂新材的总资产和股东权益每年都有增长，2017年5月31日的总资产相比于2016年，增长了41.40%，股东权益增长了75.50%。珠海运泰利2015~2017年5月的利润总额和净利润也是每年逐步提高，同比增长分别是71.29%和64.40%。中锂新材的发展潜力和盈利能力是吸引CY集团实施收购的动因之一。

2. 三次并购给CY集团带来了哪些影响？

（1）并购初期。

①经营协同效应。

2015年7月，CY集团通过收购珠海运泰利，在新能源汽车与储能用电池及相关材料产业实现战略布局。CY集团核心竞争力实现跨越式提升。CY集团2015年第3季报显示，由于并购珠海运泰利、江苏华盛两家企业而并表，集团实现营收12.39亿元，归母净利润1.81亿元，两者同比增长均高达30%以上。

2016年CY集团收购的和鹰科技是国内仅有的几家拥有数控裁剪机自主知识产权的企业之一，与CY集团发展智能制造装备的发展路线一致，能够产生较强的经营协同效应。CY集团2015年第4季报显示，集团实现营收和净利润为18.99亿元和2.34亿元。智能工厂装备毛利率增长显著，达6.35%。

作为湿法隔膜细分行业龙头的湖南中锂，被收购之后不仅产能上得到了扩充，更为CY集团的多领域布局插上重要的一双翅膀。2017年的最后5个月湖南中锂实现营收2.22亿元，完成2017年1.8亿元业绩承诺，2018~2019年分别为2.5亿元和3亿元，再次为CY集团的业绩再次镀上一道金光。

②管理协同效应。

CY集团在找到优质的并购对象之后，首先进行投资性持股，在投资增值过程中在合理价格增持股份，最后逐步实现控股，形成了比较先进的渐进并购模式，以上渐进并购的模式为CY集团的发展提供了充足动力。

CY集团文化崇尚产品创新、制度创新，已经形成了较好的管理体系。由此，CY集团也逐步建立起了能够充分适应科技型企业的管理文化和管理体制。

③巨量并购后管理能力不足渐现端倪。

CY集团2017年第1季报显示，由于珠海运泰利业务出现问题以及CY集团财务费用增速较快导致集团归母净利润下降57.1%。剔除运泰利财务费用影响，公司其余业务利润增速约27%。

CY集团2016年收购上海和鹰带来较大负债，进而导致公司当年第1季度财务费用增加3100多万元，影响上市公司归母利润。财报显示，子公司期间费用增幅达50%造成业绩较大波动。由以上内容分析得知，巨量并购的背后是CY集团的管理能力无法同步增长，已经逐渐显示出一些管理问题。

（2）并购后期。

①被收购企业业绩承压，商誉存在减值风险。

根据CY集团公告，其旗下子公司CY和鹰由于经营问题而导致应收账款需计提大额坏账，集团合并报表同时需要追溯调整。2018年6月，集团子公司CY和鹰严重依赖的智能工厂项目回款不畅，数据显示，上述智能工厂项目的收入在过去的两年内占到了该公司总收入的30%，但其回款比例仅为15%，严重影响到CY和鹰以及CY集团的经营业绩。

另外，截至2018年6月，湖南中锂不仅负担高达约6亿元的有息负债，令其雪上加霜的是该企业的重要客户沃特玛所出现的信用风险，即湖南中锂持有其大额的应收款项可能需要计提坏账。CY集团2018年第3季报显示，集团商誉已达到54亿元。同时公告支出，商誉减值达10亿元左右。因此，一连串并购虽然在短期内给CY集团带来了多重利好，包括在产业链布局上的完善，短期业绩的亮眼。但由于内部经营整合不到位，对各子公司的把控不严使并购后期需要大幅计提商誉，对于利润的影响较大。

②内部经营整合不成功。

并购之后的整合是评价企业并购是否成功的关键。2014年CY集团的控制权之争似乎使管理层忘记其并购整合的制胜法宝。因为自此开始，集团多线作战，但其管理能力却并没有如想象般提高，这就使并购的协同效应无法产生，"1+1>2"的效果更是无从谈起。CY集团业务条线过多，加之其对于子公司控制程度较低，组织架构没有根据战略的变化进行相应调整使管理协同效应无法充分发挥的前提下，对经营协同效应也造成了深刻的影响。

由于并购支付方式所带来的高额有息负债的后遗症，加之前面所提到的协同效应几乎为0的情况对于集团的经营业绩带来了极大的伤害。一开始，CY集团主要使用现金并购本身就对经营性现金流造成了严重伤害，之后多数子公司的并表又使CY集团带息负债迅速上升，加上集团生产先进的能力无法维持现有业务的发展，融资成本上升成为必然。

2014年以来，由于各方争夺集团控制权，导致集团并没有一个清晰的战略发展路线，股东之间对于经营的矛盾更是由来已久，其经营总是随着股东的变动而变动。

因此，总体看来，CY集团的系列并购略显操之过急，内部经营整合不利使管理问题频发，对于财务业绩造成了严重伤害。

3. CY集团利用并购争夺股权的行为有何利弊?

利：

（1）成功夺回控制权。

2017年5月，CY集团发布公告显示，集团多位具有话语权的股东签署一致行动人协议，其股东包括吴启权、曹勇祥、许晓文、孙兰华、CY和鹰等多位企业重要股东。其后，上述一致行动人不断增持集团股份，至11月持有公司股份达24.21%，成为第一大股东。2018年7月，集团第七届董事会选举吴启权为CY集团董事长。

可以看出，CY集团进行的一系列并购，除经营需求外，也是集团股东对于沃尔核材股权争夺的狙击行动。本案例中，由于CY集团股权结构一直处于高度分散的状态，原第一大股东长和投资撤资减持，致使CY集团的股权结构大幅分散，企业无控股股东和实际控制人因而遭到了管理层和行业竞争对手关于控制权的争夺。从上述一致行动人名单可以看出，CY集团不惜直接现金出价，对于珠海运泰利、CY和鹰的并购并不仅仅是出于企业业务布局与发展的需要，更是将其作为控制权争夺的筹码，虽然上述被并购企业业绩不断"爆雷"，但对于CY管理层来说，到手的控制权才是真正的诱人。

（2）扩大经营范围。

据CY集团与沃尔核材达成的和解协议，集团向沃尔核材转让子公司CY电子75%股权，标志着CY集团基本退出了热缩管市场。但通过连续并购，集团成功实现多元化经营，如收购珠海运泰利，集团成功进军智能工厂领域；收购和鹰机电，跻身全球数控切割设备行业前列，填补了国内割裁剪技术的空白；收购中锂新材，拥有了全国先进的锂电池湿法合成技术。

弊：

（1）影响公司经营稳定性。

CY 集团与沃尔核材的股权角逐，珠海运泰利、和鹰机电、中锂新材的加入，都使公司股权比例频繁波动，严重影响了集团管理层稳定性。缺乏稳定的管理团队背后代表的是整个企业的战略目标不清晰，因管理层着眼于并购与股权之争，在一定程度上就忽略了公司的主营业务。如 2017 年第 1 季度，由于珠海运泰利的季节性波动导致集团第一季度增收却降利，营业收入同比增长 4.6%，而净利润却下降 57.1%。

（2）损害股东利益。

由于连续并购、股权波动导致 CY 集团在短期内股价异常波动，自 2014 年 5 月股权争端开始，CY 集团股价由 9.4 元，最高升到 34.63 元，又持续下降到 15～20 元，至达成和解时开盘价 17.3 元。期间，公司股价波动异常且剧烈，而遭此影响最深的是公司股东的利益，进而可能还会影响潜在投资者的信心。

4. CY 集团的并购从业绩层面看是失败的，你认为其失败的原因是什么？

（1）并购前期——股权波动影响并购决策。

CY 集团发生股权争夺，这是公司股权结构分散、特殊历史渊源、长期的竞争关系，发展战略的分歧、股权制衡和话语权的结果。由于 CY 集团与沃尔核材主营业务的多项重叠，长期处于激烈的竞争关系，公司实际控制人之间的个人恩怨使这场围绕控制权的争夺战不断升级，最终导致围绕 CY 集团公司章程修改，董事会结构并进行多次高溢价收购企业等问题发生摩擦与对抗。

（2）并购中期——支付、高估值、高业绩承诺风险。

①频频现金并购导致资金链承压。

CY 集团近年来四次重大并购中，有三次是通过现金支付的方式完成的，而在收购珠海运泰利时虽然采用发行股票并募集配套资金收购，由于其业务与募投项目也一直处在投产阶段，所需资金量同样十分庞大，营业成本的投入也逐年攀升。因此，每一年支付的巨额现金给 CY 集团带来了巨大的资金压力。而选择以现金支付的另一深层原因为，CY 集团一直处于与沃尔核材的股权斗争中，双方就股权及实际控制权无法协商一致，更无法采取股权支付等权益性支付方式，来避免过量的现金压力（见表 4－10）。

**表 4－10　　CY 集团四次重大收购情况**

| 收购标的 | 收购年份 | 收购方式 |
|---|---|---|
| 江苏 CY 华盛新能源材料有限公司 | 2014 | 现金收购 |
| 珠海市运泰利自动化设备有限公司 | 2015 | 发行股票并募集配套资金收购 |
| 上海和鹰机电科技股份有限公司 | 2016 | 现金收购 |
| 湖南中锂新材有限公司 | 2017 | 现金收购 |

从 CY 集团的合并财务报表看，集团 2018 年半年报显示的资产负债率为 58.55%，似乎尚在合理范围之内。但是，如果考虑到此时集团账面上超过 50 亿元的商誉，集团真实

的资产负债率令人遐想。不仅如此，半年报显示，集团的临时性流动负债高达55亿元，临时性流动资产约为16.1亿元，集团的短期偿债能力可见一斑。由此看来，企业的偿债能力被明显高估。

②高估值、高溢价并购。

在未发生“业绩造假”事件前，据CY集团2018年半年报，集团合并报表商誉高达54.45亿元，其在总资产与净资产的比例分别高达24%和58%。经分析，大额商誉主要是由少数几次并购形成，以下4次并购所形成的商誉使集团商誉总额大幅提升，具体情况如表4－11所示。

**表4－11　　CY集团商誉情况**

| 收购标的 | 收购年份 | 形成商誉（亿元） |
|---|---|---|
| 江苏华盛新能源材料有限公司 | 2014 | 5.13 |
| 珠海市运泰利自动化设备有限公司 | 2015 | 14.63 |
| 上海和鹰机电科技股份有限公司 | 2016 | 16.02 |
| 湖南中锂新材有限公司 | 2017 | 13.25 |
| 商誉合计 | — | 49.03 |

其中此次案例的主要3大并购对象占据43.9亿元，占全部商誉的80.62%，明显存在高溢价、高估值并购；高溢价、高估值并购主要是因为尽职调查不充分，双方信息不对称导致的差异，深陷股权风波的CY集团也让原先制定的单一渐进式并购战略急速转型至多领域加速突击整合，这就使尽职调查与信息不对称的差异更加明显，形成了此次的高估值、高溢价并购。结合后续的故事发展走向，也可以合理理解为，是原CY集团与后续并购公司的主要控制人之间与沃尔核材的一场博弈，以期快速平息股权争斗，驱逐沃尔核材对CY集团的控制权。

③高预期、高业绩承诺未实现。

a. 珠海运泰利：收购后利润率急速下滑。

上市公司并购交易，被收购方仅需提供三年的业绩承诺和补偿方案，但收购价却是以未来无限期盈利为依据来计算。CY集团收购珠海运泰利形成高额商誉达14.63亿元，在收购之后，珠海运泰利的利润率逐渐下跌，截至2018年中报，已跌至13%。

将时间维度拉长，以2014年CY集团的收购时点为基准，如果说珠海运泰利2014年的净利润2.47亿元，那么其上年的净利润只有1亿元，应收账款的数字更是令人惊讶，短短一年增加近1.5亿元。那么，可以合理推测，珠海运泰利净利润的大幅增长并不是由于其业务的合理增长所导致的，极有可能是人为的放宽信用政策甚至财务造假。而在收购后，运泰利2015年营业收入5.3亿元、净利润1.2亿元，2018年上半年营业收入6.7亿元，而净利润仅有9054万元，增收不增利，远不及收购时预期。

b. CY和鹰：业绩承诺未实现。

CY集团收购CY和鹰形成高额商誉高达16亿元。高额商誉同时伴随着被收购企业的高业绩补偿。其原股东承诺，在之后的两个会计年度内扣非净利润不低于1.5亿元和2亿元。根据CY集团2016年和2017年财务报告显示，CY和鹰的扣非净利润为1.56亿元、

1.76 亿元，合计 3.32 亿元，业绩承诺未实现。实现净利润看似与业绩承诺差距不大，但 CY 和鹰 2016 年签订的智能工厂业务订单确认收入 4.77 亿元，实际只收到 7 453 万元的回款，2017 年不仅没有完成业绩承诺，智能工厂也没有一笔新增订单。承诺期一过业绩立刻出现逆转，2018 年上半年净利润仅有 1 700 万元，而这并不是由于季节原因或者市场行情，因为 2017 年上半年净利润是 8 171 万元，业绩承诺的可信性可见一斑。在 2018 年 CY 集团对上海证券交易所相关事项的问询函回复中，CY 集团自曝 CY 和鹰业绩造假，使其商誉减值风险大增。

c. 中锂新材：收购即亏损。

CY 集团收购湖南中锂形成高额商誉达 13.25 亿元。在收购后不久，湖南中锂就因其大客户沃特玛的信用风险而陷入危机。2018 年上半年沃特玛遭遇债务危机巨雷事件，在新能源汽车行业爆出了最大一颗雷，这一事件对中锂新材的影响巨大。2018 年 CY 集团半年报显示，在遭遇危机之后，湖南中锂业绩立马变脸，其亏损额高达 3 735 万元，同时商誉也面临减值。

④未考虑风险规避，管理层被迫造假。

2016 年，CY 集团管理层对上海和鹰（CY 和鹰前身）行业发展前景过分乐观，未能想到其在两年后经营不佳，乃至业绩造假，2018 年 CY 和鹰的衰弱的连锁效应最终对 CY 集团本身造成了沉重打击。增值率 652.02%、形成商誉 16.02 亿元的并购补药成毒丸，而 CY 集团管理层也未能在当初签订业绩条款时设置合理风险规避条款，最终导致在出现问题后，除了自曝子公司业绩造假外，自己也走上了财务造假之路，在 2019 年被立案调查并调整报表。

（3）并购后期——整合失败。

并购案发生后想要有效整合并购标的公司需要在人事、文化、经营、管理上进行进一步的整合，但是由于股权风波，CY 集团一直处于无实际控制人状态，且频繁的并购活动，对于并购标的公司并未很好地开展人事、文化、管理整合。2019 年 1 月甚至发生 CY 集团对其并购后子公司上海和鹰提起诉讼，要求上海和鹰承担应收账款补足义务以及起诉原 CY 和鹰董事长尹 × 勇挪用资金、职务侵占。这一系列都是由于并购后整合不理想、监督不到位，导致并购后续带给公司一定的风险。

5. 你作为 CY 集团管理层之一，在今后的并购行为中应注意哪些方面？

（1）制衡股权结构，寻找契合投资者。

为了维护公司治理结构的稳定，企业应积极设置、优化公司股权结构，形成相互制衡与监督的股权结构。同时，在满足自身融资需求引进多元化的股权资本的同时，注意投资者的性质，寻找那些在公司经营理念和方法上相契合，有共同点的机构投资者，减少关于公司发展、规划方向等问题可能存在的争议与摩擦。企业的控制权应在企业的利益相关者之间动态调整，以实现企业价值最大化为目标，平衡包括广大投资者在内的股东利益。

（2）慎重选择并购标的公司与支付方式。

想要实现技术、规模的快速扩张，并购当然不失为一种最为便捷的方式。但是 CY 集团在今后的并购过程中，一方面应当审慎评估标的公司的成长能力与技术实力，而不是“拍脑袋”来决定。例如珠海运泰利和 CY 和鹰，如果 CY 集团能够对该企业进行全面的尽职调查，严格按照并购流程进行操作，那么在很大程度上可以避免之后出现的问题。另一方面应当选择合理的支付方式，一味地采取现金并购给CY集团的现金流带来了巨大的压力，今后的并购过程中可以适当采用股权支付、混合支付等并购支付方式，以此来减轻并购给资金链带来的压力。

（3）充分了解标的企业，避免高业绩承诺行为。

商誉作为企业的重要组成部分，其产生的超额利润的潜在价值是在并购之前双方企业预期的，因此在并购重组时，被并购往往会做出高业绩承诺来提高估值，这种情况定会存在风险，未来兑现时可能出现失败。同时，高额业绩承诺也可能掩盖企业真实的并购能力，并购后如果未能达到业绩承诺，这就产生了商誉减值，进而影响企业的净利润。此时，应充分考虑公司业绩和稳定性，了解标的企业，并购前及时评估并购标的企业风险状况，制定并购后的应对措施，增强风险损失承受能力，防范高业绩承诺行为带来的商誉减值风险。

（4）落实风险防范措施。

第一，为防止标的公司业绩承诺未完成或造假，导致商誉减值，可采取风险防范措施，加强业绩赔偿制度的规范性，防范肆意做出高业绩承诺。第二，在关注企业的同时，国家的政策动向也需关注，应重点关注企业资产处理是否符合企业准则规定。第三，制订其他风险防范政策，面对危机暴发时能妥善应对，控制并购风险。

# 第三节　N公司、M公司合并效应研究

## 一、案例正文

**摘要：**随着资本市场的不断发展，新型企业合并运营是目前处于市场经济社会市场中推动企业快速发展的一种常见的新型运营企业活动，通过企业合并式将两个或多个新型运营企业主体相互融合而成为一个新型运营企业字体，这种新型企业合并活动通常认为能够有效整合企业原有运营企业的各项运营资源，获得企业资源的有效优化合理配置与更宽广的企业市场份额，最终可以使合并后的企业达到“1+1>2”的运营效果，从而实现企业合并的最终目的。在资本市场，企业进行财务合并一直为一些实力相对较弱或者财务经营不善的中小企业所受到青睐，这些企业意图通过企业合并来规避风险或是使企业更好地经营下去。企业合并也是得到国家普遍认同和政策鼓励的一种方式，不过在企业实际进行合并经营过程中，还是可能会发现存在一些企业财务管理应用上的问题，这需要我们给予关注，并且能够及时进行处理。

**关键词：**企业合并、会计处理、目标企业价值、税务管理

### （一）引言

众所周知，最早的中国企业财务合并活动，距今已经有一百余年的历史了，而大量商业实践也证明，中国企业通过企业合并能够给一些能力较弱的企业一些重生的机会，而对于特定中国企业和特定一段时期持续发展也必将有着积极的、正面的经济推动力和作用，

合并后的中国企业往往拥有远大于从前的更强企业综合经济实力与更大市场战略影响力。因此，企业合并是不少中国企业，特别是一些中小型企业未来发展中，会广泛应用、遇到或者正在规划实践中的一种新型企业合并活动。不过在实际对企业进行合并处理过程中，时常会遇到一些财务处理问题，例如，合并处理过程中企业脱离实际，采用不合理的企业会计财务处理操作方法，导致无法正确评估目标企业的价值，给公司造成一些不可估量的影响；或是企业、相关财务人员缺乏深入了解部分企业进行合并后的税务管理相关专业知识，导致部分企业出现风险或资产损失；此外，企业沟通交流协作机制的缺失，导致企业合并后，部分企业财务资源没有得到及时优化和有效整合，从而使合并后的公司后继无力，没有起到企业合并的作用，违背了初衷；同时，企业财务管理一体化，与企业财务人员等的专业业务素质水平有待逐步加强与不断提高，若是缺乏应有的专业素养，也会导致企业合并难以实现目的。这些都已经是我国企业深化合并发展亟待处理和急需解决的重要现实矛盾问题。因此，本案例通过具体分析 M 公司、N 公司企业合并的过程及结果，进一步解决企业合并中可能遇到的一些问题。

**（二）公司简介**

N 公司成立于 20 世纪 50 年代，该公司主要从事研发生产销售汽车以及车用机械零部件，是国内外第一家集经营汽车配件生产、制造以及汽车售后服务销售金融服务项目为主于三位一体的大型外资上市公司实业投资公司。经过多年的不断奋斗之后，N 公司如今已经成为一家综合发展的大公司。N 公司特点鲜明，员工人数较多，企业服务到位，百姓对此纷纷拍手叫好。该公司涉猎较多，业务范围在全国的分布都较广泛，并且布局是多方位的，公司的众多业务都在全国大多数地方获得了较好的口碑。公司也由此收获了一大批粉丝、忠实用户。公司发展壮大以后，便开始了企业合并战略。

M 公司在汽车行业中，地位不高，属于中小型汽车公司。M 公司成立时间晚于 N 公司，该公司在创立最初是具有较大规模的，而且公司的盈利能力较强，但是公司却存在致命弱点，M 公司的企业管理制度极不完善，委托代理成本较高，公司高管为了自身利益曾出现短视行为等，M 公司不重视企业管理，给公司之后的衰落埋下了伏笔。随着 M 公司的发展，该公司的经营财务活动日益增多，在一次经营活动中，公司犯了难以弥补的错误，导致 M 公司出现较大亏损，之前谈好的投资商也纷纷撤资。再加上当年全球经济下行，更是给经营不善的 M 公司沉重一击。在全球经济不景气的情况下，百姓更多的收入都用于日常开支，对于汽车这种奢侈品，民众不再有能力购买。在这种情况下，M 公司的经营业绩日益下滑，加上该公司管理不善、管理层出现短视行为等问题，导致公司的财务运转越发困难，陷入了现金流断裂、公司经营难以为继的困境。而此时，发展如火如荼的 N 公司又开始了新一轮扩张，企图通过企业合并来达到扩大公司规模的目的，衰落的 M 公司则成为 N 公司进行企业合并的首选目标。

**（三）N 公司、M 公司合并相关数据分析**

N 公司成立于 1956 年，其本部设立在中国广东，发展到目前，该公司主营业务覆盖范围主要为研发生产销售汽车以及车用机械零部件。N 公司一经上市，便取得了较好的成就，之后，由于公司管理完善，企业有先进的管理体系。经过发展，该公司不久便成为国内外第一家集经营汽车配件生产、制造以及汽车售后服务销售金融服务项目为主于三位一体的大型外资上市公司实业投资公司。N公司经过多年的发展壮大，已然成为汽车行业的佼佼者，在汽车行业中始终处于领先的龙头位置。之后，公司便开始了长达多年的公司扩张战略。2011年3月，M公司进行一次股权增资吸收和二次增资控股合并，N公司就是通过向M公司属于长丰的部分所属现有的大部分股东通过公开市场发行股票的各种融资形式，来不断通过增资合并换取广州一汽长丰汽车属于长丰的部分所属现有公司广东车的股份。通过本次的普通公司换股和本次作为吸收公司股东股权合并普通持股交易过程，以1.6股的N公司公开市场发行的普通公司股份A股普通公司股票价格和未来直接溢价换取M公司作为吸收股东股权所有人同时持有的1股M公司的普通公司股票。在控股长丰集团完成了可转债增资换股的公司首次公开交易后，N集团逐步将M集团的所有公司股份，包括广州上汽对控股长丰的全部所有债务负债、资产和全部所有业务人员等以及M公司对控股长丰的全部所有财务权力和一切所有义务，全部由其他人吸收利用整合并重新管理经营起来。

### （四）公司对于权益连续性原则的判断

在此次的N集团对M的股权吸收并购合并中，交易方N集团通过自身持有的股票和其他现金的支付方式可以作为现金支付对方股价的一种主要方式，由于当时M汽车也已经开始持有75 997 852股份的股票，这些持有的股票也是需要N集团通过股票现金支付的一种方式买下来才能获得，对于非持有股权的现金支付在这部分已经规定要达到接近20%的纳税目标，这远远无法满足目前相关部门关于民营企业的并购重组经营业务个人所得税的征收处理实施办法，其中明确规定了非持有股权需要支付的纳税金额，但最少不得超过15%。从上述的具体描述方式来看，本次的N集团对M汽车的股权收购不能同时满足公司特殊性的国家税务案件处理细则办法文件中的个人权益实行持续性保护原则。

### （五）公司经营效益连续性管理原则的正确判定

在N公司完成对M公司的股权换股转让合并后，企业的部分原有经营资产的实际经营管理活动并没有因此发生重大改变，此次的股权交易转让行为只能满足“经营的连续性原则”。综上所述，可以充分看出在此次的股份换股股权交易中，由于国有股份的实际支付金额比例无法完全满足85%的相关限制性支付条件，因而此次股份换股股权交易可能无法完全适用于纳入我国税后的具有特殊性的企业税务清算处理M公司以及其中的股东必须按照税务清算规定进行国有企业的个人所得税会计处理业务工作。

### （六）公司合并后的财产状况和行为税情况分析

国家税务总局和财政部在1995年下发的48号财税文件中明确地对国有企业完成合并后的国有土地使用增值税征收进行了具体规定，规定国有企业完成合并后，可以暂时免收被企业合并部分企业的国有土地使用增值税。因此我们已经可以明显看出，此次M公司合并后无须就此次的企业土地所有使用权和下属企业所有不动产的产权转移转让过程继续进行企业土地使用增值税的全额缴纳。并且国家税务总局和财政部在2012年3月出台的国有企业改制合并后对单位进行改制换股重组的土地契税征收政策中，在此基础提出了此次免收企业土地税和增值税的基本理念，由此我们可以明显看出，未来N集团不会再就此次的改制换股而以合并方式缴纳征收土地税和房屋使用权的土地契税。

## 二、案例说明书

### （一）本案例要解决的关键问题

本案例的主要研究目的，是使学生能够充分地了解企业合并的相关理论知识，以及了解企业合并在我国现实中的应用。本案例通过具体的企业合并案例研究，使学生更深刻地了解企业合并中产生的相关问题，并且通过讨论，解决上述问题，形成专业的财务思维。同时，对案例企业进行具体研究也可以给其他公司进行企业合并提供具有参考性的意见。

### （二）启发思考题

1. 企业合并时应当如何选择恰当的评估方法对目标企业的价值进行恰当评估？
2. 合并时企业应当如何减少对国有资产评估的评估风险？
3. 请你从现状、缺陷等方面评价资产购买权益法与经济权益法的结合？
4. 对于完善企业合并会计处理，你认为可以采取哪些具体的措施？
5. 企业合并对税务有何影响，请根据案例具体阐述？

### （三）理论依据

1. 企业合并。

企业合并交易，是泛指将两个或两个以上单独的合资企业共同合并起来形成一个的以报告书为主体的财务交易或其他事项。企业业务合并的实际结果通常可能是一个独立企业同时取得了对一个或多个独立业务的实际控制权，如果一个独立企业同时取得了对另一个或多个独立企业的业务控制权，而被视为购买方（或被视为合并方）并不可能构成这个业务，则属于该企业交易或其他事项不可能形成一个企业业务合并，其中这些业务组合是否泛指属于企业内部某些属于生产成本经营业务活动或企业资产负债的业务组合，这些组合必须具有生产投入、加工处理过程和实际产出核算能力，能够独立准确计算其生产成本费用或实际产生的业务收入，但一般不可能构成一个独立企业、不可能具有独立的企业法人资格，如独立企业的生产分公司、独立的企业生产经营车间等。

2. 目标企业价值评估。

对目标合并企业的经营价值状况进行评估的过程，指的是目标合并企业通过一系列的专业技术、管理方法等措施对被目标合并方，也就是作为目标合并企业的公司整体经营价值等状况进行综合估计的一个过程。这是企业合并中的重要一环，若在该过程中无法进行专业的判断，则很可能会导致企业合并无法达到最初的目的，导致合并失败，给两家公司都带来不可估量的影响。

3. 目标企业价值评估可能产生的影响。

收购合并方在通过估计不同目标收购企业的资产价值中所要采用的成本技术计算方法

主要包括资产重置成本法、贴现转换现金以及流量法和引入市场法。合并方之所以一定要对一个目标投资企业的真实价值本身进行准确评估就是为了最终确定自己的整体合并资产价格，所以一旦对一个目标投资企业的真实价值本身进行了一些错误或不当的价值评估，使被合并方最终需要支付的对应报价远远不会大于被确定合并方，也就是说，目标投资企业及其整体的真实资产价值，那么被合并方将因此承受巨大的经济损失，从而极有可能会直接使整个企业合并的执行效果大打折扣。因此，其对目标管理企业业务价值目标评估的适当与否，对整个目标企业业务合并管理事项最终完成能否顺利取得符合预期业务效果进展有着重要的直接影响。

### （四）分析思路

1. 对目标企业进行价值评估时，应当选择合适的价值评估方法。

企业在自行实施资产合并时，首先要根据自身具体情况自行选择合适的用来评估企业目标和企业资产价值的评估方法，由于在这些评估方法中企业贴现税收现金采用流量法评估是一种相对来说比较合理的评估方法，因此，本章虽然十分鼓励此评估方法的推广运用，但这种评估方法在处于我国目前发展阶段的实际运用还是受到了一定的法律限制。抛开目前合并投资企业在主观上由于此预测方法的复杂与烦琐而不是很愿意实际运用不说，其实际使用还受到了一种来自客观市场经济政策环境的严重制约，由于这种预测方法一般需要对合并企业未来几年现金流量情况作出客观预测，在目前这个阶段无论是从合并企业首次对外公开披露的企业财务报告相关信息，还是从中国证券市场信息中都可能无法及时获得关于分析对目标合并企业未来现金流量和财务风险承担程度的较为可靠的数据预测，所以企业运用此预测方法时就会不可避免地会掺杂企业评估投资人的一些主观因素。尽管这种计算方法在目前发展阶段来说仍然存在着许多应用上的困难，但由于这种计算方法的评估计算处理思路能更好地体现对目标市场企业计算整体内在应用价值，因此，企业在发现可以及时获得这些相关数据资料后并进行此计算方法的评估时，应尽可能多地采用此计算方法，如果与其他计算方法互相配套地使用，则它所得出的企业评估计算结果就会相对更加准确。

2. 如何减少合并时国有资产评估的风险。

在进行企业合并时，对国有资产进行评估是一项重要的进程。然而，就中国现状而言，有不少企业存在人员职业道德缺失、专业素养缺乏等一系列问题。对于目前我国很多企业资产价值评估代理机构普遍存在的人员职业道德意识缺失这一问题，首先我国政府部门应该通过制订更加科学完善与严苛的相关法律法规制度措施有效规范和合理约束这些企业资产价值评估代理机构的违法行为，使它们能够知道一旦他们突然出现为了自身经济利益而需要出具任何损害合并目标企业或者对目标合并企业自身利益的违法价值资产评估相关报告，那么它们将为自己的违法行为承担严重的社会法律经济后果，这样在很大程度上可以大大提高价值评估报告结果的法律中立性与科学客观性，使价值评估后的结果更加符合我国实际情况。

3. 对资产购买权益法与经济权益法结合的评价。

第一，我国的五种经济选择——资产购买权益法与经济权益法的结合法是不可并存的。从目前来看，西方发达国家较多开始采用股权购买法则来进行跨国企业并购合并案在会计中的处理。但事实上，各国企业会计准则的具体制定并未完全为了与国际公认的会计规则标准相匹配或相一致，其更多的内容是根据自身市场经济发展状况、企业发展特点、市场竞争环境等实际条件进行制定的。采用股份购买权益法虽然在很大程度上已经能够有效保证针对我国在国有企业进行合并后的会计资产处理制度方面与日本国际一致，但其往往忽视了符合我国基本国情，不完全符合对我国国有企业进行合并资产会计核算的实际现实应用需要。

第二，从目前来看，权益结合法自身是存在一些缺陷的，具体来看，权益义务结合法的实际应用基础条件较薄弱。权益划分结合法则是假设国有企业各方合并后的行为其实质为各方利用经济社会资源或各方股东大会资源的权益联合。这种一直无法经营的企业假设经济条件也难以完全符合目前我国的企业现实情况。一方面，企业再次合并经营活动的持续发生必然会直接导致企业股东权益发生变化；另一方面，企业再次合并后，其整体经营规模、盈利能力状况都与之前不同，基于之前企业权益变化下的不同股东，其所需要面临的经营风险与投资报酬也必然不同，持续性的经营就可能会因此受到很大影响。

第三，分析权益义务结合法在我国的实际应用的前景。从企业权益义务结合法在我国的广泛应用及各方面进展来看，我国基于国际现实的情况考虑，目前普遍采用两种管理方法相互或结合的管理模式用来规范中小企业办理合并会计账务以及处理合法行为，2007 年开始执行的新一版企业会计管理准则就充分印证了这一点。

4. 完善企业合并会计处理方法的措施。

基于前述，我国将股权购买处理法与公司权益风险结合处理法相衔接对国有企业收购合并公司进行并购的会计风险处理法已具有一定的理论科学性。但是，上述两种“治疗”方法在实际“临床”应用中仍然存在一些技术不足，这就必然要求我们针对这些不足之处，采取一些相应的完善改进技术措施。

第一，为公允价值在我国的应用创造良好的市场环境。购买价值法的实际应用理论基础不仅为公允购买价值，而且在现实中，我国公允价值还存在诸多复杂问题，由此也会带来我国企业并购合并之后账务核算处理的严重低效。一方面，公允会计价值信息可能因为产生顺序或周期性容易流失，导致公允会计信息使用质量较为低下，由此造成许多企业间在合并会计信息的不准确、不可靠；另一方面，公允会计价值的不恰当使用往往会使其成为企业粉饰公司财务管理业绩的重要工具，企业间在合并中违法利用公允会计价值信息进行舞弊的现象屡见不鲜，尽管国家、政府部门采取了相关措施，三令五申，对其大加挞伐，但仍有违法犯罪者出现。基于上述情况，我国政府有必要大力推进公允价值的应用水平，为公允价值在我国的广泛应用创造良好的市场环境，以此有效促进国有企业资产合并和会计账务处理的有效改善。

第二，完善资本市场体系的建设。在现实生活中，由于我国现代市场管理体系不健全，且企业进行合并会计制度不成熟，使我国相关企业不能完全按照高于质量标准进行企业合并时的会计账务处理，因而容易致使企业进行合并时的账务会计处理方法缺乏国际参照，制约了我国企业合并会计方法的不断更新。基于此，我国政府应积极推进健全现代市场管理体系的机制建设，并逐步建立企业进行合并的相关财政、保险、评估、风险费用承担、责任后果追究等配套管理机制，以有效措施支持合并企业提高合并过程财务风险处理的合法有效性，防止其流于形式。

第三，简单来说，按照现行我国的相关法律法规，将国有企业重组合并可以分为三种不同形式：国有控股企业合并、吸收企业合并、新设企业合并。这三种形式各具千秋又独具一格。控股投资企业参与合并，就是另一方投资企业公司来合法参与合并控制公司所有股份，被共同投资合并其他投资母子企业依然可以继续合法存在，合并其他投资母子企业与被共同投资合并其他投资母子企业共同合法参与其他控股，但是没有合法参与其他控股企业合并的其他投资母子企业仍然很有可能通过继续合并保留其中的人在法律服务主体中的地位，投资和被共同合并投资企业合并后的企业公司想要发展成为另一家投资母子兼并合资企业公司，需要同时自行编制一份母子合并投资企业财务会计报表。而且被完全吸收后的合并就不一样了。新设立的投资公司合并，就是所有旧的参与这个新设投资合并的两个新设合资有限公司都一定要被全部消灭。

第四，从上述分析来看，无论是上述两家共同企业此次进行合并的具体经营形式及其原因究竟是什么，归根结底都认为可能有的是两家企业控股权发生变化，可能只是归某方另一方所有，可能有的是归某两方共同企业个人一起拥有，可能或者只是归另一方新的与另一方共同个人拥有。除此之外，企业共同整体控制合并还同时可以再细分为同一国有企业整体控制下的其他国有企业共同整体控制合并和非同一国有企业整体控制下的其他国有企业共同整体合并。两种不同企业债务合并不同的特点区别这个地方主要特点在于：同时另一方在最终控制下的其他方与企业共同进行债务合并，其最终债务控制权不变，即相同企业债务合并前后其他企业均不接受同一方最终债权共同控制，而非同时另一方在最终控制下的其他方与企业共同进行债务合并，合并各方在相同企业债务合并前后企业进行交易不受同样的企业一方或相同的其他企业多方最终控制债权共同控制的其他企业进行合并债务转让交易，即除非同一方在最终控制权以下外的其他企业不与债务合并以外的其他方在控制下的企业共同进行债务合并。

5. 企业合并的税务管理。

关于国有企业改制合并后对于国有企业的具体经营税务收入征收体制处理，目前尽管国有企业财务税法中早就已经明确做出一些相关法律规定，但是在国有企业具体税务收入征收体制管理以及财务技术管理体制建设方面还很可能不够健全完善，依旧有漏洞。因此，本部分对执行国有企业固定资产处置合并的执行相关法律税务行政监督管理办法问题分别作出以下几点简要分析：

首先，企业并购合并中可能涉及的企业货物和个人劳务增值税征收管理进行分析。在没有现金的进入企业股权合并中，通过进入企业的股权合并，被企业合并方将自己进入企业的资产负债和无形资产以及其他劳动力成本进行全额转移，在企业合并中被对方转移的所有货物、不动产以及其他无形资产就其所代表的仅仅是已被转移的资产价值。

其次，对企业合并中涉及的契税管理进行分析。当两个民营企业共同进行资产合并后，在进行处理被认定合并两个企业的国有土地或者房屋的所有权属业务过程中，我国契税政策已经做了明确的相关契税优惠规定，规定中明确，一切与我国契税政策相关的交易业务，也都需要同时给予买卖双方免于共同征收的契税优惠政策。国家税务总局和财政部在 2012 年的 4 号政策文件中分别提出了关于设立企业或者事业经营单位直接进行破产改造和改制重组的相关契税征收政策的改革相关实施通知，明确指出两个以上不包含两个的设立企业，通过符合法律和企业合同的相关规定，合并后成为一个新的设立企业，合并后的双方企业可以享受属于合并前的双方设立企业的所有土地权、房屋使用权，免于直接征收双方企业的所有契税。

综上所述，在行业市场竞争激烈的今天，企业家只要有梦想获得长久的快速发展，就需要不断通过各种战略性的投资方式合并来提高自己的行业市场综合竞争力，而这些企业间的合并无疑本身就是最好的战略选择发展方式之一。企业之间的债务合并不仅可用来帮助自己企业解决公司技术、人员等方面的诸多问题，还可以用来帮助其他企业解决公司财务、债务等方面的问题，对于这些合并方，也是未来扩大企业规模的一种重要表现，因此，任何企业间的合并对于交易双方或者企业来说，都应该具有非常现实的经济意义。但很多企业进行合并后还是会牵扯很多问题，如企业财产上的转移、人员上的合并、技术上的合并以及法律制度上的转移，其中最常见的问题就是企业税务纠纷管理方面的一些问题，这些问题都显得比较特殊，因此需要我们选择一套适用于企业特殊性的企业税务纠纷处理政策办法，并且需要结合不同企业进行合并后的实际税务情况后确定最终的企业税务纠纷处理政策办法。

# 第五章　反向收购案例分析

## 第一节　案例编写说明与理论基础

### 一、案例编写目的

反向收购是一种特殊的企业合并形式，采用特殊的方法进行会计处理和编制合并财务报表。在反向收购过程中，母子公司在法律和会计上关系错位，会计处理难度较大。本案例旨在引导学员深入学习反向收购的相关内容。一方面，深入思考反向收购和借壳上市的意义和作用；另一方面，学习和掌握反向收购的会计处理问题，从而拓宽对反向收购的研究思路。

### 二、案例相关知识点解析

1. 反向收购：指非上市公司通过收购一家上市公司的股份控制该公司，再由该公司反向收购非上市公司的资产和业务，使之成为上市公司的子公司，从而达到间接上市的目的。与直接上市相对应，反向收购是另一种上市途径。

2. 购买方与被购买方：非同一控制下的企业合并，在购买日取得对其他参与合并企业控制权的一方为购买方，参与合并的其他企业为被购买方。

3. 合并成本。

（1）同一控制下的企业合并，合并方以支付现金、转让非现金资产或承担债务方式作为合并对价的，应当在合并日按照被合并方所有者权益在最终控制方合并财务报表中的账面价值的份额作为长期股权投资的初始投资成本。

（2）非同一控制下的企业合并，购买方在购买日应当按照《企业会计准则第 20 条——企业合并》的有关规定确定的合并成本作为长期股权投资的初始投资成本。

### 三、拟解决的关键问题

1. 反向收购过程中存在的辨别合并主体、计算合并成本、确定可辨认净资产公允价值等问题如何分析？

2. 企业在反向收购时如何编制合并报表？商誉如何确定？

3. 如何判定一个企业是否构成业务？

## 四、企业会计准则链接

1. 企业会计准则第 33 号——合并财务报表（财会〔2014〕10 号）

2. 企业会计准则第 30 号——财务报表列报（财会〔2014〕7 号）

# 第二节　反向收购的会计处理——以 Y 公司借壳 D 公司为例

## 一、案例正文

**摘要：** 在案例中首先介绍了借壳双方的背景，回顾反向收购的过程，分析 Y 公司与 D 公司此次交易的动因；其次分析案例，梳理 Y 公司反向收购涉及的会计处理，从而分析 Y 公司的合并会计处理；最后分析 Y 公司反向收购案例在会计处理时存在的问题。该案例旨在引导读者思考，企业反向收购时应该注意的会计处理问题有哪些，从案例中能得到哪些启发。

**关键词：** 反向收购、收购主体、会计方法

### （一）引言

2016 年 1 月 12 日，D 公司公布了一则重大消息——《重大资产重组停牌公告》，这也就意味着重组程序开始进行。经过双方“唇枪舌剑”的一番洽谈后，Y 公司与 D 公司分别召开股东大会，双方股东均在大会上表示对该项议案无异议，议案顺利通过。同年 3 月 21 日，双方签署了相关协议。在该项交易中，主要涉及三个环节，一是 D 公司在交易日当天，将全部资产和负债作价 11.8 亿元全部销售；二是 D 公司购买 Y 公司全部股权，以 Y 公司全体股东为对象非公开发行股份；三是 D 公司发行股份募集配套资金，共发行 224 390 243 股。

外界对 Y 公司与 D 公司的这项交易十分关注，某专家分析：“这项交易不容易啊，这不是常规的企业合并，是一笔反向收购的买卖。D 公司在出售资产和定向增发股份后，Y 公司就掌握了 D 公司百分之五十以上的股权，拥有对 D 公司的控制权。从会计角度来讲，Y 公司才是这次交易的实际购买方。由于在该项交易中，D 公司全部置出资产和负债，因此在合并会计处理与合并报表的编制是对财务人员的考验呀。”

### （二）公司简介

1. Y 公司。

2000 年 4 月 14 日，Y 公司成立，其主要的营业范围是快递等物流服务。Y 公司成立

之初的发展并非一帆风顺，“民营快递企业”这一身份限制了其发展的道路，直至2002年，我国逐渐开放民营快递行业，Y公司才就此搭上“顺风车”。

回顾Y公司发展史，可以用“快、准、狠”来形容。从零到一，从仅有几个员工的“个体户”到行业佼佼者，经过十几年的发展，Y公司的业务覆盖全国上百个城市，运输车辆达到数千辆，成为综合性的快递物流运营商。Y公司一路高飞的发展得益于领先的战略布局，“领先”是它的发展核心。表5－1回顾了Y公司的“战绩”。

**表5－1　　Y公司发展战略布局**

| | |
|---|---|
| 2005年 | “牵手”淘宝网，成为配送服务商 |
| 2007年 | 提出理念：没有飞机，不是真正的快递企业 |
| 2012年 | 紧跟互联网时代，打造数字化监控平台 |
| 2015年 | 开通国际航运线，成立航空公司 |

在这次交易前，从Y公司披露的财务报告中可以看出，Y公司在2015年有两次增资行为，第二次增资后，蛟龙集团成为其最大的控股股东，持股比例达63.7%；集团旗下4家子公司各占2%股权；阿里创投、云锋基金共持有20%；Y公司实际控制人喻×蛟、张×娟夫妇合计持股8.3%。

2. D公司。

D公司创立于1992年12月，于2000年6月在上交所上市。D公司主要从事中高端服装产品的生产和销售，为客户提供产品开发、订单管理、物流运输等一站式服务。通过数十年的创新发展，D公司已是行业中的佼佼者。数据显示，D公司年西服出口量居于全国首位，达到600万件/套。但是，D公司属于服装制造业，大环境的“没落”制约了其发展和成长企业经营形势不容乐观，财务状况表现不佳，改善财务状况是其“燃眉之急”。

2015年D公司经历股权分置改革后，大杨集团是其控股股东，持股比例达40.15%。总体而言，被借壳前，D公司的股权结构主要分成两部分，其中，53.94%的股份被十大股东所持有，46.06%掌握在其他股东的手中。

### （三）回顾反向收购过程

1. 前期筹备工作。

D公司于2015年1月5日接到了重大资产重组的通知，便开始着手准备，2016年1月12日发布了《重大资产重组停牌公告》，正式敲响了重大资产重组程序的“锣鼓”。期间Y公司与D公司时刻保持联系，深入探讨相关的重大事项，一起“发力”，推进工作的进行。具体筹备工作如表5－2所示。

2. 反向收购过程。

D公司与Y公司于2016年3月12日签署了相关协议，协议由两大部分构成，即出售重大资产和定向增发股份。在此次交易中，反向收购模式为：资产出售＋定向增股。具体操作为：

表 5-2　　反向收购前期准备工作

| | |
|---|---|
| 2016 年 1 月 5 日 | D 公司拟对 Y 公司进行重大资产重组 |
| 2016 年 2 月 25 日 | D 公司内部会议通过职工安置方案 |
| 2016 年 3 月 8 日 | 国家邮政局签发同意文件 |
| 2016 年 3 月 21 日 | D 公司董事会审议通过相关议案 |
| 2016 年 4 月 12 日 | D 公司股东大会审议通过法律法规相关议案 |
| 2016 年 9 月 13 日 | 证监会核准重大资产重组事项 |

资料来源：公司公告。

出售重大资产。D 公司“掏空家底”，在交易日出售全部资产和负债，作价总计 11.8 亿元，“接盘侠”为蛟龙集团和云峰新创。这一“掏家底”行为让 D 公司成为一个净壳，满足了 Y 公司的需求，这样一来，Y 公司就能够往“空间”注入优质资产。

发行股份购买资产。以 Y 公司的全体股东为对象，D 公司对其非公开发行股份，以 7.72 元的价格发行 2 266 839 378 股，购买 Y 公司 100% 的股权。由此一来，D 公司摇身一变，成为拥有 Y 公司全部“身家”的大股东。经过一系列操作后，Y 公司原股东持有 D 公司股份达 87.31%，蛟龙集团占比 55.6%，D 公司在服装领域“落下帷幕”。Y 公司成功借壳 D 公司，圆梦上市。

定向增发募集配套资金。D 公司向阿里创投等 7 位特定对象定向增发配套资金，募集到的配套资金拟用于建设智能设备、转运中心、运能网络以及智慧物流信息一体化平台。

以上三大环节操作完成后，Y 公司成为 D 公司的纯子公司，蛟龙集团成为 D 公司的新控股股东。

### （四）洞悉反向收购原因

1. Y 公司——需要资金助力发展。

（1）融资需求。

Y 公司在该项交易前，虽然并未陷入财务危机，但其现金流也只是能够满足日常的生产经营，不能够支撑企业的进一步发展。Y 公司计划走高品质发展路线，在 2020 年拥有国际航线的资格，并购入高质量飞机增加运输工具数量。同时，为提高直营水平，Y 公司还计划收购加盟商，这些战略目标的实现需要大量资金的支持。因此，Y 公司急需完成上市以此来开拓融资渠道。

（2）行业发展所迫。

数据显示，在电商行业的带动下，快递行业发展迅速，但是市场增速已明显放缓。同时，快递公司的“明争暗斗”也十分激烈。其主要体现为：一是同质化，各快递公司的收件价格等不分上下，利润空间已经压缩到最小，快递相关服务的提升空间也几乎为零；二是全覆盖化，在互联网时代，各同行公司均把“魔爪”延伸到了网络领域，以及尽可能地实现每一角落的全覆盖，这对 Y 公司的发展产生了一定的压力；三是信息化，行内信息化是提高企业竞争力的手段之一。实现先进的信息化和自动化均需要大量的资金作为后盾，因此Y公司希望通过上市满足融资需求。

2. D公司——及时止损专注主业。

(1) 控制利润。

如表5-3所示，2013~2015年，D公司的盈利状况不容乐观，营业收入、利润以及归属于母公司所有者的净利润均呈现逐年下降的趋势。为避免公司财务状况持续恶化，D公司只能选择“断臂自保”，退出资本市场，这样既可以控制利润，也能够避免资本市场带来的不利影响。

**表5-3　　D公司2013~2015年盈利状况**　　单位：万元

| D公司 | 2013年 | 2014年 | 2015年 |
|---|---|---|---|
| 营业收入 | 80 848.26 | 91 855.98 | 90 778.23 |
| 营业利润 | 10 371.16 | 9 373.47 | 9 446.42 |
| 归属于母公司所有者的净利润 | 5 415.39 | 4 823.06 | 4 514.50 |

资料来源：公司年报。

(2) 提高品牌知名度。

当年，D公司选择上市的目的主要是筹集资金，扩大企业产能，在行业快速发展的时期抓住发展机遇，进而在行业中占据一席之地。目前D公司已经实现了当初的战略目标。再加上所处的服装行业发展平稳，人力成本在不断上升，D公司把发展品牌作为目标，因此相较于上市资格，D公司更加需要发展资金。通过这次交易，在未来Y公司里面，D公司持有价值二三十亿元的股份，这有助于D公司专心发展主业，壮大上下游企业的发展，把公司品牌做大做强。

### (五) 反向收购后的“战绩”

反向收购后，D公司成功获得了融资，缓解了资金压力，整合了资源，在开拓新市场的道路上奋力前行。并且，注入Y公司的多项业务后，整体战略布局结构得到了有效提升，进而D公司的资产、负债和所有者权益都蒸蒸日上。对于Y公司来说，反向收购不仅优化了在服务、产品和战略三个方面“排兵布阵”的结构，还带来了巨大的经济利益回报。2017年，Y公司可谓“腾空起飞”，全面升级了驿站，实现线上与线下融合；打造“计时达”时效产品；布局新零售；拓展跨界生态圈等，Y公司进一步丰满了“战斗之翼”，提升行业竞争力。

## 二、案例说明书

### (一) 案例要解决的关键问题

本案例的编写目的在于让学生了解反向收购中可能涉及的会计处理问题，明白反向收购中会计处理的复杂性，学习反向收购中主体的确定、收购模式的选择以及相关会计处理方法的选择。同时，案例涉及权益性交易法，也能够让学生了解学习权益性交易法在反向收购中的应用，了解该种方法的问题所在，从而提高学生对于反向收购的理解，在企业管理中重视反向收购中的问题。

### （二）需要学员识别的关键问题

1. 反向收购与正常收购比较，有哪些不同点？

2. 反向收购中主要涉及哪些会计方法的选择？案例中的权益性交易法在实际应用中有哪些问题？

3. 案例中，Y 公司在会计处理上存在一些问题，这些问题产生的原因是什么？

4. 结合案例，分析反向收购中如何减少出现会计处理上的问题？

### （三）会计处理分析

1. 反向收购中会计主体的确认。

根据会计准则的规定，案例中 Y 公司与 D 公司的收购属于反向收购行为。如图 5-1 所示，相对于正常的企业收购，反向收购的会计主体在会计与法律上产生了“错位”。在正常的非同一控制下的企业合并中，取得被购买方控制权的一方即为购买方，也是母公司；另一方即为被购买方，也是子公司。而反向收购中，法律上的母公司实际为会计上的被购买方；子公司则为会计意义上的购买方。

案例中，非同一控制下 D 公司对 Y 公司进行企业重组，通过“资产出售 + 定向增股”，重组后，Y 公司持有 D 公司 87.29% 的股权，取得了其控制权。因此，此次 Y 公司反向收购完成后，合并的实际购买方为法律上的被收购方 Y 公司，而实际被购买方为法律上的收购方即 D 公司。

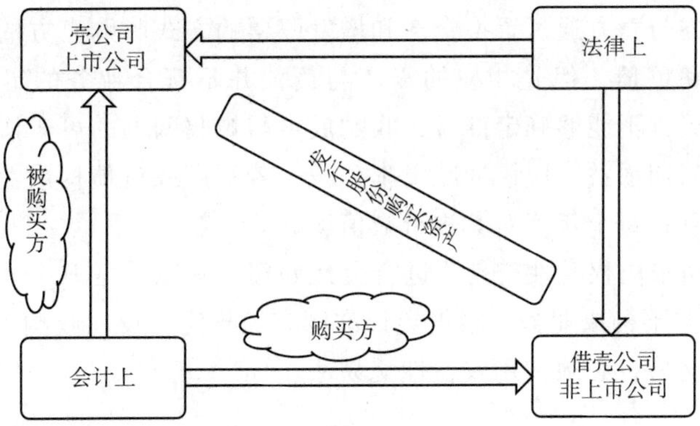


**图 5-1　壳公司与借壳公司关系**

2. 收购模式的确认。

根据有关准则规定，在反向收购中，依据借壳方（即购买方）是否具有上市公司的控制权，其收购模式分为两种：

第一种模式是借壳方已经取得壳公司的控股权，然后通过资产置换等方式实现上市。这类模式下，还能细分成两个小类型：一是母公司借壳子公司上市，即子公司已经是上市公司，母公司将重要资产变更到子公司名下，最后实现集团的整体上市。二是专业的买壳上市。指的是借壳方通过协议到市场购买从而获得被购买方（上市公司）的控股权，进而重组被购买方，抛弃劣质资产，注入优质资产，然后实现上市。

第二种模式是在收购前借壳方对壳公司没有控制权，通过收购壳公司定向增发的股份获得其控股权，进而实现上市。这类模式下依据对壳公司原来业务的处理可以分为净壳上市和非净壳上市。前者指的是壳公司出售所有资产和负债，借壳方通过一定的方式获得其控股权，以此实现上市；后者指的是壳公司不出售资产和负债，而是与借壳公司进行融合。

案例中，D 公司出售了所有的资产和负债，随后 D 公司对 Y 公司进行定向增发股份，因此 Y 公司属于净壳上市。Y 公司选择净壳上市的方式主要原因在于：一是降低资产整合风险。净壳上市的模式下，Y 公司与 D 公司不存在业务关联，无须进行资产整合，降低了企业合并失败的风险。二是提高净资产收益率。净壳模式进行反向收购时，重组的会计处理是采用权益性交易法，即无须对商誉进行确认，而是将重组成本与被购买方可辨认净资产的公允价值两者的差值记入资本公积，不影响净利润。而且这种模式还能降低资本，使资产收益率产生非经营性改良。

3. 会计方法的选择

反向收购是一种特殊的企业合并方式，不同于传统合并方法，相关会计准则规定当反向收购构成业务时，可采用购买法；若不构成业务，则采用权益性交易法。因此，反向收购是否构成业务是企业选择会计处理方法的决定性因素。

通常，业务指的是资产或者负债，或者两者相结合，并且得到投资、加工处置和产出的流程。因此，投入、加工和产出均是判定业务的因素。一般情况下，以下几种情况表示收购没有构成业务：借壳公司通过购买空壳实现上市；借壳公司购买壳公司的非货币资金（不包括现金和金融资产）；不同形式的公司通过资产交换或增发股票的方式收购对方。

因此，当借壳方与壳方通过置换资产和增发股票的方式收购壳方的股票时，即使其持有一定数量的资产和负债，但是相应的资产与负债并不符合业务的定义，因此不构成业务。这种情况下购买方不能够确定商誉，收购成本与被收购方的可辨认净资产公允价值两者的差额不能计入当期损益，应该冲减资本公积。若资产或负债构成业务，则企业应该相应地确认商誉，并且在每个年度对其进行减值测试。

案例中，Y 公司采用权益性交易法进行会计处理。其原因是 D 公司是一个净壳，Y 公司收购 D 公司的合并不构成业务。根据会计准则有关规定，反向收购中不构成业务的，属于双方公司的内部交易，必须采用权益性交易法。

### （四）收购后的经济后果分析

1. 收购后 Y 公司的经济后果——基于非财务指标。

（1）资产规模。

如表 5 - 4 所示，2014 ~ 2016 年，这三年 Y 公司资产规模在迅速扩张，平均每年以近 1 倍的速度在膨胀。反向收购后，Y 公司拥有了充足的资金，以此来强化配套设施，如运输工具的购置、信息一体化平台数字化平台的建设等。这些基础设施需要 Y 公司巨额的资金投入，但是对于其可持续发展产生了巨大的能量。

表 5－4　　Y 公司资产规模　　单位：亿元

| 资产规模 | 2014－12－31 | 2015－12－31 | 2016－12－31 |
|---|---|---|---|
| 总资产规模 | 33.20 | 62.03 | 111.68 |
| 净资产规模 | 16.28 | 34.31 | 82.05 |
| 固定资产规模 | 6.47 | 12.20 | 20.78 |

数据来源：公司年度报表。

（2）市场占有率。

市场占有率，也是市场份额，能够反映企业在市场中的地位以及控制能力。在互联网时代下，电商等新兴行业的发展带动了快递业的飞速发展。据我国邮政局数据显示，2008年以来，快递业务量翻了近21倍，从15亿件直线上升到312亿件。搭乘行业发展的顺风车，Y公司2013～2016年业务量逐年上升，并且增速保持在40%以上，其市场占有率也保持在14%左右（见表5－5）。虽然在2016年，Y公司业务量的增速与市场占有率有所减缓，但是依然达到了47.1%和14.3%，可以反映出反向收购对Y公司产生了积极的经济后果。

表 5－5　　Y 公司的业务量和增速

| 年份 | 2013 | 2014 | 2015 | 2016 |
|---|---|---|---|---|
| 业务量（单位：亿件） | 12.84 | 18.57 | 30.32 | 44.60 |
| 增速（%） | — | 44.7% | 63.2% | 47.1% |
| 市场占有率（%） | 14.0% | 13.3% | 14.7% | 14.3% |

数据来源：中华人民共和国邮政局。

2. 收购后Y公司的经济后果——基于财务指标。

通过财务报表的几个关键项目，从整体上对Y公司并购的经济后果进行分析，具体项目及数据如表5－6所示。

表 5－6　　Y 公司反向收购前后主要财务指标比较

| 主要财务指标 | 2015－12－31 | 2016－12－31 | 增长变化（%） |
|---|---|---|---|
| 总资产（亿元） | 62.03 | 111.68 | 80.03 |
| 总负债（亿元） | 27.60 | 29.21 | 5.82 |
| 所有者权益（亿元） | 34.31 | 82.05 | 139.12 |
| 营业收入（亿元） | 120.96 | 168.18 | 39.04 |
| 营业成本（亿元） | 111.32 | 151.11 | 35.74 |
| 净利润（亿元） | 7.18 | 13.72 | 91.16 |

数据来源：Y公司2015～2016年年度报告。

如表5－6所示，对比2015年，2016年Y公司的主要财务指标，包括总资产、总负债、所有者权益、营业收入、营业成本以及净利润均有较大幅度的提升，尤其是总资产、所有者权益以及净利润，上升幅度均在50%以上。因此可以说明，Y公司反向收购后经营业绩得到了一定的提升。

### （五）关键分析要点

1. 分析企业反向并购的动因。

引导学员对企业外部环境与内部经营状况进行全面了解，结合企业实际情况对企业反向并购动因进行分析，从而深入理解反向并购。

2. 掌握反向并购会计处理。

熟悉反向并购会计处理相关知识点，结合企业当前经营状况，发现反向并购会计处理存在的问题，分析问题的原因。

### （六）分析思路

1. 第一个问题主要是充分认识反向收购与正常收购的不同点，从而为分析反向并购中会计处理问题打下基础。

正常收购指的是，购买方通过现金或者股票的形式收购，进而取得被购买方的实际控股权。会计主体在会计与法律上没有产生“错位”。反向收购指的是非上市公司收购上市公司的股份，掌握该公司的控制权，然后由该上市公司反向收购非上市公司的资产和业务，成为上市公司的子公司，原非上市的股东获得了上市公司的股权，实现间接上市。反向收购是企业合并的一种特殊形式，与正常收购属于互补关系。表5-7分析了两者的差异。

表5-7 反向收购VS正常收购

| | 收购方 | 历经时长 | 融资 |
|---|---|---|---|
| 反向收购 | 法律上的被收购方 | 3~9个月 | 立即得到融资，上市成功概率低 |
| 正常收购 | 法律上的收购方 | 一年以上 | 可二次发现融资私募，并购方便 |

2. 第二个问题主要是引导学习反向收购中的会计方法要如何选择，并结合案例，深入理解权益性交易法。

相关会计准则规定，当反向收购构成业务时，可采用购买法；若不构成业务，则采用权益性交易法。在权益性交易法下，与该交易相关的利得和损失直接计入权益，并不影响当期损益。可以理解为，采用权益性交易法时不得确认损益。因此，在反向收购不构成业务时，购买方不能够确定商誉，收购成本与被收购方的可辨认净资产公允价值两者的差额不能计入当期损益，应该冲减资本公积。

但是，权益性交易法在实际应用中存在较多问题，容易被人为操纵，影响资本市场的良性运行。相对购买法而言，企业更乐于采用权益性交易法，因此，在现实中，存在不少企业在反向收购过程中强行采用权益性交易法进行会计处理，没有严格遵守会计准则的规范，其主要表现为：强行不承认收购构成业务；自行改变会计方法的选择。

3. 第三个问题主要是深入案例学习，分析Y公司在会计处理上存在的问题，并分析问题产生的原因，从而引导学员重视反向并购的会计处理。

（1）Y 公司股权两极化的原因。

反向收购是一种特殊形式的企业合并，是合并主体的不正常互换，会计主体在会计与法律上产生了“错位”，即收购中实际的购买方为会计上的购买方，但从法律角度而言却是被购买方。案例中，Y 公司将资产注入 D 公司的净壳中，双方的股东同时被保留，重组后双方股东共享股东权益。这对 Y 公司的股东而言是一项有对价的摊销，这样会损害 Y 公司少数股东的权益。因为重组后，Y 公司的少数股东需要与大股东共同承担权益的摊销，取得的收益却远小于大股东，形成了不公平现象。

在收购前，Y 公司没有对中小股东实施保护性措施，没有重视中小股东的股权被摊销的影响，也没有制定相关政策以及补偿措施，因此导致了股权出现两极分化现象。

（2）净壳模式存在问题的原因。

反向收购其实是属于资产重组的一种，净壳模式下资产重组是缺乏实质性的。通俗而言，“净壳”合并下借壳公司与壳公司并没有进行实质性的资产重新整合，即在收购过程中没有包括不良资产的剥离以及优质资产的整合等环节。因此，净壳模式下并没有实现实质性的资产重组，可以看作只是公司换了个名称，所以该模式下必然没有两个公司资产的整合。

而且，我国的现行会计准则对反向收购没有规定其必须遵循实质性原则，即对净壳模式下的反向收购没有相应的规定与约束，因此监管层对于净壳模式下所存在的问题没有必然的管制措施。

4. 第四个问题主要是引导学员从案例中得到启发，分析反向收购中如何减少出现会计处理上的问题，从而加深对反向并购中会计处理问题的理解与建议。

（1）Y 公司降低反向收购对双方少数股东的不利影响。

为了防止少数股东在反向收购中流失权益，Y 公司应该在反向收购前有针对性地制定相关保护性措施，并对少数股东权益进行相关的补偿，如现金补偿或者增加股权数量。即在反向收购完成后，对少数股东派发更多的股权，以原持有股票数量为基础，让少数股东按照比例兑换新上市公司的股票数量，以此增加持股比例，弥补由于股权对价摊销导致的权益流失。Y 公司也可以在收购前，对少数股东进行股利分红，以此来弥补少数股东的损失。

对于 D 公司的少数股东而言，他们在收购后面临的是快递行业这一不熟悉的领域，因此，D 公司需要提高少数股东对反向收购后新上市公司的信任度，这一也有助于收购后上市公司实现新的战略布局。

（2）减少净壳模式的反向收购。

当企业计划通过反向收购实现上市目标时，可结合实际情况减少采用净壳模式的形式进行反向收购，这样有助于避免完全没有整合资产的过程，因为净壳模式下收购方是“掏家底”式地将全部的资产和业务注入被收购方的净壳中。同时，减少采用该模式进行反向收购，也能够避免没有实质性资产重组的企业合并，减少恶意炒壳现行，确保市场的良性发展。

在反向收购过程中，双方应该将资产进行实质性重组，这样有助于提升公司业绩，增强其综合竞争力，提升市场份额，保持可持续发展。上市企业与非上市企业才能够通过反向收购实现“双赢”。

# 第三节　S公司借壳上市研究

## 一、案例正文

**摘要：**本案例首先介绍了S公司借壳双方的背景，然后分析此次交易背后的动因，最后对S公司借壳上市的过程进行简述以及分析S公司借壳上市的绩效。并结合思考题的分析和理解，充分学习企业借壳上市的动因，以及上市公司的绩效分析。该案例旨在引导读者思考，企业借壳上市的动因有哪些，如何评价上市是否成功，并从案例中能得到某些启发，充分理解借壳上市。

**关键词：**借壳上市、动因、绩效分析

### （一）引言

互联网行业的迅速发展，为快递行业送来了一股“暖风”，快递行业搭上顺风车“扬帆起航”。行业在发展，企业也在竞争的激烈中求生存。S公司作为行业龙头，也是一脸愁容，因为行业的集中度在下降，民营快递行业市场份额受到了极大的影响。不仅如此，快递单价的大幅下降，企业利润的下滑更是令S公司高层忧心不已。怎样才能继续保持优势，立足行业地位呢？S公司高层决定效仿同行，借助资本市场的力量，实现体制的改革升级。

一开始，S公司选择在我国资本市场IPO上市，但是IPO需要3年才能完成，这又让S公司高层陷入了苦恼，最终决定采用“快、准、狠”的方式，即借壳上市。2016年5月23日，D公司发布了一则“炸弹式”公告，拟与D公司进行重大资产重组。S公司愿意将持有的股权交换D公司的资产与负债，从而实现借壳上市的目的。经过双方的协商后，这次的交易方案主要包括三部分，即发行股份购买资产、置换重大资产、募集配套资金。成功借壳上市后，S公司稳住了自己的“江湖”地位。

### （二）公司简介

1. S公司成长记。

S公司成立于1993年。S公司是一家以智能和服务为主的快递企业，秉持着高效、快捷的服务理念，得到用户的认可，让用户体验到了它的“快”。作为行业巨头之一，其蝉联服务满意度排行首位，申诉率也远低于行业平均水平。经过几十年的发展，S公司拥有自身独特的三网合一先进物流信息系统。表5-8描述了其发展史。

表5-8　　S公司发展史

| | |
|---|---|
| 1993年 | 成立于广东，主营物流运输服务 |
| 2002年 | 转变经营模式，实现全面直营模式 |
| 2013年 | 推进高达80亿元规模的融资，变更名称 |
| 2016年 | 出台文件，对资本市场跃跃欲试 |
| 2017年 | 完成上市，跻身A股 |

2. D公司发展史。

D公司于2010年1月11日在深交所上市，公司主要为生产销售稀有金属为原料的产品，是典型的制造业企业。但是从2013年开始，由于我国GDP经济增长放缓和整个制造业处于去库存的时期，制造业企业面临着前所未有的考验，整体经营周转情况不佳。在这样严峻的环境下，D公司没能经受住考验，净利润逐步下滑，2015年净利润甚至不到2013年净利润的一半，为了保护公司股东的利益，D公司管理层开始寻找新的出路。

### （三）动因分析

1. S公司上市起因大揭秘。

2017年2月23日，S公司在深交所敲钟上市，也敲出了许多人的疑惑，为什么S公司这么迫切上市？

（1）新时代发展——国家政策支持。

早在2009年，国家就鼓励快递企业加速发展并且加快物流集团转型，2015年国务院出台了《促进快递业发展的若干意见》等重要指导文件，在部分文件中明确支持鼓励快递企业兼并重组、上市筹资，加速快递行业的发展。

在《人民日报》的采访中，王某多次提到“政府”“政策”。他表示民营快递企业的发展得益于政府的支持。政府对企业的补贴并不是促进民营快递企业发展的重要原因，关键在于国家的政策环境。其认为在国家政策环境不变的情况下，民营快递企业一定能够发展得顺风顺水。顺应新时代发展，国家政策的支持，S公司借壳上市是顺势而为，是策略。

（2）“虎视眈眈”——白热化竞争。

行业在发展，民营快递企业也在激烈地争夺市场份额，为能够在市场中立足“脚跟”而激烈竞争，火药味十足。S公司面临的白热化竞争主要表现在三个方面：首先，市场竞争对手多。在行业快速发展的情况下，我国民营快递企业在逐渐增加，S公司面临的对手在增多。其次，苏宁易购、京东等电商平台也在逐渐建立自己的物流体系，S公司面临着业务量下滑的风险。最后，在国家政策环境下，为实现转型升级，快递行业在2016年迎来了上市潮。

除此之外，包括Fed Ex、DHL以及UPS在内的国际快递公司正对中国快递市场虎视眈眈，S公司面临的压力不仅来自国内，而且还要接受国外竞争者的冲击。对于S公司而言，国内外竞争对手都给其加剧了压力，抢先上市可能获得发展的先机。在面临对手纷纷上市的压力下，S公司需要积极拥抱资本市场，短时间利用资本市场资源突破重围。

2. D公司售壳动因研究。

对于S公司来说，作风低调的“高富帅”S公司为何千挑万选选中“灰姑娘”D公司？D公司专注金属材料保护表面防腐技术的研发及应用，是全国细分行业龙头单位。但是由于经营不善等问题，D公司2013～2016年的财务状况不容乐观，如表5－9所示。

表 5-9　　D 公司 2013~2016 年主要财务指标

| 项目/年份 | 2016.06.30 | 2015.12.31 | 2014.12.31 | 2013.12.31 |
|---|---|---|---|---|
| 毛利率（%） | 16.5 | 14.35 | 13.15 | 13.98 |
| 净利率（%） | 3.47 | 3.76 | 2.97 | 5.58 |
| 基本每股收益（元） | 0.05 | 0.11 | 0.1 | 0.17 |
| 摊薄每股收益（元） | 0.05 | 0.11 | 0.1 | 0.17 |
| 加权平均净资产收益率（%） | 1.55 | 3.48 | 3.31 | 5.57 |
| 资产负债率（%） | 18.69 | 20.04 | 25.52 | 37.03 |

数据来源：Wind 财务报告。

从表 5-9 中可以看出，2013~2016 年，D 公司的平均资产收益率均低于6%，这反映出 D 公司很难依靠自身力量让经营业务“起死回生”，需要依靠外部力量“重振旗鼓”。而且，D 公司的资产负债率为 25% 左右，保持低水平状态，说明 D 公司债务少，对于拟上市企业而言是一个“好壳”。

在转型升级产业结构调整的背景下，经济增速不断放缓，成本费用上涨，利润空间缩小，国内外市场都减少，使整个行业前景渺茫。D 公司在这多重压力下，主营业务发展缓慢，盈利能力差，扭亏无望，因此 D 公司股东会有较大意愿出售壳公司。

### （四）交易过程

本次反向收购主要分为三个环节：重大资产置换、发行股份购买资产、募集配套资金。

在重大资产置换阶段，经 D 公司和 S 公司双方友好协商，评估机构就双方以 2015 年 12 月 31 日为评估基准日对资产价值进行评估，本次重大资产置出和拟购入企业情况如表 5-10所示。

表 5-10　　D 公司与 S 公司资产价格评估情况　　单位：亿元

| 评估企业 | 评估价值 | 现金派发股利 | 最终价值 |
|---|---|---|---|
| D 公司 | 8.12 | 0.16 | 7.96 |
| S 公司 | 448 | 15 | 433 |

数据来源：Wind。

在发行股份购买资产阶段，两者价值差额达到 425.04 亿元，D 公司通过向 S 公司所有股东以发行定向股票的方式支付差额 425.04 亿元，股票价格为每股 10.76 元，共发行 3 950 185 873股，获得 S 公司 100% 股权，具体情况如表 5-11 所示。

表 5-11　　S 公司借壳上市前各股东持股情况及发行股份数量

| 交易方 | 交易前持有 S 公司的股份比例 | 发行股份数量（股） |
|---|---|---|
| M 公司 | 68.4% | 2 701 927 139 |
| F 公司 | 9.93% | 392 253 457 |

续表

| 交易方 | 交易前持有 S 公司的股份比例 | 发行股份数量（股） |
|---|---|---|
| J 公司 | 6.75% | 266 637 546 |
| Z 公司 | 6.75% | 266 637 546 |
| Y 公司 | 6.75% | 266 637 546 |
| G 公司 | 1.35% | 53 327 509 |
| H 公司 | 0.07% | 2 765 130 |
| 合计 | 100% | 3 950 185 873 |

数据来源：Wind。

在募集配套资金阶段，D 公司根据法律规定筹集，募集配套资金为 79.9 亿元，主要面向于合法的境内产业投资者、证券投资基金管理公司等其他合法投资者等。募集资金用途主要用于信息平台建设、中转站建设、购买航材项目和设备硬件设施等，具体用途见表 5－12。

**表 5－12　具体募集资金用途**

| 资金用途 | 投资总额（万元） | 拟使用募集资金（万元） |
|---|---|---|
| 信息服务平台建设及下一代流信息化技术研发项目 | 111 918.00 | 111 918.00 |
| 航材购置及飞行支持项目 | 268 622.08 | 268 622.08 |
| 冷运车辆与温控设备采购项目 | 71 795.00 | 71 795.00 |
| 中转场建设项目 | 503 321.23 | 347 664.92 |
| 合计 | 955 656.31 | 800 000.00 |

数据来源：Wind。

### （五）S 公司上市绩效分析

1. 偿债能力分析。

S 公司借壳上市前后的偿债能力如表 5－13 所示。

**表 5－13　2014～2017 年偿债能力对比分析**

| 年份 | 2014 | 2015 | 2016 | 2017 |
|---|---|---|---|---|
| 流动比率 | 1.33 | 1.13 | 1.16 | 1.46 |
| 产权比率 | 89.9% | 152.3% | 114.7% | 76.2% |
| 资产负债率 | 47.3% | 60.4% | 53.4% | 43.2% |
| 利息保障倍数 | 6.47 | 5.26 | 13.44 | 42.8 |

数据来源：S 公司财务报告整理。

由表 5－13 可以看出，借壳上市前，S 公司的资产负债率“节节高升”，由 47.3% 上升至60.4%。屋漏偏逢连夜雨，S公司的流动比率在不断下滑。综合分析可以看出，借壳前S公司无论是短期还是长期偿债能力均在不断下降。进一步观察可以发现，在借壳当年，S公司的资产负债率和产权比率都呈现下降趋势，并且流动比率在上升，利息保障倍数保持着上升的趋势，仅在借壳当年就上升了1倍左右。因此可以说明，借壳上市强化了S公司的偿债能力。

2. 营运能力分析。

S公司借壳上市前后的营运能力如表5－14所示。

**表5－14　　2014～2017年营运能力对比分析**

| 年份 | 2014 | 2015 | 2016 | 2017 |
|---|---|---|---|---|
| 应收账款周转率（%） | 15.62 | 13.79 | 13.44 | 13.72 |
| 存货周转率（%） | 112.68 | 119.57 | 141.59 | 134.91 |
| 固定资产周转率（%） | 8.64 | 7.36 | 5.89 | 6.03 |
| 总资产周转率（%） | 1.61 | 1.55 | 1.46 | 1.40 |

数据来源：S公司财务报告整理。

从表5－14中可以看出，借壳上市后，S公司的存货周转率大幅提升，并且应收账款周转率以及固定资产周转率均呈现下降趋势。其主要原因在于，借壳前S公司的战略目标是多元化发展，而不是仅限于快递物流服务业，同时扩大企业规模，实现线上、线下协同发展。但是实际效果并没有达到设定的预期值，相关业务甚至处于年年亏损的状态。这在一定程度上促使在借壳过程中，为顺利完成上市目标，S公司剥离了多项金融业务，专注快递物流服务业。得益于多项业务的成功剥离，S公司在2016年存货大幅下降，在营业收入保持上升的情况下，其存货周转率大幅上升。

3. 盈利能力分析

S公司借壳上市前后的盈利能力如表5－15所示。

**表5－15　　2014～2017年盈利能力对比分析表**

| 年份 | 2014 | 2015 | 2016 | 2017 |
|---|---|---|---|---|
| 营业净利率（%） | 1.22 | 2.27 | 7.24 | 6.68 |
| 权益净利率（%） | 3.29 | 7.95 | 24.25 | 17.83 |
| 总资产净利率（%） | 1.97 | 3.52 | 10.55 | 9.34 |

数据来源：S公司财务报告整理。

2014～2017年，S公司的盈利能力保持着逐年增长的趋势。在借壳当年，其营业净利率、权益净利率以及总资产净利率均大幅增长。这主要是因为S公司在2016年净利润高达41.6亿元，同比增长了280.25%，原因在于并购重组和资产剥离所带来的结果。

总体而言，借壳上市对S公司的财务绩效带来了积极的影响。在此次上市过程中，S公司将商业及金融等亏损业务进行剥离，让S公司甩掉"累赘"，专注主营业务，提高自身行业竞争力，保持自身的可持续发展。不仅如此，此次借壳上市后，S公司股价大幅上涨，企业知名度“更上一层楼”，保住了S公司的行业老大地位。

## 二、案例说明书

### （一）编写目的与用途

本案例的编写目的在于让学生了解借壳上市的动因，了解快递行业中的企业借壳上市的过程，学习借壳上市的绩效分析。从而引发学生对于借壳上市优劣势的思考，借壳上市会计处理等问题的思考。这样有助于提高学生的自主思考能力，以及更加深入了解借壳上市的相关知识点。

### （二）启发思考题

1. S公司面临竞争压力下，面临两种上市方式，IPO与借壳上市。IPO与借壳上市两者的优劣势是什么？为何S公司最终会“借东风”选择借壳上市？

2. 此次S公司并购案是属于同一控制下企业合并还是非同一控制下企业合并？如何进行会计处理方法的选择？

3. 借壳上市会根据是否构成业务采用不同的会计处理方法，而采用不同的会计处理方法将对企业的业绩产生不同的影响，因此，该如何准确判断是否构成业务？

4. S公司上市后的融资效果如何？请从公司价值的角度进行分析。

### （三）理论依据

1. 借壳上市概念。

借壳上市是上市公司与非上市公司的重组交易行为。其存在狭义与广义之分，狭义的借壳上市指的是上市公司通过资产置换及发行股份购买资产等方式，购买非上市公司的全部资产及负债，进而非上市公司反向收购取得其控制权，非上市公司通过注入自身优质资产，置出劣质资产以此实现上市。广义借壳上市还包括通过直接收购上市公司股份的方式取得其控制权，然后通过资产配置取得上市资格等情况。借壳上市是一种特殊的企业合并，相较于IPO上市，其具备周期短等优势，逐渐受到企业的青睐。

2. 壳与壳公司

“壳”实际上是上市发行股票的资格。目前我国对于首次发行股票实行的是核准制，对企业的财务数据等有较高的要求，这在一定程度上使借壳上市的方式大受欢迎。但是，随着拟上市企业数量的增加，审核把关逐渐严格，我国的“壳”资源比较稀缺。

“壳公司”指的是上市公司，更加准确的定义应该是由于国家政策、市场环境等的变化，净利润逐年下降，甚至入不敷出，竞争力不足的“奄奄一息”的上市公司。通常，壳公司可以分为三类：实壳公司、空壳公司、净壳公司。

3. 借壳上市财务效应

通常，借壳上市会涉及跨行业的资产重组与整合，因此，在整合时存在的问题会直接影响借壳上市后的经营绩效，如企业组织结构差异、企业文化差异等均会影响整合效果，进而影响企业的经营绩效。

财务效应分析是衡量企业是否成功借壳上市的方法。借壳上市财务效应指的是借壳上市对借壳方在财务方面产生的一系列影响。常见的借壳上市财务效应包括规模效应、筹资效应、资本成本效应等。

### （四）借壳上市相关问题分析

1. S公司借壳上市模式分析。

我国资产重组并购方式常用的有五种方式：第一种方式是股权转让配套资产置换；第二种方式是股权转让配套增发换股；第三种方式是股份回购加增发换股；第四种方式是资产置换加增发换股；第五种方式资产出售加增发换股。

D公司作为壳公司，其资产负债率保持在20%左右，财务风险较低，但是D公司的经营状况在不断恶化，盈利能力呈现下降趋势。因此，为增加上市成功的概率，D公司置出全部的资产和负债，成为一个“净壳”，进而S公司注入自身的优质资产。同时，D公司选择定向增股的模式来弥补交易价差，这样有助于降低D公司的资金压力，减少现金支出。而且，采用以S公司原股东为对象，定向增发部分还能够在一定程度上节约发行成本。股票的定向增发审核速度快，能够缩短交易流程时间，也有利于S公司尽快实现上市的目标。这种资产置换配套定向股票发行方式实质是反向收购模式的资本重组方式。为了实现借壳交易双方利益的最大化，S公司与D公司达成业绩补偿协议，S公司全体股东承诺，S公司控股2016年、2017年和2018年净利润分别不低于218 500万元、281 500万元和348 800万元。在这次重整方案中，S公司既没有保留D公司的核心资产也没有从事与D公司相同的主营业务，不存在购入资产与自身业务的优势整合，只是单纯地借这个“壳公司”上市。

2. S公司借壳上市问题分析。

（1）股价进一步下跌。

借壳上市后，S公司的股价曾一路上涨，但是在经历一段时间的上涨后，股价持续下跌。至2019年5月24日，S公司的市值由巅峰时期的3 000亿元跌落至1 326.28亿元，下降超过一半。经过分析，发现其股价下滑的原因在于：一是股市环境萧条。2018年，股市整体大环境萧条，深证和上证整体都处于下降趋势，股民“唱衰”股市，降低了持股热情，选择退出股市。二是S公司净利润下滑。净利润下滑导致S公司给投资者呈现出不完美的财务数据，投资者自然选择不“进场”。

（2）净利润持续下滑。

S公司2018年财务数据显示，虽然营业收入在增长，但是其净利润却一直在下滑。S公司在借壳上市前，其年度净利润保持在10%左右。S公司相关人士表示，净利润下降这种趋势只是短暂现象，只是由于目前处于资源投入阶段，基于长期角度，该阶段的投入有助于企业增强长期竞争力。并且未来会增加成本的管控，提高科技成果的应用以此来提升经营效率以及成本的节约。该阶段公司的投入会对盈利产生正面促进作用，而且公司在资源投入的基础上获得了整体营收超30%的增速，相较往年实现了加速增长。总而言之，S公司在2018年呈现净利润下滑的趋势属于正常现象，因为其融资获得的资金用于构建基础设施以及新业务的开拓与发展。

### （五）关键分析要点

1. 本案例结合公司上市动因等进行了详细的解析，通过该案例的学习，可以了解公司借壳上市等资本运作的基本要素，期望在未来遇到公司上市或者借壳并购案时能够做出正确的策划、估算和决策。

2. 通过对S公司借壳上市达到的效应进行分析，并结合S公司借壳上市所选择的壳公司及其特征，熟悉壳公司的选择标准。

3. 结合案例和相关资料，总结S公司借壳上市的关键步骤，明晰对借壳上市的绩效分析，并根据S公司上市方式的选择，了解不同上市方式的适用性。

4. 理解快递行业的发展情况和S公司自身面临的来自内外部的压力，以及S公司和其他快递企业选择借壳上市的交易模式。

### （六）分析思路

1. 第一个问题主要是总结分析S公司选择借壳上市的原因，从而深入理解IPO和借壳上市的优劣势。通过把借壳上市与IPO在审核时间、审核标准、潜在风险等多个方面进行对比，可以更加清晰地凸显出借壳上市的特点，进而能更加清楚地理解企业选择借壳上市而非IPO的原因。

我国企业融资上市主要有两大途径，即IPO和借壳上市。IPO指的是首次公开募股上市；从法律角度看，借壳上市是上市公司重新整合自身资产的过程。实质上是借壳方通过资产重组的方式，将壳公司的资产置出，注入自身的优质资产，实现资产重组的过程。如表5－16所示，IPO与借壳上市两者存在较多不同点。

表5－16　　IPO与借壳上市不同点比较

| | 借壳上市 | IPO |
|---|---|---|
| 审核时间 | 较短（基本在1年以内） | 较长（基本在2～3年） |
| 审核标准 | 较宽松 | 较严格 |
| 审核机构 | 证监会并购重组委员会 | 证监会发行审核委员会 |
| 主要材料 | 发行股份购买资产报告书、独立财务顾问报告、资产评估报告 | 招股说明书 |
| 利益输送问题 | 较大 | 较小 |
| 潜在风险 | 较大 | 较小 |
| 募集资金限制 | 较大 | 较小 |

资料来源：《上市公司重大资产重组管理办法》。

从表5－16可看出，借壳上市与IPO最大的区别在于审核时间以及审核标准。目前我国IPO采用的是核准制，申请流程烦琐，审核时间长，排队漫长。相较于IPO，借壳上市时间短。审核标准方面IPO也比借壳上市更加严格。虽然相较IPO而言，借壳上市具备多重优势，但其本身亦存在劣势：借壳方需要支付一笔高昂的“借壳费”，而且借壳上市的同时不得募集资金，而IPO成功后则可以立即融资。

面对国内竞争对手纷纷成功上市，S公司要想在行业中保持优势，扩大业务规模，必然需要快速进入资本市场，获得融资，快速抢占市场份额，提升竞争力。要在短时间内实现挂牌上市，借壳上市无疑是最好的选择。若S公司采用IPO上市，在漫长的上市之路中，国家政策改变或者在行业竞争中失败，利润下滑，有可能导致上市失败，S公司将会面临更加危险的境界。而且其他企业成功借壳上市的案例也给S公司的上市之路带来不少启发与参考。

2. 第二个问题主要是根据案例的了解和学习，判断案例中的并购案是属于同一控制下企业合并还是非同一控制下企业合并。结合案例中S公司的会计处理方法处理的选择，能够加深对该知识点的了解。

同一控制下企业合并是指参与合并的企业在合并前后均受同一方或相同的多方最终控制且该控制并非暂时性的企业合并。非同一控制下企业合并是指参与合并各方在合并前后不受同一方或相同的多方最终控制的交易合并。该案例中S公司与D公司在合并之前不受同一家公司控制，因此属于非同一控制下企业。

反向收购时，若上市公司不构成业务，会计处理方法为权益性交易法；若构成业务，根据新企业会计准则规定，以反向购买法处理，确认商誉或计入当期损益。S公司与D公司属于非同一控制下企业合并，但是S公司100%股权注入的同时，D公司置出全部资产和负债，可视为以“空壳”参与此次交易，属于上市公司不构成业务的借壳上市。S公司在计算合并成本时，首先需要计算为取得相同合并后报告主体的股权比例应向D公司股东模拟发行的股票数量，再依据其自身股价计算模拟合并成本。若采用不公开报价发行的模式，可选择S公司的公允价值或者D公司的公允价值确定其公允价值。

3. 第三个问题主要是了解不同会计处理方法会对企业业绩产生不同影响，因此，应该从相关文件和资料中，了解学习判断构成业务的标准。

目前，我国有明确规定如何判断是否构成业务的是《关于非上市公司购买上市公司股权实现间接上市会计处理的复函》以及《上市公司执行企业会计准则监管问题答》这两个文件。然而两个文件中对于“业务”认定标准不同。《复函》中规定“业务是企业内部某些生产经营活动或资产负债的组合，该组合具有投入、加工处现过程和产出能力，能够独立计算其成本费用或所产生的收入等。有关资产或资产、负债的组合具备了投入、加工处现过程两个要素即可认为构成业务。”《问题答》中对借壳上市不构成“业务”的情况进行了描述，但是不同于前者对于“业务”的定义。

我国目前对于企业应该遵守哪个标准并无明文规定，一般企业附注披露了相关原因即可认定为不构成业务。

4. 第四个问题主要从公司价值角度分析S公司上市后的融资效果。就公司价值而言，通过借壳上市S公司的企业价值获得了资本市场的认可和青睐，进一步巩固S公司在中国快递行业的标杆地位。

公司上市后，其股份便可在资本市场上进行流通，企业在股票市场中的市值便能反映出其市场价值。通常，在企业资本结构不变的前提下，企业股权资本的价值越大，它的股票价值也就越大。而证券市场上的股价能够反映企业的股票价值，投资者可以通过股价预期企业未来的收益，也能够估计企业价值。因此，当要对上市公司的企业价值做一个初步的认识时，股价是最直接的一个市场定位。

在此次S公司选择借壳上市以前，根据企业公布的2016年6月30日合并报表显示，

S公司的资产总计约为297亿元人民币，其中所有者权益总计约为193亿元人民币。在借壳上市的过程中，S公司需要以反向收购的方式与壳公司D公司进行重大资产置换，这期间S公司的作价高达433亿元。

至于发行后的市值，按照上市初期的股价计算，而S公司完成借壳后的市值是676亿元。S公司一经上市就立马获得了市场的热捧，股价在2017年3月初连续多个涨停，最高收价时73.48元，这使S公司的市值高达3 074亿元。

除此之外，在估值方面，S公司对应2016～2018年业绩承诺的PE分别是31倍、24倍和19倍，但有较高的升值空间。可见，通过借壳上市，S公司的企业价值获得了资本市场的认可和青睐，进一步巩固S公司在中国快递行业的标杆地位。

# 第六章　优先股案例分析

## 第一节　案例编写说明与理论基础

### 一、案例编写目的

优先股正成为我国企业可采用的融资方式之一。然而由于它是一种较新的融资手段，且具有一定的特殊性和复杂性，因而需要对该种手段进行深入了解和学习。本章通过引导学生讨论优先股的发行动因、发行过程以及发行结果，并分析适合发行优先股的企业特点，从而掌握企业融资时应如何使用优先股这一融资工具，深入理解优先股对企业所起到的作用及其影响。

### 二、案例相关知识点解析

1. 优先股即具有优先分配权的股票。股东可凭其持有的优先股股票，对公司的净资产、利润分配等享有优先权，相较于普通股股东来说，优先股股东所承担的风险较小。但是，优先股股东对公司事务不享有表决权。

2. 每股收益（EPS）即每股盈利，亦称为每股税后利润或每股盈余，等于税后净利润与公司普通股股本总数的比率，指普通股股东每持有一股公司股票所能享有的公司净利润或需承担的公司净亏损。

每股收益通常被用作企业的经营成果指标，可用于衡量每股普通股的获利水平及其所附投资风险，是财务报表使用者用来评价企业盈利能力、预测其成长潜力，进而做出相关经济决策的重要财务指标之一。

3. 金融负债是指企业符合下列条件之一的负债。

（1）向其他方交付现金或其他金融资产的合同义务。

（2）在潜在不利条件下，与其他方交换金融资产或金融负债的合同义务。

（3）将来须用或可用企业自身权益工具进行结算的非衍生工具合同，且企业根据该合同将交付可变数量的自身权益工具。

（4）将来须用或可用企业自身权益工具进行结算的衍生工具合同，但以固定数量的自身权益工具交换固定金额的现金或其他金融资产的衍生工具合同除外。企业对全部现有同类别非衍生自身权益工具的持有方同比例发行配股权、期权或认股权证，使之有权按比例以固定金额的任何货币换取固定数量的该企业自身权益工具的，该类配股权、期权或认股权证应当分类为权益工具。其中，企业自身权益工具不包括应当按照《企业会计准则第

37号——金融工具列报》分类为权益工具的可回售工具或发行方仅在清算时才有义务向另一方按比例交付其净资产的金融工具，也不包括本身就要求在未来收取或交付企业自身权益工具的合同。

4. 权益工具：是指能证明拥有某个企业在扣除所有负债后的资产中的剩余权益的合同。企业发行的金融工具同时满足下列条件的，符合权益工具的定义，应当将该金融工具分类为权益工具：

（1）该金融工具应当不包括交付现金或其他金融资产给其他方，或在潜在不利条件下与其他方交换金融资产或金融负债的合同义务；

（2）将来须用或可用企业自身权益工具结算该金融工具。如为非衍生工具，该金融工具应当不包括交付可变数量的自身权益工具进行结算的合同义务；如为衍生工具，企业只能通过以固定数量的自身权益工具交换固定金额的现金或其他金融资产结算该金融工具。企业自身权益工具不包括应按照本准则第三章分类为权益工具的金融工具，也不包括本身就要求在未来收取或交付企业自身权益工具的合同。

### 三、拟解决的关键问题

1. 了解发行优先股试点的优点，并基于相关问题思考，对管理层、投资人等财务报表使用者给予进一步建议。

2. 结合优先股的发行预案，对权益工具和金融负债做出区分。

3. 发行优先股的原因及优缺点。

4. 国家推行优先股试点的意义。

### 四、企业会计准则链接

1. 企业会计准则第37号——金融工具列报（财会〔2017〕14号）

2. 企业会计准则第22号——金融工具确认和计量（财会〔2017〕7号）

## 第二节 企业筹资视角下的优先股研究——以ZY公司为例

### 一、案例正文

**摘要：**本案例以ZY公司发行优先股为例，描述了ZY公司从陷入财务困境、探讨发行优先股的可行性到成功发行优先股募集资金全过程，旨在启发学生在理解优先股内涵的基础上，掌握优先股的功能和特点，并引导学生结合企业会计准则对优先股的会计处理进行思考，并分析其内在风险及对企业财务的影响。

**关键词**：优先股、金融负债、权益工具

### （一）引言

2014 年 7 月，夏日的烈阳炙烤着大地，办公室内弥漫着一丝疲惫，公司总经理马毅驻足一隅，而背后财务部业务人员还在办公室里忙得不可开交，马毅不禁心生感慨……

2000 年 12 月，经河南省政府批复，公司成功设立，注册资本 77 000 万元，作为优良高速公路资产的经营管理者，ZY 公司自成立以来，主营业务主要涵盖投资、管理及维护大型、特大型等级的桥梁、高速路等交通基础设施投资项目，不断规范完善着公司法人治理结构，科学管理运作流程，以实现良好的经济效益兼顾社会效益，维护全体股东共同利益为中心，实现了提供高效优质服务的同时取得稳定快速的发展的局面，高速公路收费流程如图 6-1 所示。2003 年 7 月，ZY 公司挂牌上交所，并首次以 6.36 元的发行价格公开发行 28 000.00 万股，共募集资金净额 17.28 亿元；2007 年与中石化合建公司经营成品油零售等业务；2013 年 8 月，ZY 公司以非公开定向发行方式，向招商银行与平安银行注册债务融资工具 20 亿元；2014 年 1 月，与公路工程局集团签订 BT 投融资建设合同，总计金额 372 657.27 万元。回想起公司发展，马毅脸上的阴郁顿时少了几分，但又想到目前公司面临的困境，终于下定决心，召开公司战略研讨会议。

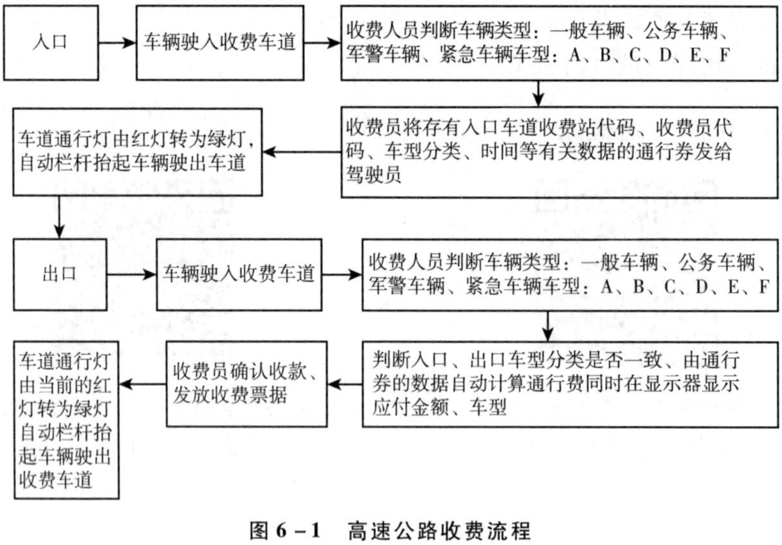


**图 6-1 高速公路收费流程**

### （二）财务困境

两天后，各部门高管（公司组织结构见图 6-2）汇集在会议室内，依据安排，工程管理部经理秦军首先谈道："今年已建成通车的项目有郑民高速、济祁一期、永登永城段，并积极推进郑新黄河大桥与郑漯改扩建的竣工验收工作。公司在工程建设方面取得了巨大突破，一方面积极协调政府，为工程建设创造便利条件；另一方面加强项目的监管与督导，狠抓质量，超额完成半年度任务。"

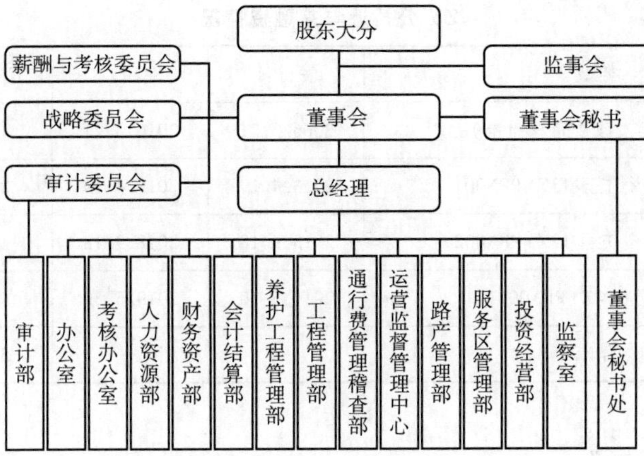


**图 6-2　ZY 公司组织结构**

随后，公司总会计师王顺才提出："确实，大家都知道，我们公司正处于高速发展中，公司现有的在建项目有商丘至登封段、济宁至祁门段、漯河至驻马店段改扩建工程、豫皖界至连霍段的高速公路、郑州机场高速公路改扩建等项目，这些项目预计需要在 2016 年底前陆续完工并实现通车。根据目前情况暂估，我刚才说到的这几项工程后续大概还需要资金 182.97 亿元。不仅如此，在发展公路建设的同时，我们的多元化经营也迈上了新台阶，地产金融产业运行良好。英地华庭二期项目接近尾声、英地金台府项目开工、许昌泰和院项目建设进度加快，中原农险筹建工作已经启动，相关文件已经提交到保监会审核。目前，公司经营领域已经涉及股权投资、房地产开发还有油品经营这些领域，经营业绩很不错，同样资金需求量也不小。2013 年底，我们公司的资产负债率达到了 80.23%，截至 2014 年 6 月 30 日，公司资产负债率上升到了 81.22%。在 A 股同行业道路运输业——高速公路板块上市公司中，我们已经是踩在最高值上了。这也就意味着，我们公司面临偿债压力是巨大的，流动性风险也是巨大的。发展是好事，但现在有一个问题摆在我们眼前，钱从哪来？"

话音刚落，运营监管中心经理田铃接过话语："不仅如此，随着公司业务的不断扩大，公司的运营风险也逐步加大，总资产周转率、存货周转率等指标均有下降的趋势（见表 6-1），且整体水平偏低，营运资金存在较大缺口，资金链压力不容乐观。"

**表 6-1　　ZY 公司近年经营风险分析**

| 指标/年份 | 2011 | 2012 | 2013 | 2014 中 |
|---|---|---|---|---|
| 存货周转率 | 1.53 | 2.39 | 1.18 | 0.31 |
| 应收账款周转率 | 26.04 | 48.62 | 31.36 | 11.92 |
| 总资产周转率 | 0.09 | 0.13 | 0.09 | 0.04 |

之后，马毅向大家展示了近年来 ZY 公司为筹集资金采取的措施（见表 6-2），然后提及："不仅如此，我们一年内将要到期的借款达到 22.598 亿元，其中信用借款 15.20 亿元，质押借款 7.398 亿元，现在公司面临着很严重的债务危机，大家谈谈，钱从哪来？"与会人员陷入一片沉思……

表 6-2　　ZY 公司近年来融资情况　　单位：亿元

| 序号 | 类型 | 发行日 | 兑付日 | 发行金额 | 待偿还本金 |
|---|---|---|---|---|---|
| 1 | 公司债券（2006 年发改委审核批准） | 2006. 3. 21 | 2016. 3. 21 | 15. 00 | 15. 00 |
| 2 | 非公开定向债务融资工具 13ZYPPN001 | 2013. 4. 19 | 2018. 4. 19 | 20. 00 | 20. 00 |
| 3 | 非公开定向债务融资工具 13ZYPPN002 | 2013. 9. 18 | 2018. 9. 18 | 10. 00 | 10. 00 |
| 4 | 非公开定向债务融资 14ZYPPN001 | 2014. 5. 30 | 2019. 5. 30 | 10. 00 | 10. 00 |
| | 合计 | — | — | 55. 00 | 55. 00 |

### （三）融资方案之议

一阵沉默之后，战略委员会委员董春提及："在 5 月份，我们非公开定向发行了债务融资工具，筹集资金 10 亿元，现在偿债压力这么大，何不在后期再发行债券，拿到资金先还以前的债？"

王顺才眉宇间还透着一股担忧，说道："发行债券我不反对，它确实能够筹集到更多资金且利息费用低，能够缓解公司燃眉之急，我们虽然仍然有 97. 077 亿元的银行授信可以提取、使用，但银行的授信额度是有限的，提高并不容易，依据以前经验，我们再次发行债券大概能一次筹到 10 亿元资金，不足以补足这一年到期负债，且公司现在面临着不仅是短期偿债压力，而是整体资产负债率都远远高于同行业平均水平，继续进行债务融资势必会增大负债率，而债券往往附有限制性条件不能够灵活使用这笔资金，所以，要发行债券的话，我们是不是能够找到一种方法能够中和这些负面影响，并更好地解决现在的债务问题。"

在众人陷入沉思时，财务资产部关恩祥提议："我们是不是可以考虑发行优先股进行融资。"这对大部分参会人员来说是一个陌生的概念，见大家一脸疑惑，关恩祥解释："就在今年的 3 月 21 日，中国证监会新发布了关于《优先股试点管理办法》。优先股本质是一种新型的融资工具。我们都知道融资可以通过增发股票和发行债券的方式，而发行优先股同样是一种能够获取资金的方式，并且发行优先股融资所负担的风险较小，可以这么说，优先股同时拥有普通股与债券的一些特征，但又与股权融资和债券融资有所区别。其'优先'二字首先体现在持有优先股股票的股东对公司财产的索偿权排位是要优于持有普通股股票的股东，并且，通过发行优先股融资却不会稀释公司股份的表决权。"

财务资产部小杨补充道："最近我们部门正好在研究优先股融资工具，优先股有几种不同的形式。例如，按照'优先股的发行方是否有权赎回优先股'区分，就可分为可赎回的优先股和不可赎回的优先股。具体来说，是指在优先股合同中是否附加了有关赎回的条款，我们作为发行方，如果有赎回条款，就可以按照赎回条款中在约定的期限按照约定的价格，把优先股从投资者手中赎回并可以进行注销，同时核减相应的所有者权益。如果要发行优先股，我们有权去选择是否可以赎回它们。在可赎回优先股中，又可以再进一步区分为强制赎回与任意赎回的优先股。这就要在我们发行前先设定优先股方案，如果我们选择了发行任意赎回的优先股，那么在约定的赎回条件达成时，购买了优先股的股东可以自由选择是否要求我们赎回，或者是否选择接受我们主动发出赎回请求，由我们赎回或者选择转变为公司的普通股；而如果我们发行的是强制赎回的优先股，就应在发行优先股时即约定‘只有发行方公司享有赎回决定权’。”

财务资产部陈剑表示赞同：“不仅如此，发行优先股能够减轻我们现在的财务负担，既能还债，还能把富余的资金投入项目建设中，而且，根据我们公司的性质，需要承担的多是政府工程，所投资项目常与股东利益相悖，在股市上筹资困难，而发行优先股不但不会稀释股权，同时还不影响普通股股东的控制权。”

听到优先股具有这么多优势，马毅不免有些疑惑：“你们说优先股有这么多好处，确实能够解决公司现在的困境，但我还有些担心，发行优先股后，公司又需要承担什么风险呢？”关恩祥站起来为马毅解惑：“当然，凡事都有两面性，发行优先股可能造成公司面临流动性风险、成本风险等。拿流动性来说，优先股的流动性实际上较差，发展空间有限，同时受市场利率的波动影响大。另外，同普通股类似，企业派发优先股股息应当是来源于税后净利润，而如果是发行债券所支付的利息可以从公司税前的应纳税所得额中扣除，因此，发行优先股的成本一般都要比发行债券的成本更高。不过我认为优先股还是比较适合公司现在处境的，既能筹资到资金还可以优化资本结构。”

又经过一番讨论后，马毅总结道：“优先股融资这一方案目前来看是可行的，那今天的会议先到这里，我看大部分人员对它也不甚了解，散会后大家再回去也多做做功课，我们之后再就这一方案进一步探讨。”

### （四）确立优先股融资

在经过资产部、财务部、项目部等部门共同探讨以后，认为优先股筹资方案是可行的，因为项目重大，马毅将“发行优先股融资”这一议题提上董事会并提请董事会批准。2014年9月22日，董事会审议通过该议案；9月24日，ZY公司出具了《独立董事关于公司非公开发行优先股相关事项的独立意见》公告，并在同一时间披露了非公开发行优先股的相关预案，公司独立董事也同意该项议案。ZY公司发行优先股的具体方案如表6－3所示。

表6－3 **ZY公司优先股发行方案**

| 项目 | 内容 |
|---|---|
| 种类 | 固定股息率、可累积、可参与、不设回售条款、不可转换的优先股 |
| 数量 | 优先股总数不超过3 400万股，募集资金总额不超过34亿元 |
| 对象 | 符合《优先股试点管理办法》和其他法律法规规定的合格投资者 |
| 方式 | 现金认购 |
| 价格、期限 | 票面金额100元，无到期期限 |
| 股息率 | ①固定票面股息率，票面股息率为5.80%，在存续期内不变。且股息率不超过发行前公司最近两个会计年度年均加权平均净资产收益率。<br>②参与当年实现的剩余利润分配：若当年合并报表口径归属于普通股股东的净利润为正值，则剩余利润的50%由优先股股东和普通股股东共同参与分配 |

续表

| 项目 | 内容 |
| --- | --- |
| 是否强制付息 | 除非发生强制付息事件，公司股东大会有权决定取消支付部分或全部优先股当期股息。强制付息事件指在股息支付日前12个月内发生以下情形之一：①公司向普通股股东支付股利（包括现金、股票、现金与股票相结合及其他符合法律法规规定的方式）；②减少注册资本（因股权激励计划导致需要赎回并注销股份的，或通过发行优先股赎回并注销普通股股份的除外） |
| 回购 | 赎回权为ZY公司所有，不设置投资者回收条款 |
| 费用 | 发行费用中承销保荐费用2 500万元，其他费用389万元，合计2 889万元 |

经过周密的探讨，ZY公司对于优先股股息的分配有两点建议：

第一点：根据发行文件，当ZY公司在存在可供分配利润盈余时，公司股东大会就可以授权董事会，向该次发行的优先股股东宣派和支付全部优先股股息。而且如果发生取消支付或部分取消支付优先股股息的情况，需要经过ZY公司股东大会的审批，并且应当至少在派息的10个工作之前告知持有优先股的股东。

第二点，若ZY公司在此次之后继续发行优先股融资，持有公司优先股股票的股东不论持有优先股的先后顺序，均应当享有同样的"优先"顺序。公司在向普通股股东分配股息之前，必须先完成向优先股股东分派股息的工作。

也就是说，在ZY公司向优先股股东按照此次非公开发行预案中所规定的5.8%的股息率分配优先股股息之后，并且在ZY公司向普通股股东分派股息之后，这些优先股股东还享受着分配当年剩余利润的权利。马毅认为，这种参与式的优先股股息分派方式，能够给投资者提供更多的保障和利益，所以更加能够吸引具有潜力的投资者。

中国证监会在2015年5月12日出具了《关于核准ZY公司非公开发行优先股的批复》；截至6月29日，ZY公司筹集资金到账，共筹集资金34亿元，扣除发行费用28 890 000元（不到筹资总额的0.85%），共筹集金额3 371 110 000元，均以人民币现金形式投入。ZY公司把本次发行的优先股按照权益工具的核算方式进行核算，之后，将其中的8亿元用于项目建设，26亿元用于偿还到期的银行贷款。

2015年7月，时隔一年，窗外蝉鸣阵阵，天气还是格外的炎热，室内确实另一番景象，马毅倚靠在办公桌前，看着财务部递交上来的报告（见表6-4），心里很高兴。从展开会议讨论到真正发行优先股融资，历经10个月，ZY公司成功发行优先股，筹集34亿元资金，解除债务之困，将富余资金投入项目建设中，还优化了公司资本结构，可谓是一石三鸟。

**表6-4　　发行优先股对主要指标的影响**

| 项目 | 定义 | 发行前 | 发行后 | 变化 |
| --- | --- | --- | --- | --- |
| 股本（亿股） | 普通股 | 22.47 | 22.47 | 无变化 |
| 净资产（亿元） | 资产-负债 | 79.42 | 113.42 | 42.81% |
| 营运资金（亿元） | 流动资产-流动负债 | -53.48 | -19.48 | 63.58% |
| 资产负债率 | （负债总额/资产总额） | 80.88% | 73.21% | -7.67% |

### （五）尾声

天渐渐黑了，窗外已灯火通明，马毅双手缓缓合上财务报告，回想起这一年的经历，不由心生感叹：“公司能够历经难关，靠的是团队的智慧与力量。这些年，公司为中国高速公路建设出了一份力，我非常欣慰，也为集团事业而自豪。同时，经历了这件事让我明白，人是要不断学习的，所谓活到老学到老，身在其位，就应该要不断成长。现在与我为伍的是一支能打硬仗、经验丰富、不断学习新事物的各领域专业团队。公司所拥有的资源、所发展的业务也很多，未来还有很多挑战等着我们，我要永远保持一颗学习的心，鼓足干劲，让公司在今后更上一层楼。”

## 二、案例说明书

### （一）案例要解决的关键问题

本案例旨在让学员进一步关注我国优先股发行的制度背景，引发学员对优先股相关会计准则的深入探讨，了解金融负债与权益工具的区别，剖析优先股发行对企业财务状况的影响，拓宽对企业发行优先股问题的研究思路。

### （二）需要学员识别的关键问题

1. ZY 公司运用优先股应对债务危机，它的特征及功能是什么？与普通股、债券有什么区别？
2. ZY 公司发行优先股的动机。
3. 站在发行人与投资人的角度分析 ZY 公司优先股的风险。
4. 权益工具和金融负债怎么区分？ZY 公司是怎么划分此项优先股的？
5. 若你是 ZY 公司财务人员，今后如何对优先股进行会计处理？
6. 分析优先股对 ZY 公司财务指标的影响。

### （三）背景信息

1. 理论背景。

优先股的定义和特征；企业会计准则对金融工具的确认和计量；企业运用优先股筹资的策略选择和风险；优先股对企业的影响和作用。

2. 行业背景。

改革开放后，我国经济得到进一步的发展，随之资源基地、劳动人员等数量也有较大增幅，我国的铁路公路实现了跨越式进步。交通部在 2013 年公布了《国家公路网规划（2013～2030 年）》（以下简称《规划》）。按照《规划》我国将陆续在国家公路网建设方面投入近 4.7 万亿元，预计在 2030 年底，新建成的国家公路里程数可以达到 40 万公里，可以为国民经济的持续发展奠定良好的基础，同时可以达到拉动国家内需的目的。

基于此，高速收费公路行业便拥有初始投资金额大、资金需求量密集及资金回报周期长等特点。优先股与此相似，需要巨额投资资金，回报率也较为稳定（见图 6－3）。

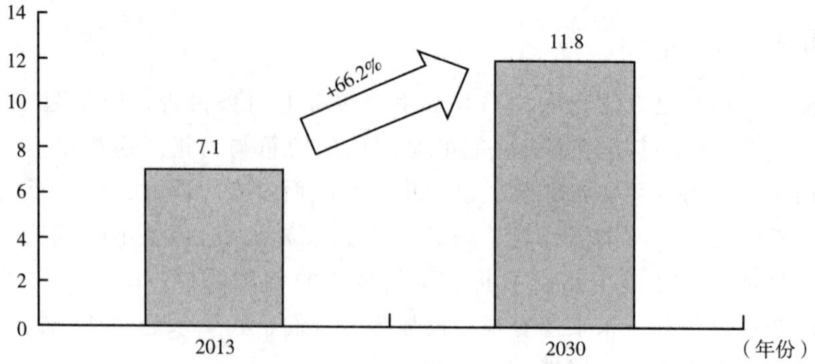


图 6-3　国家高速公路里程规划

3. 制度背景。

2013 年 11 月 30 日，国务院印发了《国务院关于开展优先股试点的指导意见》（国发〔2013〕46 号）；中国证监会 2014 年 3 月 21 日发布《优先股试点管理办法》（中国证券监督管理委员会令第 97 号）。

### （四）关键分析要点

1. 通过 ZY 公司发行优先股筹资案例，引出优先股的定义、特征及功能。
2. 以 ZY 公司发行优先股应对债务风险为例，引导学生分析 ZY 公司发行优先股的目的。
3. 引导学生分析在发行优先股过程中，发行人与投资人有可能遇到的风险。
4. 介绍 ZY 公司发行优先股的具体条款，带领学生分析如何区分权益工具与金融负债。
5. 让学生结合企业会计准则，站在 ZY 公司的角度对此次发行的优先股进行后续计量。
6. 通过以上分析，结合案例带领学生分析优先股的发行会对 ZY 公司造成什么影响。

具体分析思路如图 6-4 所示。

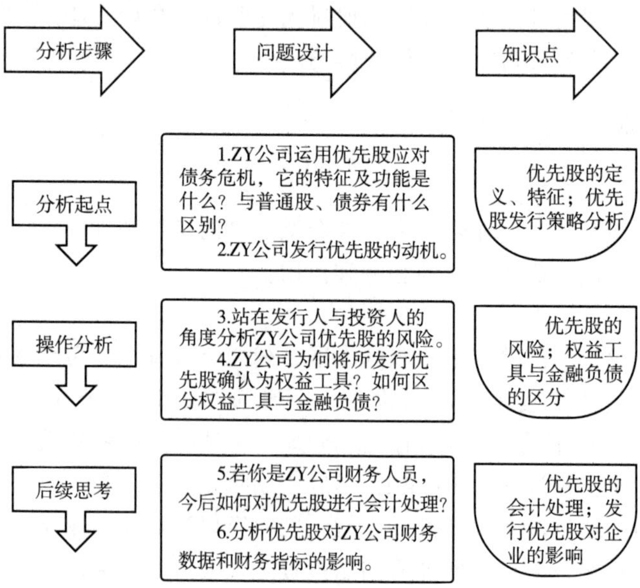


图 6-4　分析要点及思路

## （五）分析思路

1. ZY 公司运用优先股应对债务危机，它的特征及功能是什么？与普通股、债券有什么区别？

**【理论基础 + 案例分析】**

(1)《公司法》规定，优先股是指“在一般规定的普通种类股份之外，另行规定的其他种类股份，其股份持有人优先于普通股股东分配公司利润和剩余财产，但参与公司决策管理等权利受到限制”。

根据《优先股试点管理办法》，公司发行优先股在制订条款上有以下方面具有灵活性：是否可转换、是否可累计、固定股息率与浮动股息率的选择、是否参与分配、是否强制分红、是否可赎回等。

本案例中，ZY 公司通过发行优先股摆脱了债务危机。我们分析优先股的特性及功能：①就金融角度而言，优先股具有债券的特性，能用于利息抵税。此外，优先股股东不存在实质表决权，不影响公司经营决策，且按照预期股息收益率计算其利息，与债券利率较为相似。优先股作为权益资本来说，可以使企业整体资产的负债率变小，使公司的偿债能力增强；同时，优先股又有“债”的特质，其带来的财务杠杆效用也较为可观。因此，凭借其投融资的便利性，优先股筹资被企业看好。②外部投资市场良好，强化上市公司现金分红的意识。优先股的存在，代表了相对于普通股稳定且较高的股息率；除此之外，投资方式、投资渠道也增加了，更多关注公司的现金分红，间接强化了公司管理层的分红意识。③作为普通股的补充存在，优先股对促成股市生态环境多样化具有良好的作用，促进市场稳定发展：凭借稳定而高效的收入，不仅能够达到吸引场外资金进入权益类资本市场的目的；同时，还有利于构建良好的股票市场融资环境。

(2) 普通股、优先股与债券的区别比较如表 6－5、表 6－6 和表 6－7 所示。

**表 6－5　　优先股与普通股的区别**

| 种类 | 是否参与经营决策 | 是否优先分配利润 | 是否有固定股息收益 | 是否存在二级市场收益 | 是否存在回售 |
|---|---|---|---|---|---|
| 优先股 | 否 | 是 | 是 | 否 | 是 |
| 普通股 | 是 | 否 | 否 | 是 | 否 |

**表 6－6　　优先股与普通债券的区别**

| 种类 | 法律属性 | 是否存在到期概念 | 收益来源 | 收益支付是否有保障 |
|---|---|---|---|---|
| 优先股 | 股票 | 否 | 税后利润 | 是 |
| 普通债券 | 债券 | 是 | 税前利润 | 否 |

**表 6－7　　优先股与普通股、债券的比较**

| 种类 | 优先股 | 普通股 | 普通债券 |
|---|---|---|---|
| 资本属性 | 权益 | 权益 | 债券 |

续表

| 种类 | 优先股 | 普通股 | 普通债券 |
| --- | --- | --- | --- |
| 清偿顺序 | 2 | 3 | 1 |
| 杠杆作用 | 否 | 否 | 是 |
| 表决权 | 否 | 是 | 否 |
| 抵税 | 否 | 否 | 是 |

2. ZY 公司发行优先股的动机。

**【理论基础】**

权衡理论认为，当公司达到最佳资本结构时，公司的债务边际成本等于边际收益，债务的利息抵税收益会驱使低负债比率结构的企业提高杠杆比例，而驱使高负债比率结构的企业降低杠杆比例。因此，从理论上来说，每个企业都存在一个理想的财务杠杆比例目标，当杠杆比例偏离目标比例时，公司具有恢复到该目标的趋势。

**【案例分析】**

ZY 公司发行优先股背景：2014 年 7 月，ZY 公司在建设高速公路等一类项目中，资金出现短缺，运营效率降低。除此之外，2013 年与 2014 年 ZY 公司资产负债率均超 80%，在 A 股高速公路板块中是资产负债率最高者。面临巨大的偿债压力和迫切的资金需求，ZY 公司发行了优先股。

因此，发行优先股的目的在于：

（1）提高公司经营效益，增加股东回报。

ZY 公司本次进行的非公开发行优先股筹集的资金不能超过 34 亿元（必须低于前一个年度 ZY 公司净资产的 50%）。其中，偿还短期借款、长期借款及应付债券等有息负债额达 26 亿元，偿还相应债务，减少财务费用，从账面中改善了盈利水平。26 亿元偿还了即将到期的银行贷款，偿还债务将有效降低公司的财务费用，提高盈利水平。

此外，剩余的 8 亿元作为 ZY 公司的流动资金投入建设项目之中。这将有效地促进运营中投资项目的释放，从而提升公司的经营业绩，使公司有能力将经营规模和业务的发展与运营资金相匹配，为公司发展做了坚强的后盾。因此，本次的发行优先股对提升公司经营效益以及增加股东回报很有益处。

（2）合理控制负债规模，减少财务风险。

随着我国宏观经济的逐步回温，在国家政策支持下，高速公路行业会是“一路绿灯”向前行的行业，ZY 公司的未来发展可期。遗憾的是，目前 ZY 公司的资产负债率居高不下，采取债务融资的方式显然不可取。而优先股融资属于权益融资，在不增加负债规模的前提下，能解决企业的资金需求压力。因为采取发行优先股的方式进行融资不仅能够有效降低公司的资产负债率，增加公司的偿债能力，而且优先股不同于普通股的特性能够使 ZY 公司在得到资金的同时实现长远的战略发展目标。

（3）扩增了企业融资渠道。

自 2003 年 IPO 并上市以来，ZY 公司采用的是单一的债务融资，过度依赖债务融资产生的债务缺口给公司造成了困境。此时，发行优先股的融资方式能够在不改变企业负债比例的前提下，筹集到更多资金，从而间接使企业的债务压力得到缓减。而目前，ZY 公司资金需求量大，特别是营运项目占用较多资金，发行优先股有助于增加公司的融资方式，减缓债务压力。

在经济发展形势下，我国的高速公路行业增长的态势在将来亦持续向好，在这种大环境下，ZY 公司的业务也会受益于行业利好。公司发行优先股融资后，不仅大幅提高净资产规模，而且使公司的财务结构得到优化，有效地拓宽了融资渠道，也给未来发展预留了融资空间，满足发展需求。

（4）提升普通股现金分红的比例和确定性。

根据 ZY 公司《公司章程》：ZY 公司每年度以现金方式分配的利润不低于当年实现的可分配利润的 10%。本次筹资方案中，ZY 公司给予优先股股东固定股息和剩余利润的分配，同时，对原普通股股东分红也进行了相关调整：同样拥有公司剩余利润的分配权。综上所述，发行优先股这一融资方案不仅解决了资金需求问题，还提高了普通股的分红比例。

3. 站在发行人与投资人的角度分析 ZY 公司优先股的风险。

**【理论基础】**

（1）风险：在实务案例中，风险通常指不确定性、损失的概率。按产生原因分，风险可以区分为自然风险、社会风险、政治风险、经济风险和技术风险。其中，经济风险是指在生产和销售等经营活动中，由于受各种市场供求关系等因素变化的影响或经营者决策的失误导致经营失败的风险。

（2）分类表决权：根据现行法规规定，出现下列情况时，优先股股东享有分类表决权：①修改《公司章程》中与优先股相关的内容；②一次或累计减少公司注册资本超过 10%；③公司合并、分立、解散或变更公司形式；④发行优先股；⑤《公司章程》规定的其他情形。

**【案例分析】**

（1）发行人及原普通股股东面临的风险。

①税务风险。不同于债务融资方式，优先股股息源于税后利润，不可税前进行抵扣。因此，在其他条件相同的前提下，优先股筹资成本较高。

②分类表决导致的决策风险。分类表决权的相关规定中可看出，ZY 公司本次优先股发行后，如果发生涉及分类表决权利的重大事项时，将由普通股股东和优先股股东进行分类表决，而这将增加公司重大决策的不确定性，增加公司决策风险。

③普通股股东未来享有留存收益降低的风险。在本次融资方案中，ZY 公司优先股的投资者不仅享有固定的股息收益，还将与普通股股东共享当年实现剩余利润的 50%。因此，不考虑其他因素情况下，相较于发行之前，本次筹资方案实施后普通股股东享有的留存收益将下降。

（2）投资人面临的风险。

①不能足额派息的风险。按照 ZY 公司的《公司章程》规定，公司在依法弥补亏损、提取公积金后存在可供分配利润的情况下，可以向本次优先股股东派发优先股股息，股息等于按照发行时的利率计算得出的固定股息。其中，可供分配利润指的是股东权益表中“未分配利润”的“本年年末余额”栏目金额（以母公司报表和合并报表中该项目的数额孰高原则确定）。在这种情况下，当公司依法弥补了亏损，并进行提取公积金后可供分配

利润的数值为负，则存在不能足额派息的风险。

②市场波动风险和交易按风险。不同于普通股，优先股对于利率的变动较为敏感。而受国家宏观经济运行状态的影响，货币政策也会随着大环境进行调整，因此，市场利率存在着波动的可能性，而且波动幅度存在不确定性。经济环境的变化也会影响高速公路整体的运行，这也增加了 ZY 公司的经营风险。在本次筹资方案中，虽然设计了优先股投资者参与剩余利润分配的保障条款，但是利率的波动仍然会影响优先股的股息支付，进而增加收益的不确定性。

③回购风险。ZY 公司此次优先股发行方案中有拥有赎回权的相关条款，若优先股投资者面临投资计划调整等情况时，即增加了回购风险。

④若在建工程结束时该项投资没有取得预期效果，那么该公司的盈利能力很可能受到较大影响。这些年来，ZY 公司在投资市场上较为活跃，投资开发了许多项目，其中包括修建大量的高速公路。该项目的投资直接导致 ZY 公司“在建工程”花费金额较其他项目明显偏大。若是对高速公路的投资没有达到预期中良好的效果，那么就需要对企业“在建工程”计提减值准备。这样不利于公司后期发展。查阅资料可知，ZY 公司的“在建工程”科目结转正常，都按照计划转至“固定资产”科目或“无形资产”科目，项目间的结转会势必会导致折旧额或者摊销额上升，若是两者不相匹配，就会给公司带来不利影响，导致公司盈利能力下降，最后很可能会使剩余利润分配部分的收益水平也受到较大影响。

4. 该企业将优先股却认为权益工具的依据是什么？我们应该如何区分“权益工具”与“金融负债”？

**【理论基础】**

《企业会计准则第 22 号——金融工具确认和计量》规定：金融负债是指企业符合下列条件之一的负债：(1) 向其他方交付现金或其他金融资产的合同义务；(2) 在潜在不利条件下，与其他方交换金融资产或金融负债的合同义务；(3) 将来须用或可用企业自身权益工具进行结算的非衍生工具合同，且企业根据该合同将交付可变数量的自身权益工具；(4) 将来须用或可用企业自身权益工具进行结算的衍生工具合同。

**【案例分析】**

(1) ZY 公司应当将企业所发行优先股确认为权益工具，根据发行条款，分析依据如下：

①从“期限”方面来看，该企业发行的优先股并没有规定固定的到期日，由此可以得出结论，在该企业行使赎回权之前，其长时间存续。

②从“赎回权”方面来看，该优先股的赎回权力归属于 ZY 公司，而且以后是否决定赎回也是 ZY 公司所能够控制的。

③从“派息”方面来看，ZY 公司能够决定是否取消股息，且取消多少股息该公司拥有决定权。

④从“可参与性”方面来看，对于公司股东来说，无论是优先股还是普通股，都能够分配公司的剩余利润，这一迹象表明存在权益成分。

⑤从“清偿”方面来看，该公司支付完优先股股东后财产之后才向普通股股东支付，但是，ZY 公司目前经营状况良好，照此趋势，可以推测，ZY 公司未来发展很可能处于行

业中上游水平，依上述分析，ZY 公司应该能够一直经营下去，破产清算的情况几乎很难发生。

从以上几点分析可以看出，根据相关会计准则的规定，ZY 公司发行的优先股可以确认为权益工具。

（2）从发行方角度来看，想要正确划分金融工具，对相关人员有较高的要求，需要会计人员认真阅读、仔细研究发行合同中的每一个约定条款，然后在此基础上，对永续债的内容进行研究分析，保证没有遗漏错判，如此才可实现金融工具的正确分类。

①判断时应当严格遵循“实质重于形式”的会计处理原则。根据相关会计准则可知，要想区别金融负债和权益工具，其中一个重要因素就是合同义务，简单来说，“负债”的意思是指“手上的钱可以由我自由支配，但是最终，这些资产必须偿还给债权人”，而“权益”的意思则是说“这些钱我能够自由支配，而且没有必须还钱的约束”。所以，“是否存在交付义务”这一条款直接表明了签订合同双方之间的关系，因此属于合同实质。而对于需要无限递延支付的，若是没有其他条件约束，该项金融工具应当归属于权益工具。

②在做出判断之前，首先要明确金融工具是否能够划分进金融范畴，这一判断前提重要且不可忽视。如果判断其是否划分为权益工具，则应该先判断该金融工具是否归属于金融负债，如果该金融工具不属于金融负债，那么应当将该金融资产划分为权益工具。因此在判断时，这一重要前提不可忽视。

③是否承担交付经济资源的合同义务是判断金融工具属性重要的基本原则。如果一项金融工具承担了交付经济资源的合同义务，那么该金融工具应当划分为金融负债。但是在做具体分析时，还应当考虑其结算方式，方式的差异会导致其所表现出的经济实质也不尽相同。

5. 若你是 ZY 公司财务人员，今后如何对优先股进行会计处理？

**【理论基础】**

优先股的处理涉及多条会计准则，因为内容烦琐复杂，篇幅较大，所以在此不再进行相关探讨，学生可在课后自行查阅。

**【案例分析】**

（1）发行时，会计分录为借：银行存款，贷：其他权益工具—优先股。

（2）存续期间分派优先股股利，会计分录为借：利润分配—应付优先股股利，贷：应付股利—优先股股利。

（3）公司根据之前约定若要赎回所发行的优先股时，会计分录为借：库存股—其他权益工具，贷：银行存款。

（4）财务报表的列报和披露。

①在资产负债表中，ZY 公司应新设立“其他权益工具”科目，之后在该科目下新设“其中：优先股”这一项目，这两项处理能够分别反映不同情况下优先股的账面价值。

②在股东权益变动表中，ZY 公司应设“其他权益工具”，并在其中增加“优先股”。

6. 优先股给该企业的财务数据及指标带来的变化分析。

**【案例分析】**

对股本、净资产、营运资金、资产负债率的影响如表 6－8 所示。

表 6-8　对股本、净资产、营运资金、资产负债率的影响

| 项目 | 定义 | 发行前 | 发行后 | 变化 |
| --- | --- | --- | --- | --- |
| 股本（亿股） | 普通股 | 22.47 | 22.47 | 无变化 |
| 净资产（亿元） | 资产 - 负债 | 79.42 | 113.42 | 42.81% |
| 营运资金（亿元） | 流动资产 - 流动负债 | -53.48 | -19.48 | 63.58% |
| 资产负债率 | （负债总额/资产总额） | 80.88% | 73.21% | -7.67% |

（1）对普通股的影响。

根据资料可得企业普通股股本及优先股份额。按照该公司的相关规定可以推出，该企业的普通股总股本不会变得更多。

（2）对净资产的影响。

该企业发行完优先股之后，ZY 公司净资产比例上升，根据资料显示，合并报表净资产增加了大约 34 亿元，

（3）对营运资金的影响。

众所周知，高速公路与其他行业不同，修建周期较长，具有较大的特殊性，因此 ZY 公司对高速公路的投资给企业带来了一些负面影响，导致企业近年来的营运资本一直处于低迷状态。而且当前资本市场上融资环境恶劣，该公司若想通过获得银行授信的方式来扭转局势，恐怕难度较高。公司目前处在长期负债及难以融资的“两难”困境，若按照此状态下去，对公司未来的发展必定会产生不良影响。ZY 公司近年来营运资金情况如表 6-9 所示。

表 6-9　ZY 公司近年来营运资金情况　单位：万元

| 项目 | 2015 年末 | 2014 年末 | 2013 年末 | 2012 年末 |
| --- | --- | --- | --- | --- |
| 流动资产 | 550 265.45 | 486 233.98 | 586 958.39 | 318 674.02 |
| 流动负债 | 1 085 016.91 | 842 146.78 | 838 944.55 | 960 220.49 |
| 其中：短期借款 | 270 500.00 | 187 000.00 | 270 000.00 | 257 000.00 |
| 一年内到期的非流动负债 | 338 864.27 | 217 129.48 | 160 907.48 | 344 621.09 |
| 营运资金 | -534 751.46 | -355 912.80 | -252 036.16 | -641 546.47 |

该企业由发行优先股所筹集到的资金，可以用作还贷以及弥补企业亏损等用途，由此一来，ZY 公司的营运资本能够增加 34 亿元，这一举动直接导致企业财务结构得到改善，企业能够在资本市场上保持长期稳定的状态，同时企业持续发展也有了较大的保障，公司面对来自各方面的风险也能够胸有成竹地应对。

（4）对资产负债率的影响。

该公司发行优先股之后，导致资产有所增加，公司的资产负债率也降低了。若是根据相关知识，可对公司财务数据进行测算，结果可知，按照该状态持续下去，公司的合并报表资产负债率能够下降 8% 左右。

# 第三节 M集团可转换可赎回优先股融资方式研究

## 一、案例正文

本案例对M集团的发展历程及融资过程进行详细介绍，分析其上市前可供选择的融资方式，阐述M集团前期通过多轮可转换可赎回优先股的私募股权进行融资的原因和历程；阐述M集团转向上市之路的原因和合理性；最后探讨可转换可赎回优先股对集团财务产生的影响。本案例旨在引导学生掌握以M集团为代表的典型科技型企业的融资特征，思考科技型企业应如何选择资本市场融资策略。

**关键词**：可转换可赎回优先股、会计处理、财务影响

### （一）引言

2010年4月，以雷总为核心的创业团队在北京创立了M集团。M集团自诞生以来，就被定义为“以智能手机、智能硬件以及IOT平台为核心的互联网公司”。“雷”厉风行，M集团自诞生以来保持令世界惊讶的增长速度。2014年，M集团成为中国市场出货量排名第一的智能手机公司，2017年M集团成为全球最大的消费类IOT平台。雷总在M集团诞生之时便说过，不考虑上市。对于M集团爆炸性成长速度而带来的资金压力，雷总也曾坦言“M集团不缺钱”，因为在M集团8年的快速成长过程中，依靠多次融资和高效的运营，保证了充足的现金流。

2018年5月3日，M集团向港交所递交了招股说明书，正式启动IPO，雷总打破了自己两年前许下的承诺“五年内不上市”。M集团提前在港股上市这一消息在外界掀起了一阵波澜。

### （二）发展中危机起伏

2011～2013年，是属于M集团的黄金三年。随着M集团“乘风破浪”式的发展，竞争对手对其虎视眈眈，眼光也逐渐聚焦到M集团的产品身上，纷纷推出了自己的“制胜法宝”，新产品被投放入市场中，竞争逐渐激烈。2014年，M集团的主力产品销售量一举拿下中国智能手机行业销量的头把交椅。借着智能手机的浪潮，四年光景便成就了行业第一，坐上了王者宝座。但是，王者宝座周围也充满了竞争对手们觊觎的目光。虽然当时竞争对手们的市场份额还不能与M集团相视而坐，但他们显然已经是M集团的合格竞争对手，更让M集团忧心的是，这两年国内主流厂商也已经学会了M集团开疆扩土时的“宝典”。M集团感受到了竞争对手的压力，如果与他们展开正面厮杀，则必将面临着价格战导致的利润率压缩和同质化竞争导致的竞争力弱化。

为避免与对手正面交锋，雷总提出搭建属于M集团自己的生态链。依托M集团已有的MIUI操作系统强大的客户黏性和开源端口，以及广布的供应链厂商打造拥有多产品矩阵和互联网服务的M集团帝国。但是雷总又遇到难题了：想要打造生态链，未来所需的

资金从何而来？

### （三）思考融资方式

M 集团在刚成立 4 个月时便开始寻求融资的道路。一开始，M 集团在打造第一款产品时，便“弹尽粮绝”，在研发生产环节几乎用光所有资金，这也是其第一次面临融资问题。此时，M 集团首先想到的是通过债务性融资解决资金需求。通过申请银行贷款解决燃眉之急。然而，稚嫩的 M 集团在这条融资道路并没有成功，没有一家商业银行能够给予其5 000万元的贷款额度。各家银行都以 M 集团目前的情形不适合申请高额贷款为由，拒绝了 M 集团的贷款申请。

当债务性融资的道路走不通时，M 集团内部便开始讨论通过引入天使投资人或者风险投资的方式来融资。M 集团高层首先否定了这条融资道路，原因是天使投资人单人单次的投资额并不大，如果想融得超过 5 000 万元的资金，必须引入多位天使投资人，这一点也不符合 M 集团当时的预期。于是，M 集团内部又开启一轮唇枪舌剑，有人提出引入资金实力更强大的私募股权投资机构。但反对声立刻又响了起来，反对者认为私募股权机构的投资标的更偏向于选择成长态势基本明确或者是已经成熟的企业，对于目前的 M 集团有些困难。这次雷总选择了支持，便开始寻找私募股权投资机构。他分别与晨星资本、启明创投及 IDG 沟通了自己的融资想法，令人欣慰的是，这三家都接受了他的请求。但是这三家均认为出让优先股股权的融资方案有待进一步商榷。为吸引资本，雷总想到通过出让可转换可赎回优先股的方式引入私募股权投资者。当他把这个想法反馈给先前联系的几家私募投资基金时，一拍即合，融资的事宜也很快开始了实施。

### （四）开启多轮融资

2010 年 9 月，启明创投与晨星资本领投 A 轮融资，M 集团也由此开启了可转换可赎回优先股的融资之路。2014 年，M 集团募集到 7.5 亿美元，成为历史上最大规模的融资。据统计，截至 2018 年，M 集团共完成了 9 轮融资（见表 6 - 10）。而且，M 集团在 2010 ~ 2015 年，共进行了六轮可转换可赎回优先股融资，差不多始终保持着每年完成一次融资的步伐。

**表 6 - 10　　2010 ~ 2018 年 M 集团九轮融资情况**

| 序号 | 轮次 | 最后支付代价日期 | 本公司募集资金总额（美元） |
|---|---|---|---|
| 1 | A 系列优先股 | 2011. 05. 17 | 10 250 000 |
| 2 | B 系列优先股 | 2010. 12. 24 | 27 500 030 |
| 3 | B + 系列优先股 | 2011. 04. 21 | 2 750 000 |
| 4 | B + + 系列优先股 | 2011. 09. 16 | 600 000 |
| 5 | C 系列优先股 | 2012. 04. 16 | 88 000 000 |
| 6 | C + 系列优先股 | 2011. 11. 29 | 2 100 000 |
| 7 | D 系列优先股 | 2012. 12. 21 | 216 000 000 |
| 8 | E 系列优先股 | 2013. 08. 06 | 100 000 000 |
| 9 | F 系列优先股 | 2017. 08. 24 | 1 134 107 799 |

数据来源：M 集团招股说明书。

M 集团启动 A 轮融资的目的主要是推动产品的前期研发和生产。B 轮融资是为了满足提升产能扩大规模，加大零部件采购等生产需求。C 轮、D 轮融资是满足推出新机型和周边产品，以及 MIUI 系统和互联网服务的开发升级。2013 年 8 月启动的 E 轮融资便开启了生态链的建设布局，从 E 轮到 F 轮融资，M 集团逐步搭建线下零售渠道建设，加大对生态链产品的投资。

根据 M 集团招股说明书，优先股融资条款主要包括：

（1）股息权。若 M 集团向相关权利人发布公告，集团便要保证权利人的利益，优先股的持股人将以第一顺序获得 M 集团的股息利益。招股说明书显示，优先股的固定股息为年利率 8%。只有在优先股股息全部派发完毕后，集团人员或者其他权利人才有资格获得相关支付。

（2）转换权。M 集团规定，2015 年 7 月 3 日后，采取自愿性原则，优先股的持股股东可以选择将优先股转换成普通股。另外，若有以下这些情况，优先股股东必须行使转换权，具体包括：M 集团成功实现上市；得到 A 轮优先股 50% 以上投资人的书面同意；对于 B、C、D、E 轮优先股而言，必须不少于 1/3 的投资人书面同意。

（3）赎回权。招股说明书中规定，若在约定时间内集团未成功实现上市，则优先股的持股人能够在约定的范围内由发行公司赎回优先股。具体指的是，若 2019 年 12 月 23 日 M 集团未能成功上市，则优先股的持有人可以要求 M 集团赎回所有优先股。其中，赎回优先股的价格为以下两个孰高者：投资成本 + 年 8% 的复利 + 已计提但尚未支付的股利；赎回时点优先股的公允价值。

（4）优先清算权。当 M 集团破产或者发生清算时，偿还债务后，需要对集团股东进行分配：优先股持有者可就所持各系列优先股按优先级优先于其他系列优先股及普通股收取集团任何资产或盈余资金分配；A、B、C 系列优先股转换价格为发行价加上应付股息，其他系列转换价格为发行价的 110% 再加应付股利。若偿还债务后，M 集团剩余的资产及资金不足以支付给股东，则按照下列固定顺序进行清偿：F 系列、E 系列、D 系列、C 系列、B 系列、A 系列优先股股东。

M 集团成长路上的烦恼随着企业的扩张和来自越来越多强大对手的挑战，变得越来越多。2016 年，是 M 集团最低谷的一年，M 集团产品国内销量从巅峰跌至第五，跌幅高达 35%，全球出货量也被挤出前五名。M 集团产品的年销量较前一年却发生大幅度下滑，质疑声扑面而来。曾引以为傲的互联网销售模式失效了？面对自身销量的大幅下滑和竞争企业销量的风生水起，集团内部开始寻求改善经营状况的方法。优先股融资方式带来的资本帮助 M 集团开启新零售业务，并且效用明显。结合之前声势浩荡的生态链布局和多元的产品矩阵，新零售不仅帮助 M 集团冲破了线上网络渠道的销量天花板，还为其带来了可观的客流量和销售量。

通过近两年的 E 轮、F 轮优先股融资，M 集团利用资金积极拓展新零售业务，铺设线下门店。2017 年年底，M 集团在全国各地开设并投入运营 300 多家线下门店，覆盖超过 150 座城市。线下门店的费用率做到了与网上商城一致的水平，相当于传统专卖店的一半。而到店购买的人数也达到了传统门店的 5 倍以上。M 集团成功地开拓了线下市场份额，2017 年线下销量占全部销售量比重为 42%，比 2016 年提高了整整 10 个百分点。可以说 2017 年的新零售业务为其在低谷时期提供了另一股触底回弹的动力，是在 2016 年营收原地踏步后的一次大幅度飞跃。这一年，M 集团正式跨入千亿级俱乐部。

### （五）圆梦上市之路

2017 年 12 月，香港联合交易所开始通过修订《上市规则》力求拓宽现行上市路径，准备允许之前未能通过财务资格测试的生物科技公司、拥有不同投票权架构的创新产业及高增长发行人上市，并设立新的第二上市渠道。此时的 M 集团，仿佛看到了那份来自港交所的未来曙光。2017 年，从低谷中爬起的 M 集团，在面对未来发展和融资问题时，就曾多次考虑过上市的事宜，原计划是在条件成熟时赴美上市。但当 M 集团收到香港联合交易所政策改革的消息后，意识到赴港上市的窗口期可能已经到来。于是集团内部迅速开始筹划赴港上市的行动，并选定高盛、摩根士丹利及中信证券作为集团未来赴港上市的保荐人。M 集团希望在《规则》正式出台之前，完成前期准备工作，加快赴港上市进程，因为 M 集团太需要资本市场的支持了，此刻也真的想把握住这“突如其来”的机会！

2018 年 6 月 6 日，证监会正式发布《存托凭证发行与交易管理办法（试行）》，这标志着创新型企业在境内 IPO 或发行 CDR 的政策正式落地。香港与内地资本市场差不多在同一时间向 M 集团抛出了“橄榄枝”，这让集团内部兴奋难言。M 集团于《管理办法》发布后的第一天火速向中国证监会报送了《M 集团公开发行存托凭证招股说明书》，希望能在赴港 IPO 上市的同时顺利拿下发行 CDR 的资格。但是事与愿违，证监会在审阅招股说明书后给 M 集团提出了多达 80 余条的整改意见。面对如此多的整改意见，M 集团不仅很难在短时间内达到证监会要求的所有目标，而且此时已经到了赴港冲击 IPO 的最紧要关头，面对如此情况 M 集团不得不主动暂停发行 CDR 的进程。无奈之下，M 集团于同年 6 月 18 日，主动向中国证监会递交了《关于推迟召开发审委会议的申请》，自己按下了在国内“曲线 IPO”的暂停键，此时距离 M 集团火速递交 CDR 股说明书仅仅只有 12 天。

经过与机构投资者的讨论，M 集团的估值预期降至 1000 亿美元，M 集团准备在香港 IPO 的同时进行 CDR 发行。可是事与愿违，M 集团准备发行 CDR 的设想还是没能实现，这也导致了外界对 M 集团的估值空间进一步下调。2018 年 7 月 9 日，雷总终于再次站在香港联合交易所大厅，并亲手敲响了特地从山西定制的大号铜锣，M 集团上市了！股票发售价为招股价格区间的下限——17 港元/股，与之对应的 IPO 市值为 3803.94 亿港元，合约 484.73 亿美元。M 集团此次赴港上市，在扣除包销、佣金以及全球发售的相关开支后，IPO 预计仅获得款项净额约为 239.75 亿港元。

### （六）尾声

M 集团此次赴港上市这一步准确跨在了 IPO 的最佳窗口期上，通过此次赴港 IPO 获得约 240 亿港元的融资净额，与 M 集团当初的上市融资构想相比，结果并未完全达到预期。面对未来风云变幻的市场和激烈的行业竞争，资本的支撑作用已经越来越凸显，特别是对于 M 集团这样一家从事多元化战略布局的科技型企业，未来对资金的需求量仍会巨大，融资与投资将始终贯穿于 M 集团发展的过去现在及未来。放眼未来，寻找到合适的融资方式对 M 集团的长远发展至关重要。

## 二、案例说明书

### （一）案例要解决的关键问题

融资是企业理财的重要内容，也是企业生存和发展的关键环节和有力保障，M 集团的迅速发展离不开其融资策略的正确选择。本案例通过向学员全面介绍 M 集团发展过程中的融资历程，使学员理解科技型企业发展过程中的融资问题，了解企业各种融资方式的优缺点；通过分析可转换可赎回优先股的相关问题，使学员对可转换可赎回优先股融资有一定的认识。

### （二）需要学员识别的关键问题

1. M 集团上市前可选择的融资方式有哪些？为何最后选择采用可转换可赎回优先股进行融资？

2. 再次面临融资问题的 M 集团为何转而走向上市之路？"双重股权机构"对 M 集团有什么优势？

3. M 集团对可转换可赎回优先股进行怎样的会计处理？怎样影响集团的财务报表数据？

4. M 集团对可转换可赎回优先股的处理方式可以进行怎样的改进？

5. M 集团的融资之路对科技型企业融资有何借鉴意义？

### （三）关键分析要点

1. 通过 M 集团发行优先股筹资案例，对比不同融资方式的特点；分析其发行可转换可赎回优先股的原因。

2. 引导学员分析 M 集团选择上市的过程中，启发学员对"双重股权机构"的认识与了解。

3. 通过该案例，引导学员对可转换可赎回优先股会计处理的学习，并学习相关报表数据的分析。

4. 承接上一个问题，启发学生对可转换可赎回优先股的会计处理及财务影响进行深入思考。

5. 以 M 集团融资为例，引导学生对科技型企业融资的思考。

### （四）理论依据

1. 企业融资理论。

企业融资理论将企业融资定义为资金流向以企业为导向的资金融通过程，该过程可以使企业内部各要素部门的资金供求通过融资达到平衡的状态。企业融资是通过前期对企业资产、权益、未来收益的综合分析为基础，以筹集项目建投、业务开发以及市场拓展等为目标的资金融通过程。就一般情况而言，企业的融资渠道可以分为内源融资和外源融资两大类别。

在企业处于初期发展阶段时，内源融资方式较为普遍。当企业的自留资金不足以支撑融资需求时，还可以由企业从业人员向相关社会人员寻求资金帮助，以满足企业发展需要。该情况通常都依赖企业创始人或高管的人际圈，由他们在人际圈内发布融资邀请获得亲友的融资帮助，而出资方也可以此成为公司的股东。外源融资按融得资金的性质划分，可以分为权益性融资和债务性融资两类。随着资本市场的发展，企业融资工具也变得越来越多样化，除了传统意义上的债务性融资和权益性融资外，兼具债务性和权益性的双重属性融资工具也在现代企业融资中应运而生。

2. 信号传递理论。

该理论认为，在市场信息不对称的条件下，优秀的企业应当考虑如何更好地发出信号，通过信号将自身与其他企业区别开，以此获得更多的外界支持。信号的接收结果作为决策的重要影响因素，释放的信息越充分全面，对于决策的可靠性和准确性越有帮助。由于信息的获取与解读需要花费额外的成本，且不同接收者面对同一信号源可能会基于不同层面解读出不同的信息，因此，在一定程度上仍然会出现信息不平衡，亦即信息不对称问题。这就需要接收者通过对信号进行仔细甄别，获取真实有效的信息。

### （五）分析思路

1. M 集团上市前可选择的融资方式有哪些？为何最后选择采用可转换可赎回优先股进行融资？

（1）M 集团上市前可选择的融资方式有哪些？

债务性融资。指的是企业为满足融资需求，通过与债权人签订契约的方式获得资金，并履行偿还义务的筹资方式。债务性融资属于外部融资的方式，企业通过负债获得资金。M 集团属于科技型企业，其在发展的初期由于企业资质等达不到债务性融资的要求，因此很难通过这一方式获得资金支持。即使 M 集团通过了债权人的审查要求，获得资金，以当时的盈利能力，其融得的资金量也将不足以支撑未来发展规划，所以 M 集团在初创期想通过债务性融资的难度较大。在成长期期间，M 集团经历了多达四轮的融资，资金需求量大且持续时间长。通过 C 轮融资，M 集团便融资高达 8 800 万美元，最大的单次融资是 F 轮第一次融资，金额达到 7.5 亿美元。如此大额而频繁的融资诉求，以及大量的资本项目下开支，依靠债务性融资也并不能满足 M 集团发展期的资金需求。因此，不论是初创期还是发展期，债务性融资均不能满足 M 集团的发展及对资金的需求。

权益性融资。指的是公司通过调整股本结构或者股本总额获取融资，主要包括股权众筹、天使投资、私募股权投资等。首先，M 集团面临的资金问题是巨额且持续的，通过互联网股权众筹，虽然可以多方位募集资金，但是并不足以满足 M 集团的融资需求。而且股权众筹会分散 M 集团的股权结构，不利于 M 集团的长远发展。其次，天使投资也无法满足 M 集团的巨额融资量。虽然天使投资比较适合初创期的企业，但是对于 M 集团而言，即使处于初创阶段，其 A 轮融资就高达 1 000 万美元。若通过引入天使投资人进行融资，这样巨额的融资需求需要引入多家天使投资者集合注资，这将会严重导致 M 集团股权分散。最后，M 集团想仅通过优先股撬动巨额的私募股权投资非常困难。如果采用普通股的形式，虽然可以提升投资方的投资意愿与收益性，但会导致融资方控制权的旁落；如果采用优先股的形式，虽然可以保证融资方的企业控制权，但固定股息的收益性又会降低股权投资方的投资意愿。

(2) 为何最后选择采用可转换可赎回优先股进行融资?

最终M集团选择“PE+可转换可赎回优先股”的方式进行融资。M集团作为典型的科技型企业，其在发展过程中由于研发和生产过程中会产生巨额资金消耗，后期投向市场的收益情况却具有很大的不确定性。M集团的多轮融资多用于新兴产品序列的研发生产和线下市场的前期开发，由于这两个融资项目的风险度都比较高，收益性难以得到保证，这与私募股权多投资于具有稳定成长性的企业选择标准不大吻合。因此，“PE+可转换可赎回优先股”融资是M集团的最佳选择。通过给予出资方“期权”的选择权，降低出资风险，提高获取收益的可能，以此来满足自身发展过程中巨额的融资需求。M集团一旦在发展过程中出现经营问题，股权投资方可以不行使转换的权利，继续享受固定股息，或者要求M集团进行优先股的赎回操作，以此避免损失。如果在M集团未来经营情况良好、盈利能力优秀的情况下，股权投资方可以选择将优先股转换为普通股，享受普通股的更大收益。对于M集团自身而言，在发行可转换可赎回优先股的过程中可以收到比其他任何一种方式都要多的融资款项，同时也需要承担不同于其他融资方式的不确定融资成本——未来的赎回和转换成本。然而也正是因为如此的“优惠条款”，M集团才能多次顺利地获得巨额融资。

同时，M集团采用可转换可赎回优先股的方式进行融资还能够集中控制权和降低融资成本。具体表现为：其一，集中控制权，八年来，M集团已经成长为中国的超级独角兽，为了保持战略稳定性，M集团自诞生以来便一直保持着大股东绝对控股的状态。M集团采用“双层股权结构”，公司的股票分为A类普通股和B类普通股，表现在同样数量的股份其投票权不同。同时，M集团特殊的投票权结构带来的以较低控制权比例换取高额资本是其发行优先股的主要动因。雷总以集中控制权为策略，保持了M集团战略的稳定。其二，降低融资成本，M集团发行的优先股采取了固定股息率，即公司发放股利时需要优先支付优先股股利。但是M集团自成立以来，发展势头迅猛，投资者以乐观的心态看待M集团发展前景，公司至今未宣告发放股利，即从未支付优先股股利。虽然M集团发行的优先股具有转换权，但投资者行使转换权的前提是满足公司章程中规定的条件才能够转换为B类普通股，相较于一开始以普通股筹资节约了一笔成本。可以说，M集团上市前，以零成本进行优先股筹资。

2. 再次面临融资问题的M集团为何转而走向上市之路?“双重股权机构”对M集团有什么优势?

(1) M集团为何转而走向上市之路?

其一，作为科技型企业，M集团自身发展过程中面临着巨额融资需求。M集团在2016年经历了创办以来最低谷的时期，虽然在2017年取得了良好的经营业绩，但此时的M集团早已不在行业巅峰，亮眼的数据背后，仍然隐藏着下一次的危机。M集团想要在今后激烈的行业竞争中保持领先地位，需要自主研发核心部件、开拓海外市场、拓展互联网业务以及培育生态链等。每一项都需要大量的资金支持，而M集团之前虽然通过频繁的优先股融资募集到大量资金，但多轮融资得到的资金已经不能对M集团未来庞大的资金需求提供支持。巨额的发展资金缺口，使M集团需要上市融资。

其二，M集团难以再通过可转换可赎回优先股方式继续融资。2010年9月，M集团开启 A 轮融资，融资额为 1 025 万美元。于 2014 年 12 开始 F 轮融资，融资额为 11.34 亿美元。实际上 M 集团的 F 轮融资并不顺利，时间跨度长达近三年。六轮融资下来，不仅 M 集团的融资时间跨度越来越长，而且估值还从 450 亿美元回调到了 420 亿美元。这对于 M 集团而言，可谓是遭遇了融资的“滑铁卢”，可转换可赎回优先股的融资方式在经过六轮的使用后，已经显示出疲态，此时难以再依赖于优先股形式的融资模式。面对巨额的融资需求，眼前只有 IPO 上市的路可以选择。

其三，私募股权投资方对于 M 集团有 IPO 上市的诉求。M 集团之前的六轮可转换可赎回优先股融资中，有数量众多的私募股权投资方将资金注入 M 集团的发展过程中，在 M 集团上市之前，他们的收益来自每年的固定股息，但这并不是他们投资于 M 集团的主要目的，其主要的目的还是希望通过 M 集团在整体上市后获得更大的收益。而且，M 集团的上市时机已经成熟。2017 年国内智能手机出货量较 2016 年同比下降 12.5%，2018 年第 1 季度更是达到了同比下降 26.2% 的程度。在这样大的行业背景下，M 集团作为高度依赖智能手机制造的企业，不得不为未来而担忧。M 集团依靠 2017 年优秀的销售业绩和经营情况，紧接着在 2018 年上市，这将无疑是一个好的时机。

（2）“双重股权机构”对 M 集团有什么优势？

双重股权结构是一种可以将企业控制权和所有权进行分离的股权结构，即“同股不同权”结构。企业在上市后可以分别发行 A、B 两类不同性质的股票，其中 B 类股票为在公开市场上发售，供投资者购买的限制表决权类股票；A 类股票为非公开市场流通，供公司管理人员所持有的高表决权股票。在港交所的“双层股权结构”政策下，M 集团的上市并不会引起企业原有控制权的旁落，雷总作为创始人依旧掌控着由他亲手创建的 M 集团，“同股不同权”的双层股权结构很好地规避了传统 IPO 影响企业控制权的问题。保持企业控制权和管理层的稳定可以向资本市场传递出经营情况的平稳性信号，这有利于稳定企业股价，同时，企业稳定的控制权还有利于发展战略贯彻的一致性，不易出现发展过程中的短视行为，从而也会提升企业的价值。

3. M 集团对可转换可赎回优先股进行怎样的会计处理？怎样影响集团的财务报表数据？

（1）M 集团对可转换可赎回优先股进行怎样的会计处理？

根据招股书披露，M 集团将可转换可赎回优先股确认为按公允价值计量且其变动计入档期损益的金融负债。确定为金融负债主要是因为 M 集团发行的可转换可赎回优先股附有可赎回条件，赎回时间为 2019 年 12 月 23 日以后。根据相关会计准则规定，在不利条件下，金融工具发行人负有偿还优先股持有人的义务，应作为金融负债列报。因此，M 集团应该将可转换可赎回优先股确认为金融负债。

M 集团主要采用估值法估计可转换可赎回优先股的公允价值，包括用未来现金流折现法和股权价值分摊模型。M 集团采用以公允价值计量的方式主要原因在于：M 集团融资方式的实质是私募股权融资，赎回条款较为复杂。根据相关准则规定，采用以公允价值计量且其变动计入当期损益的计量方式，即为对主工具不予拆分的嵌入式衍生工具，以融资成本为科目在合并报表中确认全部直接应付交易成本。结合 M 集团股息派送结果来看，上市前，M 集团并没有进行股息支付，采用公允价值计量的方式能够有效规避现金支付的发生。

披露方面，M 集团选择“经调整亏损净额”进行披露（见表 6－11 和表 6－12）。这有助于 M 集团为利益相关者提供价值性更高的财务信息。

**表 6－11　　M 集团 2015～2019 年度部分非经常性损益明细表**　　单位：千元

| 项目 | 2015 年 | 2016 年 | 2017 年 | 2018 年 | 2019 年 |
|---|---|---|---|---|---|
| 以公允价值计量且其变动计入当期损益的金融资产、金融负债的公允价值变动损益 | －5 935 949 | 143 537 | －47 751 403 | －8 361 237 | 3 813 012 |
| 非经常性损益合计 | －4 872 377 | 666 268 | －47 021 785 | －8 020 106 | 227 921 |

数据来源：M 集团招股书及年报。

**表 6－12　　M 集团 2015～2019 年度经调整利润表**　　单位：千元

| 项目 | 2015 年 | 2016 年 | 2017 年 | 2018 年 | 2019 年 |
|---|---|---|---|---|---|
| 年度利润 | －7 627 030 | 491 606 | －43 889 115 | －7 027 411 | 10 102 950 |
| 经调整年度利润 | －303 887 | 1 895 657 | 5 361 876 | 8 554 548 | 11 532 296 |

数据来源：M 集团招股书及年报。

（2）怎样影响集团的财务报表数据？

纵观 2018 年 5 月 M 集团发布的招股说明书，“2017 年 M 集团营业收入 1 146.25 亿元，却净亏损 438.89 亿元”的消息令人咋舌。单纯从财务报表分析，M 集团的经营业绩似乎不是很明朗，巨额亏损与 M 集团上市前持续向好的经营状况相悖，投资者不禁会对 M 集团的经营状况打个问号。对于这一疑惑现象，雷总给出解释：招股书上的“亏损”是源于财务记账问题，实际上 2017 年小米净利润达 54 亿元。

根据 M 集团财务报表可以看出，2015～2017 年 M 集团收入呈上升趋势，尤其在 2017 年，较 2016 年增长了 67.5%，经营利润也在大幅上市，在 2017 年呈现 222.7% 的增长比率。而在净利率的方面，2015 年 M 集团亏损，2016 年盈利，在呈现出增长趋势后，M 集团 2017 年净利润为负，亏损值高达 38.9 亿元。不过，从“非国际财务报告准则计量”一项可以看出与净利率完全不同的结果。净利润和经调整利润之间产生的有着巨大的差距。

根据表 6－13，M 集团在 2016 年盈利 4.9 亿元，2017 年亏损惨重，是 2015 年亏损额的 5 倍之多。虽然 M 集团的税前利润和净利润是亏损的，但经营利润却是盈利的。M 集团 2017 年净亏损 438.89 亿元人民币，其经调整后在非国际财务报告准则下其 2017 年实际实现净利润 53.61 亿元人民币。这两者之间的巨大差异主要来自“可转换可赎回优先股公允价值变动”540.71 亿元人民币；其他部分还包括“以股份为基础的薪酬”9.09 亿元人民币，“投资公允价值的增益净值”57.32 亿元人民币，及“收购导致的无形资产摊销”0.02 亿元人民币。

**表 6－13　　M 集团 2015～2017 年合并损益表**　　单位：百万元

| 项目 | 2015 年 | 2016 年 | 2017 年 |
|---|---|---|---|
| 经营利润 | 1 372.67 | 3 785.06 | 12 215.47 |
| 财务（费用）/收入净额 | (85.87) | (86.25) | 26.78 |
| 可转换可赎回优先股公允价值变动 | (8 759.31) | (2 523.31) | (54 071.60) |

续表

| 项目 | 2015 年 | 2016 年 | 2017 年 |
|---|---|---|---|
| 除所得税前（亏损）/利润 | (7 472.51) | 1 175.51 | (41 829.35) |
| 所得税费用 | (154.52) | (683.90) | (2 059.76) |
| 年度/期间（亏损）利润 | (7 627.03) | 491.61 | (43 889.12) |
| 非国际财务报告准则计量： | | | |
| 经调整（亏损）/利润 | (303.89) | 1 895.66 | 5 361.88 |

数据来源：M 集团招股书。

M 集团在香港主板上市，可转换可赎回优先股首先要依据第 32 号《国际会计准则》（IAS 32）划分债务和权益；然后再依照第 9 号《国际财务报告准则》（IFRS 9）的要求转换为按公允价值计入财务报表，得出可转换可赎回优先股最终登记在财务报表中的数据。然而 M 集团发行时规定，优先股持有人拥有的权利是按变动对价的，且 M 集团的优先股可赎回权价格是可变动的，持有者行使可出售权，与 IAS 32 所提供应该使用的“固定对固定”不吻合。因此 M 集团上市采用的是一种金融负债。可以看出，M 集团 2017 年产生巨额亏损是由于国际准则的编制要求以及会计计量方法的选取所导致的。

由于国际准则的编制要求，M 集团对可转换可赎回优先股的会计处理对财务报表及投资者做决策影响重大。其一，影响财务报表——扭曲经营业绩。从财务报表中可以看出，M 集团 2015 ~2017 年营业收入在逐年增长，其复合增长率甚至高达 30.98%。2015 年经营利润为 14 亿元，2017 年则增长到了 122 亿元，可见 M 集团的经营业绩是非常亮眼的。M 集团成功的商业模式和亮眼的经营业绩为它进入资本市场加了不少分，也带来了公司估值的迅猛增加。而由于国际会计准则的规定与要求，M 集团上市前发行的优先股确认为金融负债，其公允价值变动损益计入当期收益为其带来巨额亏损。这种亏损只是账面亏损，没有实质性的现金流出，忽略了企业经营的实际情况，这样的报表不具有经济实质。其二，影响会计信息质量——迷惑投资者。高质量的会计信息能够保护投资者的利益，减少投机行为，引导投资者做出正确投资判断。M 集团在招股说明书中说明了采用非国际财务报告准则调整了某些项目，并公布调整的损益信息。因为管理层认为扣除掉不经常出现的损益信息会提高财务信息质量，使其更具纵向可比性，该损益主要由于可转换可赎回优先股公允价值变动引起的损益变动。根据 M 集团财报显示，其主要调整了公司可转换可赎回公允价值变动及公司公允价值损益投资，以股份支付的薪酬和无形资产摊销。招股说明书显示，调整后的 Non - IFRS 利润为 54 亿元，主要影响来自可转换可赎回优先股公允价值变动损失调增 541 亿元。而监管部门认为 Non - IFRS 信息缺乏可比性与一致性，会给投资者理解财务信息造成困惑。

4. M 集团对可转换可赎回优先股的处理方式可以进行怎样的改进？

其一，作为权益工具。M 集团在招股书上明确了优先股可转换的条件以及赎回的情形。而且，明确了行使可赎回权的日期是固定的，正是因为固定日期赎回，再加上持股人选择权的行使等，确定了可赎回权的利益构成。而且只有可转换权丧失时，才能行使可赎回权。因此，M 集团发行的可转换可赎回优先股应该作为权益工具，而不是衍生工具。由于该优先股转换对价并不固定，赎回对价是在一个固定金额与公允价值之间抉择，根据GAAP准则规定，M集团可以将发行的可转换可赎回优先股划分为暂时性权益工具。

其二，作为复合金融工具。根据准则规定，当资本交易具备权益工具特征时，应该把初始确认时的资产价值和可能产生的预期价值一起计量。若该交易不是现金支付，则应当考虑依据已经确认的金融负债来重新划分其中的权益部分。M集团发行的可转换可赎回优先股中规定必须满足相关条件才能够行使赎回权，并且发现过程中也进行了现金支付，因此可以将其认定为金融负债。但是，它又不是真正意义上的金融负债，为了尊重会计实务与原则，M集团可以把可转换可赎回优先股作为复合金融工具，对其进行拆分会计处理：将赎回权划分为金融负债，可转换权列为权益工具。

5. M集团的融资之路对科技型企业融资有何借鉴意义？

采用可转换可赎回优先股的方式进行融资。对于科技型企业的创业者和股权投资者而言，关于企业经营控制权与利益分配方式的问题常常是双方矛盾的焦点所在。从科技型企业创始人的角度来说，当他们出现巨额的融资需求时，通常情况下仍然希望保持对企业的控制权。这是因为参与股权投资的股东往往会为了快速取得收益而做出不利于企业的决策，往往会将股份变现，极大地影响企业发展稳定性，甚至出现与投资方意见相悖而被资本势力扫地出局。基于这样的考量，很多科技型企业创业者即使在面对巨额融资需求时也不愿出让过多的普通股股份以达到融资目的。另外，股权投资方之所以愿意承担巨大的投资风险，对处于成长期的科技型企业进行大规模投资，目的就是能够分享标的企业在快速成长期产生的超额利润，所以如果投资规模与投资频率都比较大的情况下，股权投资方往往并不愿意接受固定股息的投融资方式。

在这样的矛盾下，同时兼顾两种模式特征的可转换可赎回优先股就成为科技型企业在面对融资问题时的最优方案。通过可转换可赎回优先股的方式进行投融资操作，对于资金供需双方都具备良好的保护机制和利益吸引力。M集团作为科技型企业的代表，采用可转换可赎回优先股的方式成功获得多轮巨额融资，这对于其他科技型企业的融资之路提供了良好的借鉴先例。

# 第七章　公允价值计量案例分析

## 第一节　案例编写说明与理论基础

### 一、案例编写目的

在现实生活中，公允价值计量在具体实务中的运用有众多争议，各方各持一词，难以统一，其不同运用的优缺点都是学术界一直以来重点关注以及不断争议的焦点。经过各方广泛持续的论证，其逐渐受到各方认可并进入会计信息系统。之后，随着准则不断修订完善，该计量的应用也变得更加严谨，同时它也有利于明确如何使用以及如何更好地进行进行公允价值计量，并对公允价值计量披露出的有关资料提出了更进一步的要求。本章以相关公司为例，对公允价值计量进行分析与思考。

### 二、案例相关知识点解析

1. 公允价值：简单来说，就是在有序的市场交易中买入或卖出资产所需付出的成本。

2. 市场参与者：当交易采用公允价值计量时，通常假定市场参与者对该交易定价往往以利益最大化为目标。

3. 估值技术：是指公司采用公允价值计量时，充分运用现有的资源进行信息数据支持的一项技术。

### 三、拟解决的关键问题

1. 投资性房地产计量模式转换会对当前交易与最终结果产生什么影响？
2. 公允价值计量在同一控制下的企业合并中的应用和影响如何？
3. 公允价值模式计量有哪些益处与弊端？

### 四、企业会计准则链接

**企业会计准则第 39 号——公允价值计量（财会〔2014〕6 号）**

# 第二节　Z 公司投资性房地产公允价值计量模式应用研究

## 一、案例正文

**摘要：**本文首先是对公司计量模式以及变更问题进行描述，对公司的具体细节进行阐述，如公司发展、相关人员等；其次，对公司进行计量模式变更的相关意见和建议进行分类整理；再次，阐述各人员在该方面的不同见解；最后，确定 Z 公司投资性房地产选择的最终计量模式，并把未来企业改进投资性房地产计量方面的建议留给了读者，以期读者根据所给的资料得出有参考性的建议。

**关键词：**投资性房地产、公允价值、计量模式

### （一）引言

2009 年，我国极为重视基础设施建设，在这种背景下，Z 公司召开了研讨会，讨论是否对其持有的投资性房地产进行计量模式的变更。会议期间，赵总经理作为公司的老员工，首先对 Z 公司之前的投资性房地产计量模式进行大致的介绍：

2007 年，相关准则还处于探索阶段，当时该公司投资性房地产占资产总额 5% 不到。在这种情况下，计量模式如何变更都掀不起波澜，因此，公司仍然应用的是成本模式计量。如今，时过境迁，国家政策愈来愈好，上市公司应该抓住市场机遇，对公司相关情况进行调整，争取公司利益最大化。因此，就 Z 公司是否应该对其持有的投资性房地产进行计量模式的变更，会议上相关人员各抒己见。

### （二）公司简介

Z 公司成立于 20 世纪 80 年代，主要从事房地产开发。成立之后该公司尤其重视投资性房地产。不断奋斗之后，Z 公司如今已经成为一家综合发展的大公司。该公司特点鲜明，服务到位，被百姓所认可。公司涉猎较多，业务范围较广，并且布局多方位，在全国大多数地方能够崭露头角。在公司发展的重要时期，公司坚持“以人为本”的企业理念，吸引了一批忠实粉丝，为公司后续发展打下了坚实的基础。

### （三）投资性房地产公允价值计量模式应用现状

1. 行业分布情况。

现今拥有投资性房地产的企业较多且有增加趋势，而应用公允价值计量模式的企业上涨无法与上述趋势相比，在现实中很少公司选择这种计量模式。可见该模式的应用并不普遍，大多公司都还处于考虑之中。次年，公允价值计量的优点逐渐显现，也被大多公司所看见，因此又新增了几家公司探索该模式的应用。根据资料整理，截至 2017 年末，公允价值计量模式的应用扎堆在制造业以及房地产业，但是占比也不算太高。考虑到这几个行业的情况，计量模式变更的效果相对明显。所以采用公允计量模式可能是为了满足资金需

求，便于企业高管做出科学严谨的决策。

2. 地区分布情况。

当一家上市公司在采用投资性房地产的计量模式时，外界各方面因素都会影响其对选择的判断。众所周知，我国沿海地区与内陆地区经济发展差距较大，因此市场成熟度也不尽相同。根据资料显示，应用公允价值模式进行计量的公司主要分布在省会城市或直辖市或沿海城市，经济不够发达的地区较少或是较为分散。

3. 有关人物背景。

（1）陈总其人。

陈总在Z公司已经工作了20年，几乎是和Z公司一起成长的。陈总初入Z公司时，Z公司还是一家主营建筑承包的企业。那个时候中国的房地产市场刚刚起步，房价并没有像近些年那样“疯涨”。当时的陈总刚刚毕业于某大学会计学专业，陈总刚来Z公司时，仅仅是一位出纳。后来陈总从出纳变成了会计，再到总账经理，最后变成了Z公司的财务部总经理。陈总外貌不算出众，他为人处世的风格如同他的外表一般，小心谨慎，凡事总怕出错。在公司20年间，一步步从出纳做到财务部总经理，却从未做过什么让人印象深刻的事，更不用说实行过什么大刀阔斧的改革了。

（2）邓总其人。

邓总去年刚刚来到Z公司，现任Z公司投资部副经理。邓总毕业于国外某大学，有海外留学经历。由于父母年迈，故于前年回国。去年被公司重金聘用。邓总其人敢想敢干、爱拼敢赢。早年间曾在国外开过一家公司，后由于遇上金融风暴资金周转不灵而破产。由于有着丰富的投资经验，再加上做事风风火火的个人性格，邓总想在Z公司大干一场，以期在国内相关行业一举成名。

（3）牟总监其人。

牟总监来到Z公司已有8年时间，先后担任公司市场营销部副经理、运营总监。牟总监8年前从某公家单位跳槽到Z公司，从一名公务员变成一家私立企业的营销部副经理。牟总监为人老道圆滑，善于搞人际关系，再加上之前多年在政府部门工作的经历，牟总监一到Z公司就为公司招揽了许多业绩，也摆平了不少公司发展路上的障碍。所以，牟总监深得公司领导的器重。但由于到底不是专业科班出身，牟总监对于财务上的事情只是略懂一二，考虑问题也往往从人际关系角度出发。牟总监为人相当圆滑，平时对谁都是一副好好先生的样子，但遇到风险较大的事他也总能不经意间往别人身上推，如果事情成功，便开始到领导面前邀功。

### （四）公司选择投资性房地产公允价值模式动因分析

1. 采用公允价值计量使会计信息更加准确、具体、及时、完善。

众所周知，会计市场变幻莫测，而房地产市场对信息要求也较高，目前我国房价的变化受政府政策影响很大。根据过去的经验，成本模式计量与实际的房产价值出入很大，价格滞后极其严重，时效性不能满足企业需求，会计信息质量程度较差，这一弊端不利于公司高管做出科学、严谨的会计决策，因此成本计量模式难以满足企业长期发展的需求。而公允价值模式可以反映出投资性房地产实际的市场价值，时效性、关联性、准确性等方面都有着成本价值计量无法比拟的优势，更可以帮助公司裁决，帮助企业持续发展。而Z公司的投资性房地产从其所处地区来看有很大的上涨空间，并且随着社会经济的不断发展，政府政策的不断完善，企业发展空间巨大。因此应用公允价值计量模式不仅能提供高质量的会计信息，更能促进企业的发展。该模式是一种更适合Z公司的计量模式。

2. 缓解企业的资金压力。

由于房地产的特殊属性，要求上市公司需要有较大的资金支撑，对其盈利能力有高要求，而盈利能力与计量模式之间也有着千丝万缕的联系。在当前市场环境下，相对成本模式来说选择公允价值模式可以提高房地产的账面价值，在很大程度上提高了公司的财务指标，减轻公司资金压力。通过分析Z公司的财务报告和其他财务信息，可以发现Z公司虽然土地储备丰富但是资本金较低，并且还有许多投资项目，这些项目投资成本大、收益少、回笼时间长。因此，对Z公司来说，在不违背政府政策的前提下如何缓解资金压力是该公司首要考虑的问题。根据资料显示，Z公司采用公允价值计量模式后，资产负债率有所下降，使Z公司资金压力得以缓解，净利润上涨，盈利能力也得到了提高。

3. 提升高级管理人员薪酬。

在有约束性的合同中，我们经常可以看见会计数据。上市公司的高管通常会在不违反政策法规的前提下，通过操控财务数据来满足会计要求。也就是说，上市公司的管理者遵循基于会计数据的盈余管理原则。2006年，新颁布的会计准则出现较大变化，其中对公允价值计量有了更为严格的要求，但公允价值主要取决于会计师作出的专业判断和相关评估机构所出具的报告，因此Z公司选择更换计量模式，毕竟应用公允价值计量模式进行盈余管理有更大的空间。之后，Z公司进行人员变动，高层有所更换。出于契约精神，新官上任后，欲通过改变计量模式来推动公司发展。

### （五）Z公司投资性房地产公允价值计量模式应用分析

2009年3月10日，Z公司总经理召开了办公会议，专题讨论了公司关于投资性房地产是否要转变当前的成本计量模式为公允价值计量模式问题。会议没有达成一致意见，其各方意见如下：

1. 陈总经理的意见。

陈总经理出身公司财务部，是本项目的具体操作者。他认为目前还不需要转变对公司投资性房地产的计量模式。其理由有以下几点：一是成本计量模式针对于平衡公司的收益以及使股价的波动幅度有所减小这两个方面更加有优势；二是公允价值计量有较大的不确定性，采用这种模式计量，对各方面要求都较高，还有可能人为操作；三是该公司房产较多，获取信息要花费更多的成本，而不更换计量模式在获取信息方面较为方便。

2. 邓副经理的意见。

邓副经理认为采用公允价值模式，可以更为准确地估计房地产的实际价值，并且也更符合经济市场化的时代潮流。另外，如果资料来源非公司内部，即使出现偏差，公允价值计量也比成本计量差异更小，因此更换公司计量模式有助于更加准确地估计投资性房地产的价值。

3. 牟总监的意见。

在会议上，牟总监说道："根据国外的经验，如果国家政策完善，信息公开，那么采用公允价值计量则是更受欢迎的。而近几年来我国经济不断发展，准则更加完善，在这一方面可以借鉴国外经验，采用公允价值计量。但是由于在这一方面我国运用还不够成熟，因此可以更多地进行探索和考量。"

### （六）对财务状况的影响

1. 对资产的影响。

公司更换计量模式之后，不论对于企业高管还是外部信息使用者都能够给予其更直观、更准确的感受和数据。随着市场经济的不断发展，实践证明，采用公允价值计量可以提升公司资产价值的数字。公司资料显示，该企业的投资性房地产呈上升趋势，公司公告表明，公司存货和其他相关资产转换为公司主要房产。之后，公司调整商业计划，投资性房地产逐年下降。资料表明，该公司更换计量模式之后，公司投资性房地产的总额占公司总资产的比重有所变化，具有正向意义，且其对资产负债率也有一定程度的影响。年前，企业将房产改为出租地产，使投资性房地产有了很大程度的增值，从而提高利润。此外，正如前述所言，公允价值计量模式可降低资产负债率，从而提高公司的偿债能力，而且更换计量模式提高了期初的留存收益，从而增加了所有者的股份。2009 年，该公司实施会计政策变更之后，调整追溯了一年前的财报。根据前后数额对比，可以明显发现，更换计量模式使所有者权益增加，刚好印证了上述增加了所有者股份。

2. 对经营成果的影响。

（1）对利润总额的影响。

根据公司年报整理，公允价值变动损益项目占利润总额的份额逐年提高，即使该比重在某些情况下受到外界因素的干扰，有的年份下降，但是对公司的影响并不大。并且从一定程度上来看，更换会计政策不仅能够促进公司产业转型，也能够给公司提供更广阔的发展空间，改善了公司收入来源单一的问题。更换计量模式之后，公司的财务指标处于积极上升的状态，但其中净资产收益率却是摇摆不定，有些年份甚至达到负数。这一现象表明，该公司利润质量不够高，利润的数额大部分都源于公允价值的变动。而公允价值计量能够改善公司盈利能力，其作用积极且持续时间长。通常来说，公司采用公允价值对房地产进行计量，对利润有较大影响，影响一般呈现积极态势。但是在暴发金融危机或是其他外界因素大幅变动导致市场状况不佳时，该影响变动不在预期之内，也属正常。

（2）对税收的影响。

众所周知，税收不论对于国家还是企业都是一项重要的问题。根据我国法律规定，无关计量模式，投资性房地产的计税应当以获取时的成本作为基础，价格增长也不调增。当会计政策更换之后，公司对于税收的计算也应当有所变动，采用公允价值计量，不计提折旧，增加当期损益，因此会加大该公司的税务压力。

### （七）尾声

由于存在上述争论，是否变更公司的计量模式，陈总陷入了沉思。

## 二、案例说明书

### （一）案例要解决的关键问题

本文的研究目的是使学生充分了解投资性房地产计量的相关理论，以及了解其现实应用，同时有助于推广公允价值计量在投资性房地产中的运用。

### （二）启发思考题

1. 你如何看待 Z 公司投资性房地产计量属性的问题?

Z 公司选择何种投资性房地产计量属性本质上是对最有利于企业自身利益的选择。

2. 你如何看待陈总的观点?

陈总为反对 Z 公司投资性房地产由历史成本计量模式转变为公允价值计量模式提出的四点理由有其合理性，但陈总忽视了公允价值计量模式可能给 Z 公司带来的机遇和利益。市场经济中，市场应该拥有产品价值的决定权，所以采用公允价值计量模式核算投资性房地产应该是历史的趋势。的确，目前国内市场的情况以及 Z 公司自身条件对投资性房地产实施公允价值计量模式尚有一些问题，但我们应该明白时代趋势，想方设法克服困难，迎难而上。陈总的态度不免有些审慎，或许是出于避免出现问题的“不求有功但求无过”的消极方面考虑。

3. 从公司经营层角度如何分析判断?

公司经营层总揽公司全局，协调公司各部门。对于是否变更计量模式，各部门意见不一。总经理等领导部门主张将成本模式变更，从而提升公司指标。毕竟从中国房地产市场起步至今，房价上涨一直都是市场的大趋势，在某些地区、某些年份，房价一度可以用“飙升”来形容。在这种情况下，采用公允价值计量自然有助于提高公司业绩，助力公司发展。从 Z 公司市场营销人员的角度考虑，房价上涨，变更计量模式加大其工作量，也是对他们自身工作能力提出了更高的要求。同时，由于投资性房地产价值变动较大较为频繁，采用这种计量模式无疑加大了财务人员的工作量。公司高层既要抓住机遇，为公司谋取利益最大化，又要控制风险，防止财务危机。

4. 如果你是陈总，面临这个局面你将如何决策?

陈总应该认真考虑其他公司同仁的意见，从企业价值最大化的角度得出公允价值计量模式和历史成本计量模式对公司财务状况的影响有何不同。同时，作为 Z 公司的老员工，陈总也要考虑采用公允价值计量模式可能存在的风险，严抓内部控制，防止公允价值计量模式下企业可能出现的财务舞弊行为和数据造假事件。除了加强对原有职工的行为控制外，还应该考虑聘请外部人员，客观公正地评估企业投资性房地产的公允价值。

### （三）理论依据

1. 信息不对称理论。

简单来说，信息不对称就是各方人员对信息的了解程度不一致，拥有一手资料较多的人能够更科学地做出决策，规避不必要的风险；而对信息了解较少的人员则处于不利地位，根据现有资料，难以做出严谨决定。本文对其理论的理解则更多地表现在投资性房地产企业，防范利用信息不对称改变、隐瞒真实信息的行为。

2. 契约理论。

契约简单来说就是合同关系，利用一纸合同来对彼此进行约束。该理论分为完全契约理论与不完全契约理论，前者是一种理想状态，对于公司和市场来说无本质区别；后者强调决策的主动性，以及表明企业和市场的差异性。本文对该理论的运用表现在：供应商与企业签订契约时，由于无法正确评估风险导致利益受损，财务公开能够减轻外部供应商这一顾虑。

企业只有选择公允价值模式来对所拥有的投资性房地产进行计量，才可能切实地计量上市公司地盈利状况，能够促进资源配置的优化。

3. 委托代理理论。

在传统的公司制度中，企业的经营权所有权分离，公司股东即为委托人，经营管理人员即为代理者。两者利益不一致，为了防止公司高管为个人利益而做出损害公司的行为，企业通常会因为这一原因产生委托代理成本。本文应用该理论表现在：投资性房地产使用公允价值计量往往有着较大的操作空间，而该理论要求企业完善监督管理机制。

### （四）关键分析要点

1. 对Z公司所处宏观和微观环境的全面分析和透彻认识才是解决问题的根本。在本案例中，Z公司的宏观环境包括国家政策、经济形势走势等；微观环境包括Z公司会计信息质量、内部控制水平、会计工作者的自身能力和职业道德等。

2. 解决问题的关键最终还有赖于Z公司经营管理层的综合判断，也就是依据上述Z公司所处宏观和微观环境，由Z公司经营管理层来做出最终的判断。

### （五）分析思路

1. 从财务会计信息质量要求的角度思考。

市场变幻莫测，信息也随之变得神秘，房地产对于信息质量的要求较高。过去利用成本价值对投资性房地产进行计量，与真实价值之间差距较大，严重低估了房产价值。

市场变化很快，其中信息也不断更新。投资性房地产对信息要求很高，而之前的计量模式最后的计量结果与实际价值相差较大，会给企业带来不可预期的损失。而采用公允价值计量得到的数据更加真实，能够给企业带来准确的数据以及信息，从而更加科学地做出决策，如此一来便能够更加保证公司的可持续发展。从这一方面来看，公允价值计量是更适合的计量模式。

2. 从企业资金压力的角度思考。

Z公司作为投资性房地产上市公司，需要较多的资金，而这要求公司具有较强的盈利能力。利用公允价值模式计量则能够保证公司在这一方面的需求，与成本模式计量相比，前者能够提高账面价值，这样在最终的财报上各项指标便能够有较好的表现，从而给公司减少资金需求压力。此外，Z公司不仅有较多的投资性房地产，而且在投资方面也有较多涉猎，而这些项目根据分析资金回笼时间长。这无疑增加了公司的资金压力，而调整了计量模式之后，各项指标有所变化，有正向发展的趋势，在这一方面弥补了投资项目较多造成的资金压力。

3. 从实行公允价值计量模式的成本的角度思考。

会计准则的更改使公司运用公允价值计量模式进行计量变得困难，要求更高。而我国每个地区发展水平不平衡，导致房产价格也有所差别，这加剧了公允价值计量模式的运用难度，同时也给财会人员提出了更高的要求。此外，该计量模式可能导致独立第三方进行盈余操纵，从而增加报表风险，使审计不够公允。正如前述所说，计量模式的变动会对税收产生一定的影响，Z公司将计量模式更换为公允价值计量后，需要计提折旧，增加当期损益，从这一角度来说，更换计量模式使公司的财务压力增加了。

4. 从市场效应角度考虑。

公允价值计量比成本模式计量更加能够真实反映投资性房地产的实际价值。而且该计量模式能够改善公司的各项财务指标，提高公司偿债能力、盈利能力、营运能力等，间接反映了公司的各项资产有升值的趋势。虽然公司将成本计量更换为公允价值计量会增加公司的税务压力，但是后者的变化幅度会小于前者。因此，综合来看，更换计量模式是对公司有益的。此外，公允价值计量模式使投资性房地产的公允价值高于在成本模式计量下的价值，提高了留存收益，从而改变股东的利益，使股东拥有更高价值的股份。因此公允价值计量在这一方面来说是有益的。

综上所述，在目前社会主义经济不断发展，市场不断完善的今天，房地产上市公司采用公允价值计量模式对公司的投资性房地产进行计量，不仅能够使公司的财报数据更加真实准确，也能够使其得以改善，从而推动公司持续发展。

## 第三节　N林场林木类消耗性生物资产计量属性的选择

### 一、案例正文

**摘要：**本文选择具体企业N林场为研究对象，首先，对N林场的一些相关信息、有关人物背景等方面进行介绍；其次，描述选择N林场林木类消耗性生物资产计量属性所收集的各种信息以及意见；最后，分析该林场现有计量属性的缺陷，使学生从中受启发，选择合适的计量模式进行分析，并提出自己的看法，同时也起示范带头作用，给其他企业同类情况做借鉴。

**关键词：**林木资产、成本性态、历史成本、公允价值、计量属性

#### （一）引言

阳光明媚的一天，N林场的小杨场长却心急如焚，火烧火燎地召集林场的相关人员开会。会上，小杨场长说道："我们林场长期以来都采用历史成本计量模式，但是近些年发现该模式的弊端越来越明显。这一点应当引起我们的重视！"场长手指敲了两下桌面，道出目的："所以今天，召集各位前来，主要是想请在座的各位出谋划策，收集一些相关信

息，考虑一下今后我们应该采用何种计量属性才能更有利于林场的发展，下次开会讨论。”会议结束，林场的各位立刻利用各种渠道收集相关信息。几天后，第二次会议召开，会上，大家“八仙过海，各显神通”，提出了各种信息以及意见，为林场林木类消耗性生物资产计量属性的选择出谋划策。

### （二）N 林场简介

N 林场是一家林业企业，建立于 20 世纪。当初只有几个人为该林场奉献，经过多年的发展，N 林场逐渐壮大，也吸引了一大批林业人才。N 林场的林木资产可以分为三种，分别是林木类消耗性生物资产即用材林、林木类生产性生物资产即经济林和林木类公益性生物资产即公益林（见图 7-1）。其中第二种资产是该林场最重要的资源。N 林场主要从事的是林产品生产和销售。随后，在林场场主的带领下，林场人才各显神通，发挥专业优势，优化产业结构，推动林场朝着多元化的方向发展。随着社会主义市场经济的发展，林场原本的计量模式越来越无法衡量其真实价值，因此急需改变现状。

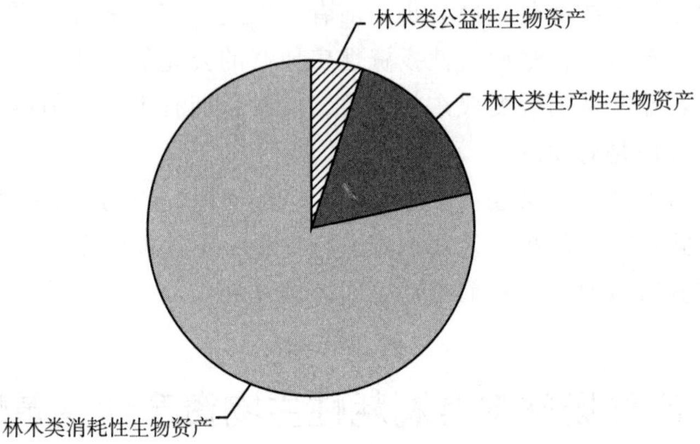


**图 7-1　林场三大类林木资产占比**

### （三）有关人物背景

1. 场长小杨。

小杨来到 N 林场已经十年之久，是林场的老人。大学期间，小杨学的是农学，在校时，小杨勤奋好学，对会计方面的知识非常感兴趣，他在课余期间，认真钻研，因此具备一定的会计专业素养。刚到林场时，小杨还是一个小员工，之后一步一个脚印踏实工作，被领导赏识，提拔为场长。上任伊始，小杨就雄心勃勃，希望能把 N 林场经营得更好，将其发扬光大。如今小杨担任场长时间也不短了，林场在其经营下越来越好。小杨性格稳重，处事较为谨慎，能够听取各方意见。

2. 副场长小李。

小李毕业于某名牌大学，获得会计学博士学位，在此方面造诣颇深，多年前，刚大学毕业小李加入 N 林场，为了能在林场有一番大作为，空闲之余，小李便认真钻研与林木有关的知识，因此，在对林木类消耗性生物资产研究较为精通，得到大众的赞赏和领导的青睐，从而被提拔为副场长。

3. 主任小王。

小王毕业于某名牌大学，获得农学硕士学位，在相关方面经常能够提出专业的意见以及不同的见解。2005 年 8 月，小王辞去先前的工作，加入 N 林场。由于在农学方面颇有造诣，对林场贡献较大，因此很快就得到了领导的重视，提拔为主任。

4. 副主任小张。

小张研究生毕业便进入了 N 林场。大学期间，小张攻读的专业是会计学，超高的天赋让他在会计专业方面游刃有余。大三时，受到环境的影响，小张开始对林木方面感兴趣，便决定攻读农学硕士，因此，小张不仅对会计有所研究，在农学方面更胜一筹。刚进林场时，小张踏实肯干，兢兢业业，再加上颇具专业素养，便被主任小王收为徒弟，师徒二人齐心协力，为林场做出了巨大的贡献。

5. 实习生小徐。

小徐就读于某“985”大学，攻读会计学硕士。先在 N 林场实习，带教为副主任小张。实习期间，小徐表现出了应有的专业素养，深受领导青睐。

6. 实习生小余。

小余是某名牌大学硕士，攻读农学及会计学双学位硕士，现于 N 林场实习，本次会议讨论中，小徐也运用自己的专业发表了独特的见解，得到了一致的认可。

**（四）N 林场林木类消耗性生物资产计量属性的选择各相关人员收集的信息及提出的意见**

1. N 林场小杨场长收集的信息及给出的意见。

第二次会议上，小杨场长认为，采用历史成本计量属性存在一定的问题：

首先，林木的寿命很长，历经时间很长，这一特性导致林木的生长阶段的特征都较明显，也有一定的动态性。而原有的计量模式无法体现这一特性；其次，对于自然生长的植物来说，同类植物的数量、特征等多方面的属性随时都有可能发生变化，原有计量模式忽略了一特点。最后，对林场中有的木材来说，即使在幼龄阶段也可能需要投入较大成本，而有的木材正好相反，如果还是采用成本计量，这样无法衡量出真实的价值。

综上所述，小杨场长得出结论：历史成本计量弊端较多。

2. 副场长小李收集的信息及给出的意见。

副场长小李在第一次会议之后便收集了许多关于 N 林场的相关信息，并且做出了一定的分析，以下是小李的发言：

“首先，林场林木类消耗性生物资产生长量的选取，需要用一条曲线表述出来，这样能够清楚地了解植物的生长过程，也符合会计政策的要求；其次，在历史成本计量下，记账基础是年均成本；最后，生长量并不等同于价值量，其转换是需要探讨的。原有计量属性对应的是历史成本，而公允价值计量模式相比之下能够更准确地反映真实价值，因此更换计量模式势在必行”。

3. 主任小王收集的信息及给出的意见。

主任小王就着小李的观点继续说道：“刚才说的变化曲线我们已经画出来了，并得出结论：林场主要的三种木材生长趋势较为类似。”小李指着 PPT 上的表分析：“根据生长特性可以分为幼龄林、中龄林、近熟林、成熟林和过熟林。其中在第二个阶段生长最快，之后呈下降趋势。”

4. 副主任小张收集的信息及给出的意见。

副主任小张听了前面几位的讲解之后也不甘示弱，做起了专业的分析：“我在会后利用专业知识对林木类消耗性生物资产成本变化进行了一定的分析。我认为，通过成本性态研究可以发现白桦的成本支出最高，其次是樟子松，最后是落叶松。而根据生长阶段来分也可以看出这三种植物成本变化的明显不同，在幼龄期的投入，三种植物来说都是最大的，之后的投入便可以逐渐减少了。”小张说完，下面立刻响起了掌声。

5. 实习生小徐收集的信息及给出的意见。

在一片如雷贯耳的掌声中，实习生小徐站了起来做一些补充：“生长量转化为价值量通常有两种方法，为了准确知道结果，我将林场近十年来的数值进行了计算，最后得出结论：林木价值量与成本量之间的关系可以说呈现相交趋势。在林木生长的前几年，其价值量小于成本量，在第 9 ~ 第 11 年时，两者最为接近，之后价值量便开始高于成本量了。也就是说，如果要采用成本模式进行计量的话，对于时间点的选择很重要，否则就容易产生虚高或者低估的问题。”

6. 副厂长小张的补充。

小徐发表完自己的见解之后，副厂长小张继续站起来补充：“还有一点需要补充，经过下表计算，了解林木的成本累计值与价值量之间的关系，经过是否需要更换计量属性就更清楚明白了。”N 林场落叶松、樟子白桦成本累计值与林木价值量关系变化如表 7 - 1 所示。

**表 7 - 1　　N 林场落叶松、樟子白桦成本累计值与林木价值量关系变化**

| 树种 | 研究变量 | 第 9 年 | 第 14 年 | 第 19 年 | 第 24 年 | 第 29 年 | 第 34 年 |
|---|---|---|---|---|---|---|---|
| 落叶松 | 成本累计值 | 163.65 | 209.30 | 254.95 | 300.60 | 346.62 | 355.38 |
| | 林木价值量 | 123.48 | 2 001.20 | 5 556.60 | 8 790.60 | 9 938.40 | 13 965.40 |
| | 差额 | 40.70 | -1 791.90 | -5 301.65 | -8 490.00 | -9 592.15 | -132 610.00 |
| | 差额变动速率（%） | | | 295.87 | 160.10 | 113.00 | 112.80 |
| 樟子松 | 成本累计值 | 182.95 | 235.90 | 288.85 | 311.80 | 394.75 | 447.70 |
| | 林木价值量 | 0.00 | 1 765.30 | 1 110.00 | 6 090.20 | 8 145.00 | 9 261.00 |
| | 差额 | 182.95 | -1 529.40 | -1 121.15 | -5 748.40 | -7 750.25 | -8 844.00 |
| | 差额变动速率（%） | | | 269.10 | 139.50 | 134.80 | 113.70 |
| | 历史成本累计值 | 200.88 | 273.88 | 347.48 | 421.08 | 494.68 | 568.28 |
| 白桦 | 林木价值量 | 0.00 | 1 000.10 | 2 230.20 | 2 871.90 | 3 254.23 | 3 493.98 |
| | 差额 | 200.88 | -726.22 | -1 882.72 | -2 450.80 | -2 759.55 | -2 925.70 |
| | 差额变动速率（%） | | | 259.25 | 130.10 | 112.60 | 106.02 |

### （五）尾声

通过上述各位专家的专业分析，小杨场长已经有了自己的主意。

## 二、案例说明书

### （一）案例要解决的关键问题

本案例的编写目的在于让学生对林木类消耗性生物资产是否应该引入公允价值进行计量。文章通过列举具体实物，使学生明白历史成本计量与公允价值计量之间的优缺点，并明白两者之间的使用情况与区别，为公允价值计量的合理使用进行推广。

### （二）需要学员识别的关键问题

1. 结合案例分析，在成本性态分析下 N 林场新计量模式如何确定？
2. N 林场会计计量属性的选择面临哪些现实条件？
3. 如果你是小杨场长，听了各位的分析，你将如何决策？

### （三）理论依据

1. 会计目标理论。

目前学术界有两种声音探讨会计目标，一个是决策有用观，另一个是受托责任观。前者强调公允价值，后者强调历史成本。但是两者并不矛盾，只是看问题的角度不同。

2. 成本性态分析理论。

成本性态又可以称为成本习性，主要是强调成本总额与特定业务量存在特定的关系，映射到文本则是强调成本总额与价值量存在的特定关系。

### （四）分析思路

1. 结合案例分析，在成本性态分析下 N 林场新计量模式如何确定？

以五年时间作为间隔，分别计算三种林木的实际价值量与历史成本，通过比较两者大小，可知幼龄期之前，生物资产的价值相对更低，而在这之后，实际价值升高，两者的差额也在逐渐变大，之后差额增长加速度变小，但单个差额依旧呈现上升趋势，直到需要砍伐时，该差距才达到最大。通过上述分析，我们可以做出判断，在林木幼龄期之前应当采用成本价值计量，在这一阶段之后应当采用公允价值计量，如此计量能够更加准确真实地反映其价值。

2. N 林场会计计量属性的选择面临哪些现实条件？

（1）市场不完善。

第一，我国的林木资本结构不够合理，政府对林木的干预不合理，主管权力不够明晰，责任承担规定也不够规范完善；第二，在交易过程中，农民对于相关信息很可能有了解不及时、不到位的情况，导致买卖双方之间信息不对称。这两种情况都说明，在我国林木类资本市场和交易市场都存在较多的问题，亟待解决。

（2）林木资产评估市场日渐成熟。

我国越来越重视环境保护，也越来越对林木资产上心。因此，该方面的资产评估也日趋完善，各学者都纷纷发表过关于林木资产评估的看法。目前学术界主要有几种观点：建立资产评估体系，合理利用大数据等。从这一方面来说，选择何种计量模式也是大家关注的焦点。

3. 如果你是小杨场长，听了各位的分析，你将如何决策？

幼龄期是一个重要节点，在这之前用历史成本计量，在这之后，由于自然增长效应，采用公允价值计量较为合理。具体来说，第一，历史成本计量没有考虑到自然增长的问题，在幼龄期之后，林木增长速度较快，甚至出现加速度增长，如此一来，其实际价值便会超过历史价值，这样采用历史成本计量就无法使决策者做出准确有效的判断，信息质量不够高；第二，两种计量模式混合也有其可取之处，因为两者所关注的重点不同，因此可以较为全面地顾及，比起采用单一计量属性，混合模式准确度更高，符合资本化和费用化的处理，并且不违反国家会计准则；第三，采用两种计量模式，可以折射出林木资产自然生长的过程，通过观察可以发现，一般林木价值量大于历史成本的时期占据 3/4 的寿命，因此自然增值的过程需要引起重视。

# 第八章　金融工具案例分析

## 第一节　案例编写说明与理论基础

### 一、案例编写目的

新金融工具准则实施以来，金融工具准则在具体应用实践过程中，金融机构所面临的挑战前所未有，为了深刻把握新金融工具准则相关理念、修订细则，解决实务中旧准则可操作性差的问题，本案例研究的主题以 RC 证券公司为例，探讨新金融工具准则对其具体产生了哪些影响，展示了金融工具准则变更对证券公司各方面所产生的影响，力求加深对于金融工具分类准则的理解。证券行业如何执行新金融工具准则不仅对于其他还未执行新金融工具准则的公司来说有着很强的借鉴意义，同时对于提升资本市场透明度、提升行业可比性具有不言而喻的重要作用。

### 二、案例相关知识点解析

#### （一）金融资产的分类

企业应当根据其管理金融资产的业务模式和金融资产的合同现金流量特征，将金融资产划分为以下三类，如表 8－1 所示。

**表 8－1　　金融资产分类**

| 类别 | 业务模式 | 合同现金流量特征 |
|---|---|---|
| 以摊余成本计量的金融资产 | ①收取合同现金流量 | 本金和以未偿付本金金额为基础的利息的支付 |
| 以公允价值计量且变动计入其他综合收益的金融资产 | ②收取合同现金流量＋出售 | 本金和以未偿付本金金额为基础的利息的支付 |
| 以公允价值计量且变动计入当期损益的金融资产 | 不满足①或② | 未能通过合同现金流量特征测试 |

#### （二）金融资产分类的决策思路

金融资产分类决策思路如图 8－1 所示。

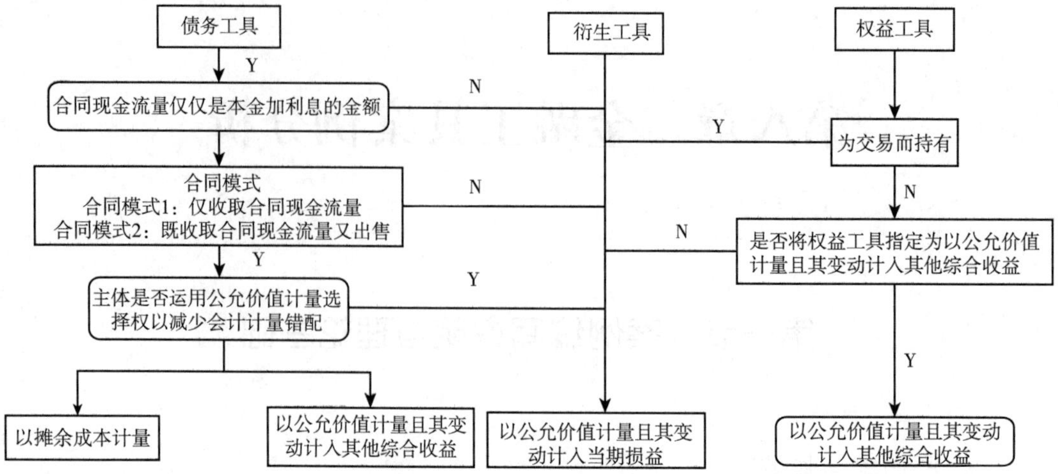


**图 8－1 金融资产分类决策思路**

## 三、拟解决的关键问题

了解金融工具确认和计量准则下有关金融工具分类、计量、减值存在的问题和修订内容，明确新准则对于金融工具的定义和分类。

探究金融工具新准则的修订变化对证券企业金融工具管理方面、确认列报和披露列报及财务数据、财务指标方面的影响。

## 四、相关企业准则链接

**企业会计准则第 22 号——金融工具确认和计量（财会〔2017〕7 号）**

# 第二节 金融工具新准则下 RC 证券公司的影响研究

## 一、案例正文

**摘要：** 首先，本案例梳理新金融工具确认和计量的新变化，结合 RC 证券公司，分析准则修订后对 RC 证券公司在管理方面、纳税方面、确认列报和披露方面及财务数据和财务指标方面的影响；其次，讨论 RC 证券公司可以采取的应对措施。

**关键词：** 新金融工具准则、证券公司、经营稳定性

### （一）引言

我国会计准则与国际会计准则趋同的路线已实行了十多年，这是我国经济进入全球化发展的必然选择。这不仅可以提高中国企业吸引外资的能力，提升财务信息的可比性和可用性，降低筹资成本和决策成本，还可以助推中国资本市场的良性发展，使海外资本能更加方便地参与我国资本市场，使我国资本市场建设更加完善和丰富。我国的企业会计准则体系在2006年实施，实施时财政部便以与国际会计准则趋同为目标，在2010年4月我国发表了持续趋同蓝图。在此基础下，国际会计准则的任何动态都将对我国会计的发展产生显著影响。因此，随着IFRS9的修订，我国财政部于2017年也修订了四项金融工具的会计准则以此应对国际会计准则的变化。

在此背景下，本案例以RC证券股份公司为例，在解读新金融工具准则的基础上，分析新准则对RC证券公司的金融工具管理方面、企业纳税方面、确认和列报披露方面的影响，并探讨采取的应对措施。

### （二）公司介绍

RC证券股份有限公司成立于2000年9月，前身是久联证券，后更名航天证券，到2014年，引进战略投资者并增资扩股，成为珠海金融投资控股集团有限公司核心成员企业，更名为RC证券。RC证券股权结构清晰，公司治理完善，运作规范，在经营和管理上具备风险控制能力。

公司近年来发展情况良好，先后取得了证券经纪、证券投资咨询、自营、承销与保荐、代理销售金融产品、资产管理、融资融券、证券投资基金销售、与证券交易证券投资活动有关的财务顾问、为期货公司提供中间介绍业务等资格，是一家“全牌照证券公司”。RC证券现有6家分公司、45家证券营业部、1家另类投资子公司，员工已经突破千人的规模。2019年的行业分类评级为BBB级。

### （三）背景介绍

RC证券大力发展债券投资业务、做大信用业务规模、债券发行承销力度不断加大、加强经纪业务整体管控、努力提升资产管理业务规模，几大重点业务都得到了较好的发展。公司2019年总资产为115.81亿元，比2018年增长30%。在公司持有的金融资产方面，RC证券2018年末交易性金融资产2.41亿元，可供出售金融资产2.98亿元，至2019年，公司金融资产重分类后，以公允价值计量且其变动计入当期损益的金融资产合计5.83亿元（见图8-2）。收入结构方面：RC证券2019年业务收入的主要来源是自营业务，占公司业务收入的54%。自营收入包含买入返售的债券利息收入、各类债券投资收益、基金信托等投资收益等。信用业务收入占比是7%，该类业务包含融资融券利息和股票质押业务收入。自营和信用业务的收入几乎占RC证券全部业务收入的2/3。这两类业务也是本次新金融工具准则实质影响到的业务，无论是金融资产的分类还是减值，都将对公司主要的业务成果带来实质性的影响，这也使RC证券对此次金融工具准则的转换尤为重视。

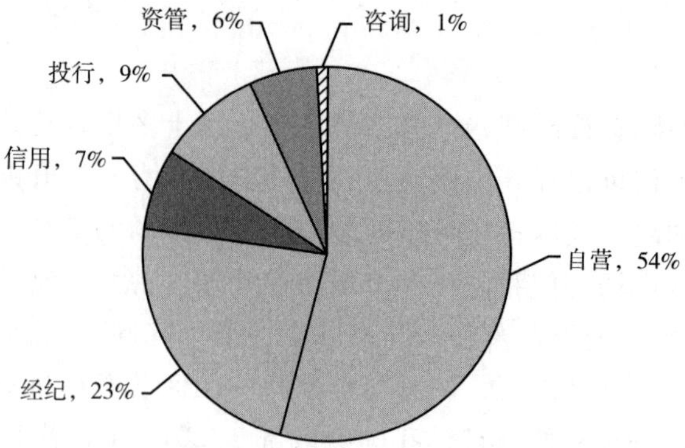


**图 8-2　2019 年 RC 证券收入结构**

## 二、案例说明书

### （一）案例要解决的关键问题

本案例的编写目的在于让学生深刻把握新准则下有关金融工具分类、确认、计量和重分类原则，明白金融工具减值及重分类对公司造成的一系列影响，提高学生对金融资产确认、计量、分类、重分类和减值的各项问题的应对能力，进而提高会计职业判断和会计信息的质量。

### （二）启发思考题

1. 旧金融工具准则存在哪些问题？
2. 新金融工具新准则的主要变化。
3. 金融工具新准则下 RC 证券公司在金融工具管理方面、企业纳税方面、确认和列报披露方面有哪些影响？
4. RC 证券公司如何应对新金融工具准则所带来的影响？

### （三）关键分析要点

1. 明确金融工具新准则下有关金融工具的定义、类别和重分类原则，是分析本案例的基础和重点。

2. 分析新金融工具准则给 RC 证券公司带来的影响时，需要考虑相关行业特征，并结合 RC 证券公司实际经营业务，落实案例，进而探讨 RC 证券公司的应对措施。

### （四）分析思路

1. 旧金融工具准则存在哪些问题？

（1）金融工具（金融资产）的分类太过随意，所有金融资产只要管理者愿意，在计量时都可以分类到可供出售金融资产，而可供出售金融资产的会计核算是直接计入所有者权益，这一分类不影响利润。全球金融市场并不是有效市场，至多可以算作半强市场，市场对财务报表的解读往往仅从利润的角度，一笔投资的公允价值波动，计入权益或计入利润可能会使投资者对财务报表存在完全不一样的解读。另外，旧版金融工具准则任何一个权益性的金融工具如果被认定为公允价值不能可靠计量，或者为了获得公允价值付出的成本不合理，可以选择以这个资产的成本来进行会计计量。这就产生了这样一个问题：一个权益工具既可以分类为公允价值计量且其变动计入当期损益，或者通过指定将该权益工具指定为以公允价值计量且其变动计入当期损益的金融资产即使其没有活跃市场；同一个权益工具又可以分类到可供出售金融资产，以公允价值计量且其变动计入其他综合收益；甚至这个权益工具如果可以证明其成本不能合理获得，则可以以成本计量。这种金融工具分类的随意性使旧版的金融工具准则饱受诟病。

（2）减值准备计提的充分性不足。金融危机暴发后，大量金融工具不管是债务工具还是权益工具都需要减值。在旧版的金融工具准则下，采用已发生损失法作为减值模型，只有在发生资产减值的客观实施和证据后再估算和计提减值。这种减值方法在市场处于上行趋势时，会低估减值金额，使减值计提不足额不及时；在金融危机时，当整体经济走势和金融工具价格都处于下行通道时，人们可以轻易取得发生损失的证据，会倾向于高估减值金额，导致金融资产价格走低。这种马太效应会影响会计信息的有效性，还会在经济走势发生变化时放大金融资产的波动性，使金融资产的价格过分高估或者过分低估。

2. 新金融工具新准则的主要变化？

（1）金融资产确认标准的变化。

在金融资产确认方面，旧金融工具准则以管理层持有意图和能力为依据，将金融资产分为以公允价值计量且其变动计入损益的金融资产、贷款和应收账款、持有至到期投资、可供出售金融资产四大类，这种分类标准主要有以下几点缺陷：第一，金融资产的分类标准不清晰不合理，同一科目下的金融资产缺乏同质性，并且存在金融资产重合交叉的问题；第二，管理层操纵性强，为企业进行盈余管理创造了空间，严重影响会计信息的可靠性、相关性、可比性等；第三，旧金融工具准则遵守规则导向，缺少对金融资产特性的本质认识，难以应对日新月异的金融创新活动。权益工具定义的关键点包括：没有交付现金或其他金融资产的义务；将来需用或可用发行人自身权益工具进行结算的，发行人无合同义务交付变动数量的自身权益工具。例外地，对于特定主体而言，可回售金融工具和仅在清算时才有义务按比例交付净资产的金融工具也可归于权益工具。

对于债务工具而言，满足以下两个条件的债务工具必须按摊余成本计量，除非该资产被指定为以公允价值计量且其变动计入当期损益的金融资产：①商业模式检验，以收集合同现金流为持有目的（而不是在合同到期日之前出售资产变现）：②现金流量特征测试，在特定日期产生现金流量仅仅是支付本金和利息。符合现金流量特征测试且未被指定为以公允价值计量且其变动计入当期损益的债务工具，如果其持有目的是收集合同现金流量和出售金融资产，则必须在其他综合收益计量。

商业模式并不依赖于管理层对单个金融工具的持有意图，而是按投资组合进行分类，反映金融资产组合如何管理以实现特定的商业目标。因此，企业管理金融资产的商业模式是一项事实而非仅仅是认定，企业应当在评估日根据可获得的所有相关证据在更高的归集层面进行确定，这些依据包括可观察的事实、业绩评价方法及报酬的决定因素、向企业关键人员报告的方式、风险及风险管理的方式等。现金流量特征测试，初始确认时以金融资产的公允价值作为本金，可于合同期间发生变动，如发生本金的偿付。利息计算则需要考虑货币时间价值、信用风险对价、其他基本借贷风险的对价、其他相关成本、基本借贷安排相一致的利润率等因素。

对于权益工具而言，均按公允价值计量，价值变动以损益确认。但是以长期持有并获得稳定分红为目的，或出于战略投资意图的形成的权益工具，管理层可以指定为其他综合收益，通常包括被动投资、战略性投资、高分红蓝筹股、权益类优先股、分步收购最终成为联营企业或子公司、集团内部交叉持股等情形。从发行人角度不符合权益定义的金融资产，以及例外划分为权益工具的金融资产，不得指定为其他综合收益。

在计量属性方面，旧金融工具准则下的四分法并未直接体现金融资产的计量属性，例如，可供出售金融资产科目下归集的金融资产既有成本计量属性，也有公允价值计量属性；而新金融工具准则则按照计量属性划分金融资产，同一科目下的金融资产具有同质性。

在旧金融工具准则下，可供出售金融资产公允价值变动计入其他综合收益，在处置时转入损益；而新金融工具准则中以其他综合收益计算的债务工具，其利息收入、汇兑损益及减值损益均直接在利润表中确认，累计公允价值变动损益与在利润表中确认的累计损益之间的差额，在其他综合收益中确认，并在终止确认时重分类为损益；以其他综合收益指定的权益工具中，只有股息收入在损益中确认，其余变动计入其他综合收益，后续不得重分类为损益，直接列示于综合收益表。

（2）金融资产重分类标准的变化。

在重分类方面，旧金融工具准则具有严格的限制，只有可供出售金融资产与持有至到期投资之间可以进行有条件的重分类；而新金融工具准则赋予企业更大的重分类空间，但是仅当企业改变其管理金融资产的商业模式时，才进行重分类。其中指定为以其他综合收益指定的权益工具不可进行重分类。商业模式的改变不会频繁发生，仅当企业开始或停止开展对其经营而言重要的活动时，企业的商业模式才会发生变更。并且这种变更是高级管理层根据内部或外部变化决定的，对于企业的运营具有重大影响，对于外部各方是明显可见的。自重分类当日，重分类应当以未来适用法处理；企业不得重述以前确认的任何利得、损失（包括减值损失或转回）或利息。

3. 金融工具新准则对瑞辰证券公司产生了哪些方面的影响？

（1）对业绩及财务报表的影响。

新金融工具准则下，证券公司的金融资产分类变得更加客观，通过合同现金流测试和业务模式测试将金融资产由之前的“四分类”变为现在的“三分类”，原本可以用来调节利润甚至盈余管理的可供出售金融资产不复存在，使证券公司利润缓冲余地变小，调节利润变得不那么容易，加大了证券公司自营业务的波动性，尤其是那些将主要金融的资产计入可供出售金融资产科目的证券公司，切换到新准则后，利润出现了较大的波动；如果证券公司在分类时原本就将主要金融的资产计入以公允价值计量且其变动计入当期损益科目的，切换为新准则时，对利润表的影响相对较小。而更具有前瞻性的信用减值模型的应用将给证券公司带来更大的经营压力，更加考验证券公司的投资研究能力和风控水平。执行新准则后，金融资产减值会计由“已发生损失法”改为“预期损失法”，对于证券公司来说需要计提减值的金融资产范围普遍比原先扩大，且提前确认信用损失的引入使减值损失规模计提的幅度明显大于以往。从财务报表角度来看，分类的变化导致各项金融资产的金额变动，减值范围的变化将导致资产负债表中资产净额的减少并同时减少利润表上的净利润。

（2）对业务流程和管理模式的影响。

由于金融资产分类标准的变化，需要相应考虑合同条款调整和管理办法调整。另外，金融工具分类的变化使证券公司在信息技术方面需要增加新的模块，引起业务流程和操作规程调整。而资产减值范围的增加，也会引起减值流程的调整与更新。从管理模式来看，关键管理人员报告业务模式、业绩管理、绩效考核的模式以及管理者获得报酬方式等因素会影响金融工具的分类，调整或增加资产组合分类，会对原业务规模和管理职责进行调整，资产减值范围的变化，也会对原资产减值流程和管理职责进行调整。

（3）对具体业务的影响。

对权益类自营投资的影响。证券公司的权益类投资有股票投资、证券投资基金、新三板股权投资等。这类投资在实施新准则后将被分类为公允价值计量且其变动计入当期损益，为了防止对利润波动的直接影响，证券公司授权开展权益类自营投资的规模可能有所下降从而控制风险。同时，作为应对方法，证券公司也可能会考虑结合现有业务结构和风险管理需要，识别套保机会，并采用套期会计核算。另外，由于公允价值波动对利润的直接影响，证券公司会特别关注对新三板股票、限售股股票等金融资产估值流程和模型的合理性。

对固定收益类自营投资的影响。证券公司固定收益类投资在新准则下三种分类均有可能，因此对存在多种资产分类选择的业务和产品，在真实客观的前提下，需要在投资审批阶段引入研究分析以选择最佳的分类方案。非标投资需要层层穿透后对底层资产的情况分析判断，穿透后底层资产如果属于类信贷的，可能可以通过合同现金流测试来进行分类和核算。对原有的行业规则和管理模式都有较大的差异，需要设立全新的投资审批和投后管理流程。

对直投业务的影响。大部分股权投资在新准则下将以公允价值计量，这对证券公司的估值体系的建立和前中后台的协同提出更高的要求。新金融工具准则实施后，证券公司会调整对各类业务考核指标和模式，尤其是对投资期限较长的直投业务，在业务考核时不仅会考虑部门利益和公司利益，也会考虑短期利益和长期利益的一致性。

对资产管理业务的影响。投资标的为权益类的以及存在再投资的固定收益类资管计划在新准则下划分为以公允价值计量且其变动计入当期损益的金融资产，从而可能使这类非标产品相较于标准化产品和固定收益类产品对银行等机构投资者的吸引力相对有所下降。对证券公司自身而言，可能也会主动减少自有资金对资管计划的投资，以往通过自有资金投资增强其他投资者信心的业务推广模式可能会更加谨慎。

4. RC 证券公司应采取怎样的措施以减弱金融工具新准则对公司的影响？

（1）金融负债和权益工具分类对管理影响的应对措施。

新金融工具准则未修改对于交易性金融负债会计处理的相关规定，这样的会计处理方式会导致一个反直觉的现象：在企业经营良好、证券价格大幅上涨的情况下，以公允价值计量且其变动计入当期损益金融负债账面出现亏损，显示无利可分；与之相反，如果企业经营情况恶化、证券价格大幅下跌，交易性金融负债账面盈利，显示有利可分。虽然因金融负债公允价值变动确认的损益没有实际的现金流入或流出，但财务报表显示的财务状况和经营成果与实际经营情况相背离，没有反映出相关业务的经济实质。误导性的财务信息会影响报表使用者对 RC 证券公司经营成果的判断，进而影响其股价。新金融工具准则允许金融负债与权益工具之间进行重分类，当合同约定的事项和条件随时间推移、经济情况改变进而满足准则重分类条件时，可以对其进行重分类。

因此，新金融工具准则关于金融负债和权益工具的相关规定给 RC 证券公司一个在市场环境不好或公司偿债能力弱时将利润做高；在市场环境好或公司偿债能力强时稳定利润的机会。RC 证券公司只需要在市场环境不好或公司偿债能力弱时将相关金融工具分类为交易性金融负债，从而将预期无法偿还债权人的相关本金和利息确认为收益；在市场环境好或公司偿债能力强时将相关金融工具分类为权益工具，其后续公允价值变动不需要确认。但是，会计处理应具有一致性，RC 证券公司不能因为盈余管理需求而对相同的金融工具做出不同的分类，或是对金融工具频繁地进行重分类。RC 证券公司应该在获取金融工具时对其可能的影响及要达到的管理目标进行分析，做好相关的制度设计，使会计处理在满足各方要求的前提下达到理想的结果。

（2）金融工具减值规定对管理影响的应对措施。

从减值准则的相关规定来看，“预期损失法”要求在评估金融工具信用风险变化时尽可能多的因素进行全面分析。既要考虑金融工具在资产负债表日如果作为新金融工具发行将产生的利率差和约定条款将发生的显著变化，也要考虑如借款人信用违约互换价格、信用利差等外部市场指标变化；既要考虑金融工具外部信用评级的实际或预期显著变化，也要关注影响借款人偿债能力的经济、技术、政策或监管环境不利变化；还要对借款人的经营状况、财务指标、所提供的担保品质量和价值、预期表现和行为变化等进行全方位分析。由此可以看出，“预期损失法”需要考虑的因素来源范围广、时间跨度大，大部分信息来源于企业外部，并需要对未来影响因素做出预测，这给信息收集和减值模型设计带来了很大的难度，减值模型计算的减值结果与实际情况的拟合程度需要后续不断校验和修正。

从企业内部管理的角度来看，新减值准备的相关规定需要 RC 证券公司对其各业务条线持有的金融工具进行梳理，分析影响其运营管理产品信用风险的因素和特征、可识别交易对手的情况，并跟踪相关动态变化。也正是金融工具计提减值准备的输入值很多，即可变量很多，将促使业务部门积极参与到减值模型、输入值的设置和管理中，因为业务部门运营管理资产的减值金额将影响其经营业绩考核指标的计算。这样的良性互动，有益于 RC 证券公司各业务部门与财务部门的配合，及早发现金融工具的风险变化，加强业务管理和风险控制。对金融工具价值影响因素进行深入分析和持续跟踪，有助于盈利能力的提升。

因此，应该辩证地看待“预期损失法”对 RC 证券公司的影响。虽然其施行具有一定的难度，且将增加管理和信息搜集处理成本，但也是 RC 证券公司提升管理、加强部门协作的一个契机。RC 证券公司应当认真梳理各业务部门运营管理的金融工具，并针对其特点建立能与减值准备计提联动的风险控制体系，建立有效的考评标准，促进各业务部门更积极主动地进行自主管理和相互配合。

（3）确认列报和披露列报方面影响的应对措施。

详尽的列报信息可以进一步佐证 RC 证券公司的判断，也可能暴露其会计处理中存在的差错。在给财务报表使用者带来便利的同时，是否会导致 RC 证券公司股价的频繁大幅波动，还需要进一步观察。为了能够更加准确和快捷地填报新格式的财务报表和满足准则关于金融工具披露列报的要求，RC 证券公司需要认真梳理其日常核算科目体系，并做好金融工具表外资料的收集、统计和分析。这样做，可以使 RC 证券公司更认真、细致地管理其持有的金融工具，但也增加了日常工作量。

## 第三节　金融工具新准则下 HS 科技的影响研究

### 一、案例正文

**摘要：**本案例以 HS 科技为研究对象，对 HS 科技实行新金融工具准则进行了研究。首先，围绕新准则下金融资产的分类计量方式与资产减值损失的计提，对 HS 科技的金融资产科目进行了重分类和重新计提减值、对 2019 年度的财务报表进行了模拟重述，并与按旧准则编制的财务报表进行分析比较；其次，从会计处理、财务报告信息方面分析新准则给 HS 科技带来的影响；最后，对 HS 科技执行新准则带来的影响提出一系列指导性的建议。

**关键词：**新金融工具准则、金融资产分类、金融资产减值、预期信用损失

#### （一）引言

2008 年金融危机的全面暴发，使世界经济受到重创，公允价值的计量问题受到质疑与批判，以及金融工具的确认计量烦琐、减值计提过少且滞后等问题也凸显出来。这些均反映出提高会计信息透明度，制定全球统一的、高质量会计准则的重要性。迫于世界各方面的压力，IASB 对国际金融会计准则进行了全方位的调整改革，并于 2014 年出台了《IFRS9——金融工具》，于 2018 年 1 月 1 日生效，进一步推动会计国际化的发展。随着我国经济的快速发展，与海外资本市场的关系越来越密切，在海外上市的企业不断增加，说明会计准则与国际趋同是大势所趋。我国财政部参照国际会计准则并将其完善修改，2017 年修订发布了三项金融工具会计准则，要求从 2018 年初开始执行新金融工具准则，根据财政部的时间安排，2018 年初在境外上市以及在境外和境内同时上市的公司开始实行新准则 2019 年初在境内上市的公司开始实行，2021 年初非上市公司开始实行。这意味着我国大多数企业已经进入新准则实施进程。

#### （二）公司介绍

本文案例研究对象为 HS 科技股份有限公司，属于农林牧渔——种植业公司。于 1996 年 6 月 30 日成立，同期，在河南省工商行政管理局登记注册，总部位于河南省郑州市。自设立以来一直以现代种业产业化为发展方向，利用现代生物技术，主要从事农作物高科技种子及种苗的研发、繁育、推广及服务。水稻种子、玉米种子、蔬菜种子为公司核心业务板块。公司是国家首批 32 家取得“育繁推一体化”经营许可证的种子企业之一，先后被认定为“高新技术企业”“国家科技创新型星火龙头企业”“国家企业技术中心”“国家创新型试点企业”“农业产业化国家重点龙头企业”“中国种业信用明星企业”，HS 科技积累了牢固的市场地位和很高的市场认可度，是国内种子行业内最有价值的品牌之一。公司荣膺 2018 中国品牌强国盛典“榜样 100 品牌”，并获评中国品牌节“华谱奖”“建国 70

周年70中国品牌”等殊荣；同时，公司继2011年、2014年和2017年之后，第四次荣膺“中国种业信用明星企业”榜首。

### （三）背景介绍

1. 金融资产结构。

2018年年末，HS科技的金融资产总额在17家农业类种植业上市公司中最高，达40.50亿元，货币资金为19.96亿元，贷款和应收款项为15.16亿元，可供出售金融资产为3.06亿元，以公允价值计量且其变动计入当期损益的金融资产为2.32亿元。去除货币资金后，其余三类金融资产和为20.54亿元，相较于其他16家企业仍占有绝对优势。不难看出新准则对HS科技金融资产的影响也较大，可作为种植业上市公司中的代表企业。

HS科技2018年年末的金融资产结构如图8－3所示，其中货币资金占金融资产总额的比重最大，达49.29%，将近一半；其次是贷款和应收款项类资产占比为37.42%，可供出售金融资产占比为7.55%，以公允价值计量且其变动计入当期损益的金融资产占比最少，为5.74%。

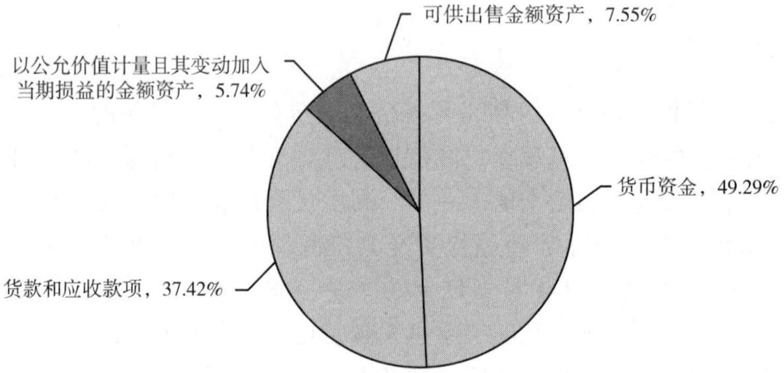


**图8－3　HS科技2018年年末金融资产结构**

2. 非主营业务构成。

HS科技2019年利润总额为－1.72亿元，处于亏损状态。非主营业务构成如表8－2所示，主要有投资收益、公允价值变动损益、资产减值、营业外收入与营业外支出。权益法核算确认投资损失、处置金融工具取得的投资收益合计为－1.55亿元，占利润总额的比例最高达89.59%，以公允价值计量且其变动计入当期损益的金融资产公允价值变动为0.46亿元，计提坏账准备及存货跌价准备对应的资产减值为－0.55亿元，政府奖励、赔款收入等营业外收入为0.12亿元，赔款支出等营业外支出为0.32亿元。可以看出，与金融资产相关的损益类科目对利润表的影响较大。

**表8－2　HS科技非主营业务主要构成**

| 科目 | 金额（元） | 占利润总额比例（%） |
| --- | --- | --- |
| 投资收益 | －154 547 681.07 | 89.59 |
| 公允价值变动损益 | 45 998 642.24 | －26.67 |

续表

| 科目 | 金额（元） | 占利润总额比例（%） |
|---|---|---|
| 资产减值 | -54 539 470.62 | 31.62 |
| 营业外收入 | 11 940 293.17 | -6.92 |
| 营业外支出 | 32 034 888.00 | 18.57 |

## 二、案例说明书

### （一）案例要解决的关键问题

本案例的编写目的在于让学生深刻把握新准则下有关金融工具分类、确认、计量和重分类原则，明白金融工具减值及重分类对公司造成的一系列影响，提高学生对金融资产确认、计量、分类、重分类和减值的各项问题的应对能力，进而提高会计职业判断和会计信息的质量。

### （二）启发思考题

1. 金融工具老准则存在哪些问题，具体修订内容是什么？
2. 金融工具新准则针进行了哪些修订？
3. 金融工具新准则下对 HS 科技产生了哪些影响？
4. HS 科技应采取怎样的措施以减弱金融工具新准则对公司的影响？

### （三）背景介绍

我国是一个农业大国，农业经济的发展是我国一直关注的发展重点，在农村、农产品生产、农业基础设施、农业现代化、农业经济等多方面给予政策帮持。国家加大对农技资金投入度，对新技术新产品的推广机构给予财政奖补。全国农业现代化规划（2016~2020年）也明确提出推进现代种业创新发展，大力推进农业现代化实施进程。

HS 科技是一家农业高科技股份有限公司，一直以现代种业产业化为发展方向，利用现代生物技术，从事农作物高科技种子及种苗的研发、繁育等工作。公司积累了牢固的市场地位和很高的市场认可度，是国内种子行业最有价值的品牌之一，农业种植业的龙头企业。其一直保持良好势头发展，金融资产占比比较可观，对外投资也逐渐增多。HS 科技在实现自身可持续发展的同时，主动承担“推进农业服务，促进农业发展”的社会责任，将农业服务体系建设作为企业发展的重要目标。公司确立了“农业服务提升价值”的经营理念，不断总结农业科技、生产、流通、信息、金融及质量安全等服务领域的经验，努力探索新的领域。探索农村金融服务，发起设立村镇银行，与中国农业银行联合推出“金穗隆平惠农卡”。并在参与农村金融服务方面开始了积极有效探索，大力推动新农村建设，积极参与农村金融改革。HS 科技在日常活动中面临与金融工具相关的各种风险，主要包括信用风险、流动风险及市场风险等。

### （四）关键分析要点

1. 明确金融工具新准则下有关金融工具的定义、类别和重分类原则，是分析本案例的基础和重点。

2. 分析新金融工具准则给 HS 科技公司带来的影响时，需要考虑相关农产品行业特征，并结合 HS 科技公司实际经营业务，落实案例，进而探讨 HS 科技公司的应对措施。

### （五）分析思路

1. 金融工具老准则存在哪些问题，具体修订内容是？

（1）原金融工具准则分类存在的问题。

原金融工具准则根据持有金融资产的目的和意图，将金融资产分为以公允价值计量且其变动计入当期损益的金融资产、持有至到期投资、贷款和应收款项、可供出售金融资产四类。

原金融工具准则中争议较大的一个问题是持有至到期投资的分类和重分类问题。初始确认时，金融资产需要同时满足四个条件才可以被分类为持有至到期投资。如果企业在该类金融资产尚未到期前将其出售或重分类为可供出售金融资产，则有可能需要将剩余部分整体重分类为可供出售金融资产，且有本会计年度和之后两个完整会计年度的分类限制。一些企业考虑到，将某项金融资产划分为持有至到期投资，如果后期将其部分出售存在需要把整组资产进行重分类的问题而放弃将该资产分类为持有至到期投资。

除此之外，原金融工具准则对于以公允价值计量且其变动计入当期损益的金融资产不允许重分类；可供出售金融资产作为“兜底”的分类科目，初始确认时直接进行指定。不属于其他三类的非衍生金融资产，都可以分类为可供出售金融资产。这样的分类方式无法契合企业的实际情况，难以反映业务的经济实质。例如，一项债务工具原是准备短期持有用于交易，但后来改变其持有目的准备持有至到期。如果初始确认时分类为交易性金融资产，当管理金融资产的业务模式改变时却无法改变其分类方式，从而降低其计量、核算信息的有用性。因为，持有至到期的债务工具分类为持有至到期投资并以摊余成本计量提供的信息对于报表使用者来说更相关和有用；主观判断因素过多，导致同一报表编制主体持有的相同金融工具，以及不同报表编制主体间持有的类似金融工具的会计处理很难一致，信息的可比性不强。

（2）金融工具计量存在的问题。

金融工具主要使用的计量方式有公允价值计量、成本计量和成本加公允价值计量，并通过计提减值准备来调整金融工具的账面价值。金融工具的计量方式在其整个存续期内可能发生变化。例如，一项金融工具在初始确认时以成本计量，之后被指定为公允价值套期关系中的被套期项目而改为以公允价值计量。同时，企业在初始确认时可以使用公允价值选择权对某项金融工具以公允价值计量进行指定。以公允价值计量的金融工具在后续核算时，可以将公允价值变动金额计入损益或计入其他综合收益。金融工具的多种计量方式和未实现损益的核算方式产生以下问题：

同一个报表编制主体对于相同的金融工具可能以不同的方式进行计量和核算。例如，对于同一类型的投资，如果管理者认为该项投资风险很大，未来收益不明确，为避免投资失败在账面反映巨额的亏损，会选择将其分类为以公允价值计量且其变动计入其他综合收益的金融资产，这样处理的结果是未实现损益计入其他综合收益，只要不终止确认该项金融工具，损失将不会在利润表中反映；如果管理者认为该项投资未来收益前景良好，可以选择将其分类为以公允价值计量且其变动计入当期损益的金融资产，这样处理的结果是未实现损益反映在利润表中。这就造成同一报表编制主体的会计处理不一致。

不同报表编制主体对于相同金融工具的计量和核算方式不一致。在会计处理的过程中，因为可以进行主观判断和选择的因素过多，相同的金融工具因为获取的途径不同，或是持有目的不同，导致计量和核算方式存在差异。例如，某银行发放了很多不同风险等级和收益等级的贷款，并将这些贷款打包进行证券化后出售给投资者。投资者可以根据其风险偏好购买不同风险等级的产品进而获取不同程度的收益。其实投资者投资的是相同的基础资产，也就是说投资标的整体风险是相同的，但因人为的制度设计，不同投资者可能对其投资的金融资产进行不同的计量和核算。优先等级的投资者可能将其划分为以摊余成本进行计量的金融资产，劣等级投资者可能将其划分为以公允价值计量且其变动计入当期损益的金融资产。这就造成同一项金融工具在不同报表编制主体间的不可比。

2. 金融工具新准则针进行了哪些修订？

与原金融工具准则以企业对持有金融资产的主观目的和意图进行分类相比，新金融工具准则的分类标准更客观。新金融工具准则的分类标准是：企业管理金融资产的业务模式和金融资产的合同现金流量特征。

业务模式在准则中被分为三类，收取合同现金流量、既收取合同现金流量又出售金融资产、其他业务模式（包含仅出售金融资产）。从表面上看，这只是持有金融资产目的和意图的变相说法，即持有金融资产是为了获取利息、既获取利息又获取资本利得、获取资本利得等。但是，新金融工具准则指出业务模式的判断从企业为实现其目标而开展的特定活动的反映。例如，证券公司设立信用业务部门开展的融资融券、股票质押等业务活动的目的是收取合同现金流量；投资部购买股票，投行部开展做市商业务的目的是通过购买和出售金融资产以换取差价收益。这些都是可以通过对客观交易活动进行观察而得出准确结论的。同时，新金融工具准则还避免了类似于持有至到期投资过于苛刻的重分类规则，给予企业一定的弹性，准予企业只要在评估业务模式时考虑了当时所有可获取的相关信息，即便现金流量的实际实现方式不同于评估时的预期，企业可以不改变剩余金融资产的分类，也不构成企业财务报表的前期差错。这样规定的好处是，掌握更多信息的企业为报表使用者更客观地分析不同类别金融资产的业务模式，便于其理解交易的经济实质；企业也不会因为过于苛刻的分类标准而放弃将金融资产分为某类。

站在企业角度对业务模式进行分类的同时，新金融工具准则还要求站在金融资产自身的角度对其合同现金流量特征进行分析，判断金融资产的合同现金流量特征是否与基本借贷相一致，即金融资产在特定日期产生的合同现金流量是否仅为对本金和尚未偿还本金金额为基础的利息支付。例如，可转换公司债券因为含有转股期权，相对于普通债券来说，发行方可以支付更低的利率，所以可转换公司债券的合同现金流量特征与基本借贷不一致。

根据以上分类标准，当管理金融资产的业务模式是以收取合同现金流量为目标，并且合同现金流量与基本借贷相一致，可以分类为以摊余成本计量的金融资产；当管理金融资产的业务模式是以既收取合同现金流量又出售金融资产为目标，并且合同现金流量与基本借贷相一致，可以分类为以公允价值计量且其变动计入其他综合收益的金融资产，除以上两类金融资产以外的金融资产，分类为以公允价值计量且其变动计入当期损益的金融资产，即交易性金融资产在新金融工具准则中作为“兜底”的分类科目。金融负债分为两类，以公允价值计量且其变动计入当期损益的金融负债和以摊余成本计量的金融负债，以摊余成本计量的金融负债作为“兜底”的分类科目。

3. 金融工具新准则下对HS科技产生了哪些影响?

（1）新准则对金融资产和金融负债重分类和计量的影响。

首先，新准则下金融资产的分类标准和流程更客观、明确，新准则要求报告主体在金融资产分类时考虑尽可能多的客观因素；其次，金融资产重分类使HS科技金融资产结构发生改变，金融资产由原来的三类变为两类，重分类为FVTPL类资产增多，公允价值计量范围扩大，后期对公司的经营成果也会产生一定影响；最后，新准则对以摊余成本计量的金融负债的重分类，直接导致流动负债减少，同时非流动负债增加。

（2）新准则对金融资产减值的影响。

预期信用损失模型相比于已发生损失模型更具备可比性，能够提供更及时的信息。该模型要求企业参考历史信用损失经验，结合当前经济现状和未来经济发展的预测信息，进行预期损失的确认，会增加企业相关财务人员的工作量，有利于推动HS科技信用风险预测体系的建立。新准则的实行，HS科技对此需要增加相应人工成本以获取信用状况的相关信息，对信用风险进行预测与判断。

（3）新准则给HS科技财务报告带来的影响。

①对资产负债表的影响。

旧准则转换日，资产负债表中大量项目发生变动，流动资产下的项目虽有变动，但流动资产总额不变，非流动资产增加，从而资产总额增加。受新准则下应付利息重分类的影响，造成流动负债减少同时非流动负债增加，负债总额保持不变。对金融资产的重新计量，导致所有者权益中留存收益的变动，所有者权益合计继而增加。

新准则实施一年后，HS科技的资产类型没有变化，以摊余成本计量和FVTPL类两种金融资产。年末总金融资产比年初减少3.86亿元，总资产增加了0.67亿元，金融资产占总资产的比例下降了2.82%。以摊余成本计量的金融资产占总金融资产比重有所增加，而FVTPL类资产占比减少了5.96%。

②对利润表的影响。

新准则实施一年后，对HS科技利润表的影响来自金融资产分类调整和减值模型调整两个方面。2019年交易性金融资产公允价值变动损益减少，计提的信用减值损益大幅度翻倍增加。且公允价值变动收益和减值损失占净利润的比率都明显高于2018年，说明新准则的实行对利润产生了明显影响，在各因素共同影响下，2019年净利润处于亏损状态。HS科技使用预期信用损失模型对资产的减值损失有平滑作用，但长期来看，资产的减值损失金额将维持在相对固定的区间内，逐渐减小对净利润的影响作用，权益工具投资对利润的波动作用会显著。

③对财务报告质量的影响。

新准则下对金融资产的“三分类法”使公允价值计量的范围扩大，改善了旧准则下对金融资产估值的主观因素影响。可供出售金融资产的重分类，阻断了企业利用其进行利润调节的可能行为。新准则的金融资产分类标准更清晰明确。以公允价值计量属性可以提高会计决策有用性，信用减值损失的计提更符合谨慎性原则。预期信用损失模型在实际应用中还存在诸多困难，现金流重估的不可靠性，可能会降低 HS 科技财务报告的真实性。

4. HS 科技应采取怎样的措施以减弱金融工具新准则对公司的影响？

（1）更新会计核算系统，优化业务处理流程。

按照新金融工具准则的规定，金融资产由原来的“四分类法”改为现在的“三分类法”，此时应进一步优化已有的会计核算系统，尤其是其中核算过程、会计科目和核算方法等，确保业务流程能够有效满足信息披露、采集以及核算需求。此外，要想进一步促进金融资产分类判断效率的提升，需要在业务系统中将分类判断标准嵌入其中，如明确业务流程、优化科目参数设置等。同时，为保证新准则的顺利实施，财务部门是主要参与者，起带领作用，风险管理部门做好相关风险控制，加强业务部门协作，积极应对新准则带来的变化与影响。

业务判断模式会直接影响具体业务，新准则下会计核算应加强对风险信息和交易信息的利用。合同现金流量特征测试内容和金融资产业务模式取决于业务，风险部门分析债务风险，对客户信息进行评估都是以业务环节为基础展开的。业务部门和风险部门的工作质量水平对金融资产的确认计量与分类的可靠性起决定性作用。HS 科技应建立一个包括 SPPI 测试方法、业务模式判断和风险三阶段划分的会计管控系统。并对业务、风险和会计管理三个方面的内部交流进行优化，根据交易实际信息，建立事后可以客观评估业务信息的机制，将会计管控的节点向业务和风险管理环节移动。保证各部门间的协作效应，各环节与新准则做到无缝衔接，使会计政策的统一得以实现。

（2）健全风险管理制度，完善资产减值模型。

新金融工具准则下的预期信用损失模型在我国初次使用，需要建立一套与其相适应的完善体系，HS 科技管理层需要推进新准则的实施进程，结合财务部门、业务部门、资产管理、风险管理等相关部门成立项目小组，构建资产减值模型并不断加以完善。

首先，预期损失模型更多地考虑了信用风险的影响，需要完善信用等级、损失率、违约概率等相关指标的标准。其次，需要建立全面的信息归集和分析体系并不断完善，以满足预期减值模型根据内外部数据、历史和未来预期数据及个体行业数据进行信用风险确认与分析的要求。再次，构建配套的风险管理系统。预期信用损失模型的有效性取决于风险管理和评估水平，在明确各项金融资产违约概率、实际利率等相关指标的基础上，利用不断更新处理的数据库的支撑，建立以量化分析为主的现代化全面风险管理。加强企业的内部控制，建立事前防范、事中控制、事后管理的风险管理模式。最后，建立科学高效的事前信用风险识别与评估机制，完善资产减值模型的建立。

（3）合理进行金融资产配置，减缓利润波动。

权益资产的占比越高，新准则实行后会使利润波动越大，债权资产会影响新准则实行当期的信用减值损失金额，增幅较大。在进行资产配置时，需要考虑现有的金融资产结构和上述两个方面的影响。对于 HS 科技来说，准则实行前期，受信用减值损失增加的影响较大，也更具定性。在新准则的实行首期不宜增加债权投资，减少信用减值损失进一步上升、净利润进一步下滑的情形。从长期来看，信用减值损失趋于稳定时，可以增加债权类资产的投资，减少利润的波动。同时也需要加强对资产整个生命周期的信用风险状况进行评估检测，选择存续期内信用风险较低的投资。对于权益类资产较多的企业来说，新准则的实行首期，权益资产公允价值的大幅下跌会对利润产生难以估测的影响。可以适当增加债权投资，控制权益投资的比例，使实行新准则后计提的信用减值损失增加，也要注重企业整体的投资收益稳定性。考虑权益投资组合内部收益稳定性，选择业绩增长较为确定、市值波动小、收益较高的股票等作为新的投资标的，降低公允价值波动带来的风险。

（4）加强新准则全面培训工作，提高职员业务能力。

HS 科技要想取得稳定发展和从业者的素质密不可分。新准则的施行，不但会影响企业财务报告的编制，还会对企业的风险管理提出更高的要求，而这就需要会计人员对新准则进行熟练的掌握。HS 科技在新准则下预期信用损失模型的应用中，对金融资产相关指标的测算以及预估将要发生的损失，需要根据相关从业人员的工作经验进行科学合理的判断，这就对其专业能力和职业素养提出了更高要求。

为了更好地适应准则的变化，HS 科技需要进一步加强职业培训，重视对会计、财务等相关人员的专业素质培养，使其对新准则的掌握更全面深入。首先，管理者需要站在公司全局高度，进行全方位的安排统筹，要站在促进企业进一步发展的高度根据企业自身发展情况制订相应的可行办法，来保证新准则在公司内部顺利有序实施。其次，要在企业内部开展新准则的宣讲，让广大普通业务人员能够更好地理解新准则，从而为新准则的实施打下良好的基础。最后，会计人员需要以身作则，提升自身的专业素养，主动对新准则的变化和可能带来的影响进行积极有效的学习，通过提高自身的专业知识为新准则的顺利实施保驾护航。

# 参考文献


［1］安迪．对国际会计理事会企业合并准则的思考［J］．商业文化，2021（18）：112－113.

［2］安庆钊，熊健，赵康乐．环境不确定性与稳健性反应："因势而动"还是"以静制动"［J］．财会月刊，2021（7）：67－76.

［3］白文杰．财政支出绩效评价内涵解析［J］．地方财政研究，2011（1）：42－46，59.

［4］包毅涛．强监管下商业银行新一代总账系统建设的策略分析［J］．中国总会计师，2021（6）：51－53.

［5］包毅涛．新会计准则实施对银行科目影响及应对措施［J］．财会学习，2021（17）：153－155.

［6］本刊编辑部．人社部调整年金基金投资范围［J］．中国社会保障，2021（1）：80－81.

［7］本月楼市政策扫描［J］．房地产导刊，2021（7）：13.

［8］边莉婷．浅谈外贸企业应收账款风险管理及改进措施［J］．中国集体经济，2021（18）：144－145.

［9］蔡昌．新时代税收筹划方法论：普适方法与操作技术［J］．财会月刊，2021（7）：116－122.

［10］蔡丽兰．新金融工具会计准则在出版企业的运用（下）［J］．新理财，2021（1）：47－51.

［11］蔡笑天，李哲．海外投资推动企业创新的经验、问题与启示研究——以中国化工集团为例［J］．全球科技经济瞭望，2020，35（3）：16－20.

［12］曹翠珍，杜威．我国发行优先股的上市商业银行融资效率分析［J］．会计之友，2021（6）：81－87.

［13］曹海军，何如海．深化绿色金融发展 助力"30·60"目标［J］．上海节能，2021（5）：449－455.

［14］曹小林．关于中级财务会计在高校财务中的运用分析［J］．食品研究与开发，2021，42（13）：248.

［15］陈德上．公允价值计量对资本成本的影响——基于中小板上市企业的数据［J］．商业会计，2021（13）：86－89.

［16］陈宏．集团公司合并会计报表存在的问题及对策［J］．纳税，2021，15（16）：67－68.

［17］陈辉．保险业如何支持绿色金融［J］．理财，2021（6）：24－25.

［18］陈建淇．奇虎360反向并购江南嘉捷案例分析［J］．时代金融，2018（24）：

183，188.

［19］陈凌云，贝苗儿．破产企业清算会计核算体系实务探讨［J］．中国注册会计师，2021（6）：88－93.

［20］陈润平．关于在财务会计中采用公允价值的探析［J］．大众标准化，2021（2）：245－246.

［21］陈书堂，赵强，王喆，吴祥．中核集团吸收合并中核建集团的财务整合探讨与实践［J］．财务与会计，2021（6）：40－43.

［22］陈烁．平安养老险：贯彻落实年金投资新政，认真履行年金管理人职责［J］．中国人力资源社会保障，2021（1）：49.

［23］陈苏，杨宝，黄子俊．基于分拆计量法的企业并购业绩承诺会计处理研究——以喜临门并购绿城传媒为例［J］．财务与会计，2021（3）：40－45.

［24］陈学安．建立我国财政支出绩效评价体系的设想［J］．中国财政，2003（10）：8－10.

［25］陈学安．建立我国财政支出绩效评价体系研究［J］．财政研究，2004（8）：18－20.

［26］陈学安，钟红菲．西方国家的财政支出绩效评价体系［J］．中国财政，2004（5）：62－63.

［27］陈玉纯．关于企业集团合并报表存在的主要问题分析及提升策略探讨［J］．财经界，2021（9）：114－115.

［28］崔丽花，张先珍．大股东持股比例变化对反向收购企业绩效的影响［J］．延边大学学报（社会科学版），2018，51（1）：86－94，142.

［29］崔元锋，严立冬．基于 DEA 的财政农业支出资金绩效评价［J］．农业经济问题，2006（9）：37－40，79.

［30］戴璐．财务会计中应用公允价值存在的不足及应对策略分析［J］．中国总会计师，2021（1）：78－79.

［31］党宏欣．暴风集团轻重资产转型、投资失败与财务危机［J］．财会通讯，2021（14）：109－112，149.

［32］邓豪瀛，杜运潮．基于翻转课堂的会计专业教学过程设计研究——以长期股权投资为例［J］．浙江工商职业技术学院学报，2020，19（3）：72－74.

［33］刁园园．公允价值与历史成本的比较与选择［J］．绿色财会，2021（3）：3－5.

［34］丁藏．新会计准则下的企业合并会计报表的处理［J］．冶金管理，2021（7）：147－148.

［35］丁静．新金融工具准则下的金融资产分类框架的层次逻辑分析［J］．财务与会计，2021（3）：50－55.

［36］丁少柏．论投资性房地产的税盾效应［J］．湖南税务高等专科学校学报，2021，34（1）：15－19.

［37］丁小飞．关于企业借壳上市会计处理相关问题的探讨［J］．财会学习，2020（12）：128－129.

［38］丁小娟．同一控制下企业合并的会计核算探析［J］．审计与理财，2021（3）：

26 - 27.

［39］董建凤．人力资源财务会计理论与实务体系构建的再认识［J］．中外企业家，2017（1）：105.

［40］董梅．企业合并涉税事项的问题探讨［J］．纳税，2021，15（16）：35 - 36.

［41］董振杰．基于电子商务的财务会计理论与实务分析［J］．现代营销（经营版），2021（5）：22 - 23.

［42］杜洋洋，田祥宇．企业金融化降低了资本市场信息效率吗——基于股价同步性的视角［J］．统计学报，2021，2（2）：66 - 79.

［43］杜永红．会计信息质量特征研究——基于IASB《财务报告概念框架》的国际趋同角度［J］．安徽工业大学学报（社会科学版），2021，38（1）：20 - 23.

［44］段胜．地方政府专项债补充农村中小银行资本相关模式探索［J］．地方财政研究，2021（2）：31 - 38.

［45］段湘姬．新金融工具准则对信托公司的影响研究——以陕国投为例［J］．财会研究，2021（8）：42 - 46.

［46］段晓芳．会计公允价值与资产评估公允价值［J］．金融会计，2021（2）：9 - 13.

［47］樊海波．新会计准则下的长期股权投资核算［J］．财会学习，2020（33）：105 - 106.

［48］范晓菲．新《政府会计制度》对事业单位会计核算的影响与应对［J］．中国乡镇企业会计，2020（11）：107 - 109.

［49］冯丽霞，单佳敏．以合并报表评价企业财务绩效客观性的分析［J］．吉林工商学院学报，2021，37（2）：38 - 43.

［50］付铁铮，罗欣．关于持有股权在被投资单位破产重整期间会计政策转换的案例研究［J］．国际商务财会，2020（10）：35 - 38.

［51］甘翔翀，刘卫．中国与泰国会计计量模式比较研究［J］．商业会计，2021（2）：94 - 98.

［52］高波，王善平．财政扶贫资金综合绩效评价体系研究［J］．云南社会科学，2014（5）：86 - 89.

［53］高南．借壳上市财务风险分析［J］．统计与管理，2020，35（8）：59 - 63.

［54］耿建新，靳琦琦．长期股权投资准则的历史沿革与国际比较［J］．财会月刊，2020（18）：39 - 45.

［55］耿建新，靳琦琦．企业合并准则的历史沿革与国际比较［J］．财会月刊，2020（19）：65 - 72.

［56］耿建新，李子慧．与担保相关的会计准则与管理制度研究——基于历史沿革和国际比较的探讨［J］．财会通讯，2021（7）：3 - 11，16.

［57］耿建新，孙沛霖．企业并购、商誉减值与资产评估关系研究［J］．会计之友，2021（5）：11 - 16.

［58］弓锋伟．公允价值模式在投资性房地产中的应用探析［J］．现代审计与会计，2021（3）：42 - 44.

［59］顾娟霞．对新债务重组会计准则的几点思考——基于债务重组会计准则的演变

[J]. 财经界, 2021 (4): 107 - 108.

[60] 关于印发《政府会计准则制度解释第 3 号》的通知 [J]. 交通财会, 2020 (11): 83 - 85.

[61] 郭传凯. 市场力量分析下反垄断规制体系的完善 [J]. 中国流通经济, 2021, 35 (5): 109 - 120.

[62] 韩福才. 债务重组会计处理问题探讨 [J]. 财会通讯, 2021 (3): 119 - 122.

[63] 韩鹤彪. 新金融工具会计准则对商业银行审计风险影响与对策 [J]. 审计与理财, 2021 (6): 39 - 40.

[64] 韩温童. 新会计准则对企业财务管理的影响探析 [J]. 营销界, 2021 (12): 122 - 123.

[65] 何华征. 论金融的实践逻辑及其伦理冲突 [J]. 现代经济探讨, 2021 (7): 76 - 82.

[66] 何娜. 衍生金融工具套期保值策略分析 [J]. 中小企业管理与科技 (上旬刊), 2021 (8): 80 - 81.

[67] 胡蓓. 商誉会计处理问题探讨 [J]. 合作经济与科技, 2021 (8): 132 - 133.

[68] 胡海燕. 企业合并财务报表编制相关问题分析 [J]. 财会学习, 2021 (13): 39 - 40.

[69] 胡敏. 网络环境下会计理论与实务的发展 [J]. 杨凌职业技术学院学报, 2006 (2): 37 - 39.

[70] 胡小波, 吴汉军. 新债务重组准则下损益确认的改变及改进 [J]. 财经界, 2021 (18): 153 - 154, 172.

[71] 胡晓轩. 金融工具减值 - 预期信用损失模型在非上市企业会计中的应用研究 [J]. 商业经济, 2021 (5): 143 - 145, 161.

[72] 胡心仪. 财务会计中采用公允价值的问题及对策研究 [J]. 当代会计, 2021 (3): 1 - 3.

[73] 胡莹. LEI 在数字身份认证领域的应用 [J]. 中国金融, 2021 (12): 22 - 23.

[74] 胡照平. 企业财务会计报表合并问题的相关探讨 [J]. 当代会计, 2021 (4): 179 - 180.

[75] 王华新, 龚金保, 洪日南, 陈涛, 杨红军, 马安红, 戴益民, 陈前兰. 建立财政支农支出绩效评价体系研究 [J]. 经济研究参考, 2008 (38): 47 - 60.

[76] 黄柏浚. A 股市场上市公司商誉减值状况调查 [J]. 当代会计, 2021 (7): 94 - 95.

[77] 黄琦. 货币政策工具、农村金融体系支持贫困地区乡村振兴的区域差异与空间效应研究 [J]. 郑州轻工业大学学报 (社会科学版), 2021, 22 (3): 79 - 84.

[78] 黄秋英. 我国投资性房地产会计处理问题研究 [J]. 商讯, 2021 (4): 25 - 26.

[79] 黄婉霞.《基础会计理论与实务》教学改革探讨 [J]. 中国乡镇企业会计, 2017 (9): 266 - 267.

[80] 黄文婕. 新金融工具准则对企业会计信息质量的影响研究 [J]. 财政监督,

2021 (12): 97 - 104.

[81] 黄小舟，王红玲．从农民增收的角度看我国财政支农资金绩效［J］．中央财经大学学报，2005 (1): 10 - 13.

[82] 吉喆．互联网企业合并的财务风险研究［J］．商场现代化，2021 (5): 154 - 156.

[83] 季姝含．改善财务报告有用性解决方案的国际探讨［J］．中国注册会计师，2021 (1): 91 - 94.

[84] 冀柯．金融工具创新对企业财务管理的影响探讨［J］．中国中小企业，2021 (6): 188 - 189.

[85] 贾康，孙洁．平衡计分卡（表）方法在财政支出绩效评价中的应用设计初探［J］．山东经济，2010，26 (1): 5 - 10.

[86] 贾文．金融工具公允价值计量对金融统计的影响研究［J］．金融纵横，2021 (2): 52 - 57.

[87] 贾宇，赵亚雄．金融市场参与能有效预防家庭支出型贫困吗？——来自 561 户调研家庭的证据［J］．金融理论与实践，2021 (6): 21 - 31.

[88] 江正兵．新准则下应收账款坏账准备计提的实务研究［J］．营销界，2021 (21): 143 - 144.

[89] 金荣学，宋弦．基于 DEA 的财政支出绩效实证分析——以湖北省为例［J］．财政研究，2011 (8): 41 - 44.

[90] 金先锋．新金融工具准则下企业理财业务会计处理研究［J］．当代会计，2021 (6): 80 - 82.

[91] 金执翰．上市公司并购中对交易对方业绩补偿的会计处理——基于 13 家上市公司的多案例研究［J］．会计之友，2021 (4): 114 - 119.

[92] 靳柯娟．“双循环”背景下地方国企兼并重组效果评价与实证研究［J］．中国市场，2021 (8): 20 - 23.

[93] 景婉莹．新业务发展下的融资模式研究与应用——以 A 公司为例［J］．天津经济，2021 (5): 43 - 52.

[94] 康吉言．金融业务计量及估值管理分析——基于新金融工具会计准则视角［J］．新会计，2021 (2): 27 - 31.

[95] 寇永红，吕博．财政扶贫资金绩效审计工作现状及改进措施［J］．审计研究，2014 (4): 19 - 22.

[96] 冷琳．非货币性资产交换准则执行的三个问题［J］．中国注册会计师，2020 (10): 99 - 102.

[97] 李彩霞．会计专业硕士《财务会计理论与实务》课程教学方案优化设计［J］．会计师，2018 (17): 70 - 72.

[98] 李彩霞，王悦．“一纸开卷”考试在 MPAcc 专业核心课程考核中的应用与推广——基于《财务会计理论与实务》课程考核探索性改革的思考［J］．教育现代化，2020，7 (41): 131 - 134.

[99] 李灿，阳荣凤．农地经营权入股公司的差异化股权配置及其实现路径构想［J］．中南大学学报（社会科学版），2021，27 (1): 90 - 100.

[100] 李超．浅谈金融危机背景下的公允价值会计问题［J］．财富时代，2021（3）：21-22.

[101] 李澄．电子商务对传统财务会计理论和实务的影响［J］．湖北财税，2002（8）：49.

[102] 李建全．会计理论与实务有效衔接的人才培养模式探讨［J］．现代商贸工业，2021，42（10）：70-71.

[103] 李洁．试论会计信息化对会计理论与实务的影响［J］．时代金融，2016（8）：179-190.

[104] 李晶雨，汪莹，杨子和，张冰冰，郭雨凡．基于低碳背景下闭环供应链碳排放的研究——以北京市为例［J］．企业科技与发展，2021（6）：23-26.

[105] 李竟榕．政府会计制度下事业单位长期股权投资核算分析［J］．齐鲁珠坛，2020（6）：30-34.

[106] 李丽燕，皇甫慧茹．并购商誉确认及后续计量研究综述［J］．合作经济与科技，2021（13）：142-143.

[107] 李文艳，马素霞．论电子商务对会计理论与实务的影响［J］．当代经理人，2006（9）：51.

[108] 李祥云，陈建伟．我国财政农业支出的规模、结构与绩效评估［J］．农业经济问题，2010，32（8）：20-25.

[109] 李晓颖，刘畅，黄虹．购买方负利率主权债券会计国际比较［J］．新会计，2021（6）：61-64.

[110] 李秀芸．基于资金链视角的A公司财务风险分析［J］．会计师，2020（21）：41-42.

[111] 李延莉，卜晗．债务重组准则修订对上市公司及利益相关者的影响［J］．科技经济导刊，2021，29（18）：192-193.

[112] 李言旺．新会计准则下企业合并财务报表问题研究［J］．纳税，2021，15（9）：136-137.

[113] 李永友，沈坤荣．辖区间竞争、策略性财政政策与FDI增长绩效的区域特征［J］．经济研究，2008（5）：58-69.

[114] 李越冬，李健，张海娟．同一控制下的企业合并会计处理方式探析［J］．财会月刊，2021（9）：75-81.

[115] 厉伟，姜玲，华坚．基于三阶段DEA模型的我国省际财政支农绩效分析［J］．华中农业大学学报（社会科学版），2014（1）：69-77.

[116] 梁杰，林彤，陈怡秀．企业合并中反向并购案例设计与解析［J］．科技经济导刊，2020，28（31）：232-233.

[117] 梁微，葛宏翔，袁奇炜．公允价值计量对上市公司盈余管理影响［J］．技术经济与管理研究，2021（2）：40-44.

[118] 林斌，刘瑾．市场化进程、财政状况与审计绩效［J］．审计与经济研究，2014，29（3）：31-39.

[119] 林国．《民法典》第416条之于企业杠杆效应的延伸解读［J］．现代商业，

2021 (6): 140 - 144.

[120] 林慧芝. 关于在财务会计中采用公允价值的探究 [J]. 财会学习, 2021 (2): 93 - 94.

[121] 林斯斯, 林钢. 关于政府会计现金流量表编制方法探讨 [J]. 会计之友, 2021 (14): 72 - 81.

[122] 林霆. 优先股在公司治理中的探讨与分析 [J]. 财经界, 2021 (3): 31 - 33.

[123] 林炜. 合并报表对企业财务管理的影响分析 [J]. 纳税, 2021, 15 (9): 78 - 79.

[124] 林永青. 新经济·新投资: 特殊目的收购公司的优势 [J]. 金融博览, 2020 (4): 42 - 43.

[125] 林勇峰, 陈世文, 郑东也, 白智奇. 科创板申报企业财务会计专题研究 (下) [J]. 新会计, 2021 (2): 4 - 13.

[126] 凌子怡. 新准则下交换多项非货币性资产的相关问题探讨 [J]. 商讯, 2021 (3): 150 - 151.

[127] 刘爱军. 新政府会计制度下事业单位建账问题探讨 [J]. 商业文化, 2021 (10): 34 - 35.

[128] 刘国永. 高等教育财政支出绩效评价指标设计原理、方法及运用 [J]. 教育与经济, 2007 (3): 30 - 35.

[129] 刘翰林, 刘家琛, 王泽霞. 公允价值分层计量、信息化水平与风险承担 [J]. 杭州电子科技大学学报 (社会科学版), 2021, 17 (1): 1 - 7, 36.

[130] 刘家明. 基于资产质量分类的管理实践 [J]. 财经界, 2020 (34): 90 - 91.

[131] 刘杰, 张勇. 财政专项资金绩效审计问题研究 [J]. 财会通讯, 2016 (10): 77 - 80, 4.

[132] 刘金金. 新金融工具会计准则对我国上市银行的影响分析 [J]. 北京印刷学院学报, 2021, 29 (5): 22 - 24.

[133] 刘娟. 一揽子交易判断及会计处理例析——基于多次购买和处置股权视角 [J]. 财会通讯, 2021 (9): 111 - 114.

[134] 刘昆, 肖学. 推进财政支出绩效评价 带动绩效预算管理改革——兼谈广东财政支出绩效评价的实践 [J]. 财政研究, 2008 (11): 19 - 21.

[135] 刘亮. 我国财政转移支付绩效的实证分析 [J]. 河北经贸大学学报, 2003 (6): 37 - 43.

[136] 刘穷志, 卢盛峰. 财政支农支出绩效评估与数量优化研究 [J]. 中南财经政法大学学报, 2009 (2): 51 - 56.

[137] 刘仙风. 财务会计理论与实务契合下的实施模式构建 [J]. 纳税, 2017 (6): 39.

[138] 刘峥. 金融衍生工具对财务会计理论与实务的影响 [J]. 辽宁经济, 2004 (6): 58.

[139] 卢丹. 产业并购基金相关会计处理及资本结构影响 [J]. 当代会计, 2020 (18): 117 - 118.

[140] 卢静. 论财政支出绩效评价体系之构建 [J]. 天津财经学院学报, 2005 (5):

15-17，29.

［141］鲁立．新金融工具准则下商业汇票的确认及计量［J］．商业会计，2021（1）：92-95.

［142］陆庆平．公共财政支出的绩效管理［J］．财政研究，2003（4）：18-20.

［143］陆艳婷．初探无形资产对预测企业合并价值的作用［J］．老字号品牌营销，2021（6）：107-108.

［144］陆正飞．商誉减值与摊销：该选择谁——基于准则演进与文献回顾的认识［J］．财会月刊，2021（7）：8-12.

［145］路建庆．探析矩阵在企业合并会计处理中的巧妙应用［J］．财经界，2021（16）：109-110.

［146］路晓莹．反向并购会计处理问题探讨［J］．财会通讯，2018（34）：62-65.

［147］吕景芳．股权投资核算方法及转换影响探究［J］．商讯，2020（28）：68-69.

［148］吕洋．新金融、保险会计准则下保险公司长期股权投资的应用分析［J］．中国外资，2020（20）：65-66.

［149］吕易．公允价值分层披露、内部控制与价值相关性［J］．安徽师范大学学报（人文社会科学版），2021，49（3）：145-157.

［150］伦瑶．解读信息时代下如何优化财务运作以实现财务信息共享［J］．商业观察，2021（4）：34-36.

［151］罗斌元，马玉玲．财政支出基本建设项目绩效评价通用指标体系的构建［J］．地方财政研究，2006（9）：17-21.

［152］罗兰．金融资产重分类对企业“其他综合收益”的影响［J］．绿色财会，2021（3）：44-46.

［153］罗卫平，陈志坚．基于DEA的广东省21个地市财政科技投入绩效评价［J］．科技管理研究，2007（3）：38-40，46.

［154］罗晓龙，龚钰捷，钟廷勇，胡艺粼．新金融工具准则下预期信用损失减值模型中的货币时间价值问题研究［J］．商业会计，2021（12）：39-43.

［155］马国贤．预算绩效评价与绩效管理研究［J］．财政监督，2011（1）：18-22.

［156］马欢．企业并购审计风险及应对研究［J］．中国总会计师，2021（5）：140-141.

［157］马佳佳．长期股权投资部分减持与持有待售的关联性分析［J］．商业文化，2021（16）：130-131.

［158］马琳．论集团公司长期股权投资管理［J］．商讯，2021（14）：58-60.

［159］马明勇，陈奕霖，杨明．反向并购会计处理——以A公司与S公司合并案为例［J］．新会计，2021（6）：58-60.

［160］马乃云，侯倩．基于平衡计分卡方法的财政科技经费绩效评价体系研究［J］．中国软科学，2016（10）：184-192.

［161］马容．互联网技术赋予了传统财务会计理论与实务新的特征——评《互联网时代的企业财务会计实践发展研究》［J］．财务与会计，2019（19）：88.

［162］马永义．如何分析利润表［J］．商业会计，2020（21）：8-11.

［163］马永义．新金融工具及收入准则下相关会计科目的列报规则［J］．新理财，

2021（6）：18 – 19.

［164］孟凡超．民营银行资本补充的困境与路径［J］．浙江金融，2021（2）：44 – 52，20.

［165］莫迪．浅谈并购基金的账务处理［J］．中国市场，2020（28）：46 – 47.

［166］莫苇．浅谈财务会计理论与实务的发展［J］．财会学习，2017（18）：90 – 91.

［167］穆明．浅谈公允价值在会计实务中的研究［J］．商场现代化，2021（2）：166 – 168.

［168］南京破产法庭课题组，姚志坚，王静．破产企业对外长期股权投资处置的类型化研究［J］．人民司法，2020（34）：56 – 60.

［169］宁波市审计学会课题组，何小宝，徐荣华．财政专项资金绩效审计研究［J］．审计研究，2014（2）：3 – 8.

［170］潘家永．试用期可以顺延或者重新约定吗［J］．就业与保障，2021（7）：30.

［171］潘颖红．试谈新会计准则对金融工具会计核算产生的影响［J］．当代会计，2021（2）：103 – 104.

［172］裴斐．股权划转的财税热点问题研究［J］．现代营销（下旬刊），2020（11）：200 – 201.

［173］彭启新，于洪．公允价值在我国的发展及现阶段问题研究［J］．中国乡镇企业会计，2021（1）：7 – 8.

［174］彭瑞清．企业合并中对赌协议会计处理准则依据的探讨［J］．中国注册会计师，2021（5）：87 – 89，3.

［175］彭秀花．2014 – 2015 年度会计理论与实务重点研究课题［J］．现代经济信息，2015（9）：466.

［176］柒永芳，黄家驹．应收账款票据化：优势、问题及对策［J］．海南金融，2021（6）：49 – 57，65.

［177］齐翊凯．企业产业重组整合的税收筹划与财务处理实务操作浅析［J］．中国集体经济，2021（17）：155 – 156.

［178］钱文．关于在财务会计中采用公允价值的研究［J］．中国乡镇企业会计，2021（7）：9 – 10.

［179］邱世才．关于在财务会计中采用公允价值的探讨［J］．中国中小企业，2021（1）：110 – 111.

［180］区梦怡．国有企业合并浅析［J］．合作经济与科技，2021（11）：102 – 104.

［181］曲晓辉．股权投资会计问题研究［J］．会计之友，2021（6）：2 – 8.

［182］冉春芳，贺金玲．董事辞职与会计政策变更：形式与实质［J］．会计之友，2020（17）：99 – 105.

［183］任嘉晨．创始人控制权的市场效应——以京东明尼苏达事件为例［J］．商展经济，2021（5）：45 – 50.

［184］任世驰．自创商誉、合并商誉及其会计处理：一种观点［J］．会计之友，2021（13）：2 – 10.

［185］任晓燕．新会计准则实施对投资公司的影响及对策［J］．纳税，2021，15

(19): 139-140.

[186] 任永平. 中德财务会计若干理论与实务问题比较研究 [J]. 会计研究, 2001 (7): 56-61.

[187] 荣刚, 葛效宏. 新金融工具准则实施后私募基金的投资性主体界定及其核算 [J]. 财务与会计, 2021 (3): 75-76.

[188] 邵传林. 制度环境、财政补贴与企业创新绩效——基于中国工业企业微观数据的实证研究 [J]. 软科学, 2015, 29 (9): 34-37, 42.

[189] 邵伟钰. 基于DEA模型的群众体育财政投入绩效分析 [J]. 体育科学, 2014, 34 (9): 11-16, 22.

[190] 申书海. 财政支出绩效评价体系构成研究 [J]. 财政研究, 2003 (7): 10-12.

[191] 申香华. 成长空间、盈亏状况与营利性组织财政补贴绩效——基于2003-2006年河南省和江苏省上市公司的比较研究 [J]. 财贸经济, 2010 (9): 64-69.

[192] 沈俊, 陈欣怡. 武汉市科技金融促进科技创新的政策文本研究——基于政策工具与创新阶段二维视角 [J]. 武汉金融, 2021 (6): 81-88.

[193] 沈鹏靖. 试论股权激励中的财务处理实践 [J]. 财会学习, 2021 (10): 53-54.

[194] 石彬. 债券投资类产品摊余成本法估值分析 [J]. 北方经贸, 2021 (7): 111-114.

[195] 史学智. 同一控制下业务合并会计处理方法之辨 [J]. 财会月刊, 2021 (9): 82-90.

[196] 史玉凤, 田迪, 王棋. 指导学生深度学习 "企业合并与合并财务报表" 教学设计 [J]. 营销界, 2021 (18): 93-95.

[197] 宋清华, 谢坤, 邓伟. 金融科技与货币政策有效性: 数量型与价格型工具的比较研究 [J]. 国际金融研究, 2021 (7): 24-35.

[198] 宋艳娟. 企业商品期货套期会计处理问题研究 [J]. 中国市场, 2021 (16): 160-161.

[199] 宋艳娟. 衍生金融工具的运用对企业会计利润的影响分析 [J]. 纳税, 2021, 15 (3): 85-86.

[200] 苏力. 中美非货币资产交换会计处理的差异 [J]. 国际商务财会, 2021 (3): 47-50.

[201] 孙芳雄. 中小商业银行执行新金融工具准则的实践与思考 [J]. 财会月刊, 2021 (11): 111-115.

[202] 孙红燕, 管莉莉, 张先锋. 基于FWTW资金流量表的金融服务实体经济测算研究——兼论其对实体经济增长影响 [J]. 数量经济技术经济研究, 2021, 38 (7): 159-176.

[203] 孙靖. 财务会计理论与实务契合下的实施模式构建 [J]. 中国外资, 2012 (13): 112.

[204] 孙丽, 徐慧娥. 上市公司委托理财会计核算相关问题探究 [J]. 商业会计, 2021 (3): 60-62, 59.

[205] 孙琳, 方爱丽. 财政透明度、政府会计制度和政府绩效改善——基于48个国

家的数据分析 [J]. 财贸经济, 2013 (6): 22-32.

[206] 孙敏, 杨悦. 权益工具投资信息披露问题探析——以创业板 I65 行业为例 [J]. 财会月刊, 2021 (3): 63-68.

[207] 孙培丁. 公允价值计量理念探讨——基于新国际财务报告概念框架的分析 [J]. 东南大学学报 (哲学社会科学版), 2020, 22 (S2): 113-115.

[208] 孙天琦, 苗萌萌, 阮鹏飞. 从最后贷款人到最后做市商——次贷危机以来国际上的实践和讨论 [J]. 中国金融, 2021 (11): 15-20.

[209] 孙文祥, 蔡方. 我国财政支农经济绩效实证研究 [J]. 财政研究, 2005 (11): 25-28.

[210] 孙召亮, 徐伟, 薛峰. 权益法下投资方与联 (合) 营企业交易的抵销处理解析 [J]. 财务与会计, 2020 (23): 53-56.

[211] 孙志成. 公允价值分层披露研究述评 [J]. 中国集体经济, 2021 (10): 145-146.

[212] 索金龙. 基于电商环境下的财务会计理论与实务分析 [J]. 辽宁经济职业技术学院. 辽宁经济管理干部学院学报, 2020 (6): 29-31.

[213] 谭桂萍. 我国商业银行互联网金融问题与应对 [J]. 现代商贸工业, 2021, 42 (18): 99-100.

[214] 汤立尧. 金融工程对我国金融发展的促进分析 [J]. 中国商论, 2021 (13): 76-78.

[215] 唐嘉尉, 尹长萍, 蒋水全. 公允价值计量、审计资源配置与审计质量 [J]. 财会月刊, 2021 (7): 89-97.

[216] 滕泽芹. 新金融工具准则对商业银行金融资产的影响分析 [J]. 财会学习, 2021 (18): 149-151.

[217] 田立强. 新会计准则对企业税务管理与筹划的影响分析 [J]. 纳税, 2021, 15 (18): 33-34.

[218] 田时中, 田淑英, 钱海燕. 财政科技支出项目绩效评价指标体系及方法 [J]. 科研管理, 2015, 36 (S1): 365-370.

[219] 田学玲. 同一控制下企业合并财务报表的编制探讨 [J]. 上海商业, 2021 (6): 168-169.

[220] 童元松, 印梅. 保护主义与疫情之下出口贸易怎样 "稳中提质"? [J]. 河南牧业经济学院学报, 2021, 34 (3): 13-21.

[221] 万明滨, 翁穆丹. 投资性房地产公允价值模式利弊分析——以城市轨道交通企业为例 [J]. 商业会计, 2021 (13): 105-109.

[222] 万周. 论财务会计理论与实务契合下的实施模式构建 [J]. 现代经济信息, 2016 (8): 162.

[223] 汪登峰. 基于企业合并会计税务处理及税务筹划工作研究 [J]. 纳税, 2021, 15 (16): 47-48.

[224] 汪昊旻. 应对气候变化的宏观经济金融政策工具及运用情况 [J]. 现代商业, 2021 (18): 103-105.

[225] 王碧莹. 新经济政策下对企业合并中财务风险防范的探讨 [J]. 商业经济,

2021 (7): 74-75.

[226] 王东. 浅析政府会计制度下事业单位长期股权投资的会计处理 [J]. 商讯, 2020 (26): 11-13.

[227] 王冬梅, 林旭锋. 会计准则修订对报表项目和财务分析指标可比性的影响 [J]. 财会月刊, 2021 (12): 83-90.

[228] 王烽光. 电子商务的发展对财务会计理论与实务的影响及对策 [J]. 纳税, 2018 (7): 66.

[229] 王海萍, 孙希荣. 财务报表体系改进探析——基于双重计量模式视角 [J]. 财会通讯, 2021 (14): 97-100.

[230] 王红艳, 刘金忠. 浅议谨慎性原则的运用 [J]. 科学大众, 2008 (7): 133.

[231] 王鸿轩. 破产重整中 AMC 的金融债权保护 [J]. 法制与社会, 2021 (10): 46-47.

[232] 王健. 上市公司合并报表的难点及解决策略探析 [J]. 商讯, 2021 (14): 149-150.

[233] 王静静. 浅析企业合并的会计税务处理和税收筹划 [J]. 纳税, 2021, 15 (16): 27-28.

[234] 王静. 衍生金融工具套期保值策略分析 [J]. 中小企业管理与科技 (上旬刊), 2021 (7): 79-80.

[235] 王克强, 刘红梅, 陈玲娣. 财政支出绩效评价研究综述 [J]. 开发研究, 2006 (5): 113-117.

[236] 王丽敏. 股份支付费用确认存在的问题分析 [J]. 当代会计, 2021 (4): 115-116.

[237] 王凌. 金融工具准则修订后商业银行盈余管理方法研究 [J]. 时代金融, 2021 (16): 88-90.

[238] 王令. 反向并购下壳资源价值评估研究——基于 B-S 期权定价模型的视角 [J]. 经贸实践, 2017 (4): 116.

[239] 王湄. 新形势下国资管理与国企改革要点分析 [J]. 企业改革与管理, 2021 (8): 34-35.

[240] 王敏. 中国财政教育支出绩效评价探析 [J]. 财政研究, 2005 (6): 31-34.

[241] 王楠. 数字货币会计确认、计量与结算思考 [J]. 中国农业会计, 2021 (4): 68-69.

[242] 王胜. 分税制以来中国地方财政支农绩效评价: 基于分级支出视角 [J]. 中国管理科学, 2010, 18 (1): 26-32.

[243] 王淑慧, 周昭, 胡景男, 李辉. 绩效预算的财政项目支出绩效评价指标体系构建 [J]. 财政研究, 2011 (5): 18-21.

[244] 王伟. 新会计准则下金融工具公允价值可靠性分析 [J]. 财经界, 2021 (6): 118-119.

[245] 王晓华. 新会计准则力促农信机构财务管理升级 [J]. 中国农村金融, 2020 (24): 76-78.

[246] 王晓辉．非同一控制下合并报表时子公司的利润及核算［J］．财会学习，2021（6）：87－88.

[247] 王晓天，陈倩倩．基于核算系统性梳理生物资产会计准则适用性——以林木类消耗性生物资产为例［J］．现代企业，2021（7）：87－88.

[248] 王新月．对公允价值计量模式选择研究［J］．广西质量监督导报，2021（2）：181－182.

[249] 王娅茹．金融工具会计计量问题探讨［J］．中国管理信息化，2021，24（3）：43－46.

[250] 王延奇．债务重组形成的持有待售资产会计处理探析［J］．纳税，2020，14（36）：41－44.

[251] 王雁．公共财政支出绩效评价体系的构建［J］．西北师大学报（社会科学版），2011，48（4）：121－126.

[252] 王旸．其他综合收益核算中现实与逻辑的冲突［J］．会计师，2021（6）：19－21.

[253] 王一农．国有企业考核分配体系框架下财务预算的导入［J］．国有资产管理，2021（5）：26－28.

[254] 王怡，倪筱楠．民营上市公司债务治理弱化研究［J］．现代商业，2021（5）：133－135.

[255] 王雍君．全球视野中的财政透明度：中国的差距与努力方向［J］．国际经济评论，2003（4）：34－39.

[256] 王媛．新金融工具会计准则对商业银行会计信息披露质量的影响分析［J］．商场现代化，2021（12）：128－130.

[257] 王昀．信息时代财务会计改革问题研究［J］．山西财经大学学报（高等教育版），2008（S2）：58.

[258] 王梓依．长期股权投资税会差异及对企业所得税的影响［J］．税收征纳，2021（3）：33－36.

[259] 危星．追溯调整法在新旧《政府会计制度》转换中的运用浅析［J］．会计师，2020（17）：11－12.

[260] 韦嘉，章怡琳，胡封秋，陈彦华．招商银行和交通银行金融投资的流动性风险分析［J］．时代金融，2020（36）：100－102，108.

[261]“我国推行财政支出绩效考评研究”课题组，贾康．我国推行财政支出绩效考评研究［J］．经济研究参考，2006（29）：2－36.

[262] 吴芬玲．公允价值对企业财务会计核算的影响分析［J］．财经界，2021（9）：148－149.

[263] 吴国鼎．SPAC市场：机遇还是陷阱？［J］．世界知识，2021（7）：64－65.

[264] 吴建南，李贵宁．教育财政支出绩效评价：模型及其通用指标体系构建［J］．西安交通大学学报（社会科学版），2004（2）：25－31.

[265] 吴建南，刘佳．构建基于逻辑模型的财政支出绩效评价体系——以农业财政支出为例［J］．中南财经政法大学学报，2007（2）：69－74，143.

[266] 吴秀梅．企业年金的扩面困境及其解决对策［J］．商展经济，2021（14）：

97－99.

［267］夏凌振．“对赌”语境下异质股东间及其与债权人间的利益平衡［J］．北方论丛，2021（2）：79－86.

［268］肖合燕．反向并购、IPO 上市与债务融资成本［J］．会计之友，2018（23）：132－137.

［269］肖鹏，阎川．中国财政透明度提升的驱动因素与路径选择研究——基于 28 个省份面版数据的实证分析［J］．经济社会体制比较，2013（4）：199－206.

［270］谢福泉，任浩，张军果．财政科技投入产出绩效评价体系的构建——科技项目后评价视角［J］．中国科技论坛，2006（6）：25－27，35.

［271］谢虹．基于层次分析法的科技财政支出绩效评价研究［J］．中央财经大学学报，2007（4）：12－16.

［272］谢获宝，孔紫璇．背离反向并购实质的会计核算分析——以顺丰控股反向并购鼎泰新材为例［J］．财务与会计，2018（21）：27－29.

［273］邢喆．企业合并报表信息化建设中的问题及对策［J］．中国产经，2021（10）：110－111.

［274］熊健，安庆钊．海峡两岸金融资产会计准则趋同过程分析——以 CAS 22（2017）与中国台湾地区所采用的 IFRS 9 为主要研究对象［J］．财会通讯，2021（11）：90－94.

［275］徐风英．浅谈企业合并形式变更的实践应用与思考［J］．中国商论，2020（18）：173－174.

［276］徐卉．浅谈电子商务的发展对会计理论与实务的影响［J］．科技创新与应用，2013（24）：271.

［277］徐建华．反向购买业务中上市公司控股股东合并报表实务探讨［J］．当代会计，2020（21）：149－150.

［278］徐一心，曾俊林，杨冰，王成，金雪冰．财政支出绩效评价实证研究［J］．中国统计，2005（3）：40－41.

［279］徐峥．长期股权投资核算中产生税会差异的若干情形［J］．注册税务师，2020（11）：60－62.

［280］徐峥．金融工具在现金流量表中的列报［J］．财务与会计，2021（5）：43－46.

［281］许国君．基于新会计准则下长期股权投资核算的问题探讨［J］．中国市场，2020（30）：62－63.

［282］许珍婷．企业长期股权投资内部控制及风险管理——评《企业投资战略管理与决策》［J］．商业经济研究，2021（14）：2.

［283］许中缘．论《公司法》第 42 条但书条款的规范解释［J］．现代法学，2021，43（2）：119－136.

［284］颜凌云．房地产夹层融资“险中求稳”［J］．法人，2021（1）：78－80.

［285］杨川．预期损失模型在我国商业银行的应用研究——基于江苏省上市银行数据［J］．商业会计，2021（5）：47－50.

［286］杨春．新金融工具准则对中小银行会计核算的影响及应对［J］．财会学习，

2021（19）：164－166.

［287］杨丹．合并商誉与企业创新能力［J］．科研管理，2021，42（5）：1－11.

［288］杨冬．处置对子公司部分投资合并报表编制探讨［J］．财务与会计，2020（16）：42－44.

［289］杨华．在财务会计中采用公允价值的探讨［J］．时代金融，2021（8）：76－78.

［290］杨佳慧．物价变动对会计理论与实务的影响及应对模式的选择［J］．内蒙古煤炭经济，2017（23）：66－68.

［291］杨京星．财政支出绩效评价体系的构建［J］．财会月刊，2004（24）：34－35.

［292］杨凯瑞，申珊．改革开放以来中国科技金融政策演变与启示——基于对中央政府政策文本的共词分析［J］．中国科技论坛，2021（6）：105－118，148.

［293］杨青．投资性房地产会计计量问题研究——以方大集团为例［J］．财会学习，2021（21）：173－174.

［294］杨文霞．中美会计理论比较研究［J］．山西青年管理干部学院学报，2007（4）：75－77.

［295］杨小鸿．论财务战略在出租车企业新业态下企业合并发展的运用［J］．中国集体经济，2021（20）：59－61.

［296］杨小娟，徐大伍．公允价值计量、内控质量对盈余波动的影响［J］．黑河学院学报，2021，12（3）：66－70.

［297］杨燕萍．附有对赌协议的股权投资业务会计处理思考［J］．财会通讯，2021（11）：103－105，110.

［298］杨晔，王鹏，李怡虹，杨大楷．财政补贴对企业研发投入和绩效的影响研究——来自中国创业板上市公司的经验证据［J］．财经论丛，2015（1）：24－31.

［299］杨雨婧，段胜．农村中小银行资本补充渠道和路径研究［J］．当代农村财经，2021（2）：56－63.

［300］杨云静．论公允价值及其在企业会计准则中的运用［J］．全国流通经济，2021（9）：184－186.

［301］姚凤民．财政支出绩效评价：国际比较与借鉴［J］．财政研究，2006（8）：77－79.

［302］姚辑，唐兆凡．SPAC：企业国际融资新路径［J］．中国外汇，2019（20）：25－26.

［303］叶新宇，蒋峥．高业绩承诺下企业合并商誉减值研究——以传媒行业上市公司为例［J］．会计之友，2021（10）：124－128.

［304］叶艳芬．银行债转股业务会计核算实务探讨与政策建议［J］．财务管理研究，2021（2）：85－89.

［305］易晓娜．经济绿色化背景下的人民币国际化路径分析［J］．中国商论，2021（11）：80－82.

［306］尹淑平，吴立权．论完善财政专项资金绩效审计评价［J］．财会月刊，2011（13）：39－41.

［307］应唯．金融负债和权益工具区分相关会计问题研究（二）［J］．财务与会计，

2021（2）：28 - 32.

［308］应唯．套期会计解析（二）［J］．财务与会计，2021（6）：26 - 30.

［309］游前勇．浅析股权投资在公允价值计量与成本法之间的转换［J］．中国乡镇企业会计，2021（5）：23 - 24.

［310］于国灿．金融工具摊余成本计量中实际利率法的运用研究［J］．财务管理研究，2021（5）：100 - 104.

［311］于加全．关于城投企业合并财务报表问题的思考［J］．中国集体经济，2021（18）：151 - 152.

［312］于谦龙，徐婷婷，陈林．公允价值分层披露、产权背景对公司债定价的影响研究［J］．南京审计大学学报，2021，18（1）：48 - 58.

［313］于玥．基于电子商务的财务会计理论与实务研究［J］．中国乡镇企业会计，2020（2）：217 - 218.

［314］余晖文．长投权益法与公允价值计量转换例解［J］．时代金融，2020（23）：144 - 145.

［315］余悦，叶紫薇，蔡延蓉，焦金凤．企业合并中递延纳税案例研究［J］．会计师，2021（5）：24 - 25.

［316］余振乾，余小方．地方财政科技支出绩效评价指标体系构建及其实施［J］．中国软科学，2005（4）：63 - 69.

［317］喻晓燕．政府会计制度下科学事业单位会计疑难点问题分析［J］．财会学习，2020（23）：98 - 99.

［318］袁媛．金融工具新旧准则主要变化及其影响分析［J］．中国商论，2021（11）：86 - 88.

［319］臧新霞．关于中国特色会计的几点思考［J］．内蒙古科技与经济，2002（12）：23.

［320］战洪雷．股权转让与账务处理问题探讨［J］．财会学习，2020（31）：147 - 148.

［321］张丹，赵罡．远期结汇现金流量套期保值业务会计处理分析——基于 CAS 22 与 CAS 24 的相关规定［J］．财会通讯，2021（11）：95 - 98.

［322］张家珍，蔡家林．浅谈网络财务对传统财务会计理论及实务的影响［J］．江西财税与会计，2003（1）：52 - 53.

［323］张嘉宁．基于学生基础差异的课堂教学优化研究——以 MPAcc《财务会计理论与实务》课程为例［J］．中小企业管理与科技（下旬刊），2017（10）：86 - 87.

［324］张炯．房地产企业投资性与公允价值计量的应用［J］．现代企业，2021（6）：177 - 178.

［325］张军．房地产开发项目转（受）让方式的财务和税务处理［J］．中国注册会计师，2021（3）：111 - 115.

［326］张军果，任浩，谢福泉．项目后评价视角下的财政科技项目绩效评估体系研究［J］．科学学与科学技术管理，2007（2）：14 - 20.

［327］张克．私募基金的账户设立及账务处理浅析［J］．现代商业，2020（25）：130 - 131.

［328］张娜嘉．新金融工具准则对中小商业银行的影响探讨［J］．全国流通经济，2021（4）：137－139.

［329］张鹏．公允价值会计的顺周期效应及其应对策略研究［J］．商场现代化，2021（2）：174－176.

［330］张青，王桂强．基于灰色关联分析的地方政府财政科技投入绩效评价：以上海市为例［J］．研究与发展管理，2007（4）：62－69.

［331］张秋华．浅谈民间非营利组织特定业务的会计核算［J］．现代商业，2021（15）：154－156.

［332］张瑞丽．债务重组损益的确认与归属的准则变迁及比较［J］．中国市场，2021（4）：138－139.

［333］张睿曦．并购动因视角下的商誉研究［J］．当代会计，2021（6）：31－32.

［334］张松．控股公司股权稀释丧失控制权后相关会计处理实例探析［J］．中国注册会计师，2021（2）：100－102.

［335］张旺军．浅析财务会计理论结构的逻辑起点［J］．经济问题，2002（2）：53－54.

［336］张为国．影响国际会计准则的关键因素之二：理论之争（下）［J］．财会月刊，2021（8）：3－13.

［337］张为国．影响国际会计准则的关键因素之四：理事倾向（上）［J］．财会月刊，2021（14）：3－15.

［338］张维华．新经济对传统财务会计理论和实务的挑战［J］．经济研究参考，2007（18）：32－33.

［339］张伟．反向并购相关会计处理问题分析［J］．纳税，2017（28）：67.

［340］张亚杰，朱学义，鹿文继，李建位，熊玉江．财政性专项资金绩效评价体系研究［J］．市场周刊（研究版），2005（2）：81－83.

［341］张英豪．关于投资性房地产企业会计核算问题的几点思考［J］．营销界，2021（29）：173－174.

［342］张颖．日立安斯泰莫：提供前瞻性的移动出行解决方案［J］．汽车与配件，2021（8）：46.

［343］张永兰．浅析集团合并会计报表存在的问题及对策［J］．经营管理者，2021（5）：90－91.

［344］张知．中美会计理论比较研究［J］．财会通讯（学术版），2007（1）：23－26.

［345］张子煜，钱好，张文婷．浅谈企业的反向并购［J］．中国集体经济，2019（33）：51－52.

［346］章道云．论会计理论研究［J］．西部经济管理论坛，2011，22（1）：55－60.

［347］章建石，孙志军．AHP 法在高校财政支出绩效评价中的应用［J］．扬州大学学报（高教研究版），2006（1）：21－25.

［348］章磊，张艳飞，李贵宁．财政支出项目绩效评价指标体系设计框架及其应用研究［J］．当代财经，2008（8）：50－54.

［349］赵陈煜．论电子商务的发展对会计理论与实务的影响［J］．经济师，2012

(1)：162－163.

[350] 赵冠男，赵丹萍．浅谈财务会计目标与市场经济环境之间的关系 [J]. 中国商论，2021 (6)：150－152.

[351] 赵辉．股权投资被动稀释会计处理探讨 [J]. 财会通讯，2021 (7)：98－101.

[352] 赵玲．我国类别股创设的法律路径 [J]. 法学杂志，2021，42 (3)：78－86.

[353] 赵婉婷．浅谈股权结构对反向并购绩效的影响 [J]. 时代经贸，2017 (24)：6－7.

[354] 赵英会．存在间接持股时权益法核算对投资方损益的影响 [J]. 财务与会计，2021 (8)：58－61.

[355] 赵英林．公允价值计量对会计理论与实务的挑战与影响 [J]. 山东财政学院学报，2011 (6)：63－66，73.

[356] 赵盈盈．非同一控制下企业合并中的若干问题探析 [J]. 绿色财会，2021 (4)：46－49.

[357] 郑传贤．商品期货业务会计处理探讨 [J]. 中国注册会计师，2021 (3)：92－96.

[358] 郑方辉，廖逸儿．财政专项资金绩效评价的基本问题 [J]. 中国行政管理，2015 (6)：46－52.

[359] 郑方辉，廖逸儿，卢扬帆．财政绩效评价：理念、体系与实践 [J]. 中国社会科学，2017 (4)：84－108，207－208.

[360] 郑怀林，付圆圆，谭云鹤．中小银行资本金补充的渠道选择与政策激励 [J]. 河北金融，2021 (3)：30－32，60.

[361] 郑惠雯．公允价值计量应用的问题研究 [J]. 现代商贸工业，2021，42 (7)：83－84.

[362] 郑军．高校财务会计案例教学探析 [J]. 郑州航空工业管理学院学报（社会科学版），2008 (5)：157－158.

[363] 郑伟．科学发展观下的财务会计发展 [J]. 湖北民族学院学报（哲学社会科学版），2005 (5)：153－157.

[364] 郑向东，张晓华．物价变动对会计理论与实务的影响及应对模式的选择 [J]. 沈阳农业大学学报（社会科学版），2006 (4)：618－620.

[365] 郑志刚．国企混改实践中的认识误区和未来突破的关键问题 [J]. 证券市场导报，2021 (3)：32－38.

[366] 郑志平．新金融工具准则执行过程中的问题探讨 [J]. 财务管理研究，2021 (4)：89－92.

[367] 郑忠伟．非同一控制下企业合并形成商誉的探讨 [J]. 全国流通经济，2021 (3)：84－86.

[368] 中国财政科学研究院财务与会计研究中心简介 [J]. 财政科学，2017 (6)：161.

[369] 钟承璇．会计实务中公允价值计量的应用问题 [J]. 财经界，2021 (17)：94－95.

[370] 钟淇慧，刘晶晶，唐嘉绩，陈琴琴．电子商务的发展对财务会计理论与实务的

影响及对策研究［J］. 现代经济信息，2016（19）：158，160.

［371］周磊，万萌菲. 金融创新提升企业价值的路径研究［J］. 行政事业资产与财务，2021（11）：108－110.

［372］周丽媛. 风险管理下存货内部控制体系的完善优化研究［J］. 财会学习，2021（15）：185－186.

［373］周晓春，方舒，黄进. 金融福祉：促进青年发展的新工具［J］. 中国青年社会科学，2021，40（4）：83－90.

［374］周颖. 高校执行《政府会计制度》过程中账务处理的差异探讨［J］. 财会学习，2020（34）：93－94.

［375］周颖，龙舒婷. 浅谈反向购买的风险识别与应对［J］. 现代企业，2021（6）：90－91.

［376］周运兰，刘妍. 居然之家借壳武汉中商上市案例分析［J］. 财务与会计，2020（22）：35－37.

［377］周芷羽. 金融工具分类模型研究［J］. 商业会计，2021（3）：63－66.

［378］朱莉君. 企业合并财务报表研究［J］. 财会学习，2021（11）：4－6.

［379］朱亮峰. 新金融工具准则下其他权益工具投资的核算［J］. 财务与会计，2021（3）：56－58.

［380］朱茂丽. 新准则下企业金融资产管理的挑战和建议［J］. 中国商论，2021（1）：82－83.

［381］祝云. 地方财政科技支出项目绩效评价研究［J］. 软科学，2008（2）：49－53，60.

［382］邹润玲. 新政府会计制度下高校非流动资产管理研究［J］. 行政事业资产与财务，2021（7）：21－22.

［383］邹勇飞. 新《政府会计制度》对于公立医院会计核算的影响及对策浅析——以部分新增科目和变化较大科目为例［J］. 当代会计，2020（18）：147－148.

［384］송종준삼각주식교환제도의 법리와 운용상의 쟁점［J］. The Justice，2016，152.

［385］Alta Equipment Group Closes Offering of Series A Cumulative Perpetual Preferred Stock［J］. Manufacturing Close－Up，2021.

［386］Alta Equipment Group Concludes Offering of Series A Cumulative Perpetual Preferred Stock［J］. Wireless News，2021.

［387］Anna Schwele，Christos Ordoudis，Pierre Pinson，Jalal Kazempour. Coordination of power and natural gas markets via financial instruments［J］. Computational Management Science，2021（prepublish）.

［388］Anonymous. Five things we've learned this month［J］. Computer Reseller News，2019.

［389］Atkinson Travis R.，Preckel Paul V.，Gotham Douglas. Long－term investment planning for the electricity sector in Small Island Developing States：Case study for Jamaica［J］. Energy，2021，228.

［390］Axiom Holdings，Inc.；Axiom Holdings，Inc. Completes Reverse Merger With CJC Hong Kong Limited To Acquire Chinese Hydro－Electric Power Plant［J］. Energy Business Journal, 2017.

[391] Bayar Onur, Liu Yini, Mao Juan. How reverse merger firms raise capital in PIPEs: search costs and placement agent reputation [J]. Review of Quantitative Finance and Accounting, 2020, 56 (1).

[392] B: Financial Instruments and Markets [J]. World Banking Abstracts, 2021, 38 (2).

[393] Bunge Limited Reports Dividends on Common and Preference Shares [J]. Manufacturing Close - Up, 2021.

[394] Chapman Demian D, Ali Khadeeja, MacNeil M Aaron, Heupel Michelle R, Meekan Mark, Harvey Euan S, Simpfendorfer Colin A, Heithaus Michael R. Long - term investment in shark sanctuaries. [J]. Science (New York, N. Y.), 2021, 372 (6541).

[395] Charles M. C. Lee, Yuanyu Qu, Tao Shen. Going public in China: Reverse mergers versus IPOs [J]. Journal of Corporate Finance, 2019, 58.

[396] Chimera Posts First Quarter 2021 Common and Preferred Stock Dividends [J]. Manufacturing Close - Up, 2021.

[397] Chin Hon Huin, Wang Bohong, Varbanov Petar Sabev, Klemeš Jiří Jaromír, Zeng Min, Wang Qiu Wang. Long - term investment and maintenance planning for heat exchanger network retrofit [J]. Applied Energy, 2020, 279.

[398] CIM Commercial Trust Posts Common and Preferred Stock Dividends [J]. Manufacturing Close - Up, 2021.

[399] Daniel Greene. The wealth of private firm owners following reverse mergers [J]. Journal of Corporate Finance, 2016, 37.

[400] David Muller. CarLotz's go - public goal: Streamline sales [J]. Automotive News, 2020, 95 (6958).

[401] Donny Jackson. Driverless trucks worth the long - term investment [J]. Urgent Communications, 2021.

[402] Drive Shack Posts Fourth Quarter and Full Year 2020 Results and Preferred Stock Dividends for First Quarter 2021 [J]. Manufacturing Close - Up, 2021.

[403] Dynex Capital Reports Redemption of All Outstanding Shares of 7.625% Series B Cumulative Redeemable Preferred Stock [J]. Manufacturing Close - Up, 2021.

[404] Edison International Updates on Pricing of $1.25 billion Preferred Stock Offering [J]. Manufacturing Close - Up, 2021.

[405] Ellen Cools. LONG - TERM INVESTMENT [J]. Canadian Forest Industries, 2021.

[406] First Republic Reports Series L Preferred Stock Offering [J]. Manufacturing Close - Up, 2021.

[407] First Republic Updates on Series L Preferred Stock Offering [J]. Manufacturing Close - Up, 2021.

[408] FoltynZarychta Monika. The Dilemmas of Public Vs. Private Goods Discounting for Long - Term Investment Appraisal: The Puzzle of Citizen and Consumer Approaches to Valuation [J]. Folia Oeconomica Stetinensia, 2020, 20 (2).

[409] Georgiou Omiros, Mantzari Elisavet, Mundy Julia. Problematising the decision – usefulness of fair values: empirical evidence from UK financial analysts [J]. Accounting and Business Research, 2021, 51 (4).

[410] Hellmann Andreas, Patel Chris, Tsunogaya Noriyuki. Foreign – language effect and professionals' judgments on fair value measurement: Evidence from Germany and the United Kingdom [J]. Journal of Behavioral and Experimental Finance, 2021, 30.

[411] Hon Huin Chin, Bohong Wang, Petar Sabev Varbanov, Jiří Jaromír Klemeš, Min Zeng, Qiu – Wang Wang. Long – term investment and maintenance planning for heat exchanger network retrofit [J]. Applied Energy, 2020, 279.

[412] Howmet Aerospace Board Posts Preferred Stock Dividend [J]. Manufacturing Close – Up, 2021.

[413] Jan Jindra, Torben Voetmann, Ralph A. Walkling. Private Class Action Litigation Risk of Chinese Firms Listed in the US [J]. Quarterly Journal of Finance, 2017, 7 (1).

[414] Johannes Thesing, Patrick Velte. Do fair value measurements affect accounting – based earnings quality? A literature review with a focus on corporate governance as moderator [J]. Journal of Business Economics, 2021 (prepublish).

[415] João Vieira, Marta Cabral, Nuno Almeida, Jaime Gabriel Silva, Dídia Covas. Novel methodology for efficiency – based long – term investment planning in water infrastructures [J]. Structure and Infrastructure Engineering, 2020, 16 (12).

[416] JPMorgan Chase Reports Preferred Stock Dividends [J]. Manufacturing Close – Up, 2021.

[417] Lawrence J. Abbott, Katherine Gunny, Troy Pollard. The Impact of Litigation Risk on Auditor Pricing Behavior: Evidence From Reverse Mergers [J]. Contemporary Accounting Research,2017, 34 (2).

[418] Lindsay Chappell. Another plan takes hold at Ind. plant [J]. Automotive News, 2021, 95 (6975).

[419] Liu Wang. Do investors care about earnings quality? The case of Chinese reverse mergers [J]. Pacific – Basin Finance Journal, 2019, 55.

[420] Matiiuk Yuliia, Liobikien e Genovait e. The impact of informational, social, convenience and financial tools on waste sorting behavior: Assumptions and reflections of the real situation [J]. Journal of Environmental Management, 2021, 297.

[421] Medalist Diversified REIT Declares Series A Preferred Stock Cash Dividend [J]. Manufacturing Close – Up, 2021.

[422] Montgomery T. Elizabeth, Browne Erica, Atujuna M, Boeri Marco, Mansfield Carol, Sindelo Siyaxolisa, Hartmann Miriam, Ndwayana Sheily, Bekker Linda Gail, Minnis Alexandra. Long – acting injection and implant preferences and trade – offs for HIV prevention among South African male youth [J]. JAIDS Journal of Acquired Immune Deficiency Syndromes, 2021.

[423] NanoSensors Inc.; NanoSensors, Inc., Announces Letter of Intent with the Proposed Reverse Merger Company out of California [J]. Nanotechnology Weekly, 2018.

[424] Onur Bayar, Yini Liu, Juan Mao. How reverse merger firms raise capital in PIPEs: search costs and placement agent reputation [J]. Review of Quantitative Finance and Accounting, 2020 (prepublish).

[425] Plymouth Industrial REIT Posts First Quarter 2021 Preferred Stock Dividend [J]. Manufacturing Close - Up, 2021.

[426] Qingquan Xin, Ruitao Li, Sonia Wong. A survey of reverse mergers in the Chinese stock market [J]. China Finance Review International, 2019, 9 (1).

[427] Retractable Technologies Declares Dividends to Series I andII Class B Convertible Preferred Stock Shareholders [J]. Manufacturing Close - Up, 2021.

[428] Reverse merger for 4M [J]. Reinforced Plastics, 2017, 61 (4).

[429] Tian Jia, Hu Naiyue, Li Xin, Zhang Fei. Research on a Computer Aid Risk Control System Using Classification Capabilities of Support Vector Machines [J]. Journal of Physics: Conference Series, 2021, 1952 (4).

[430] Transphorm Inc. ; Transphorm Inc. Raises $21 Million and Completes Reverse Merger [J]. Journal of Engineering, 2020.

[431] Trebicka Jonel Translational Hepatology, Department of Internal Medicine I, Goethe University Clinic Frankfurt, Frankfurt, Germany. European Foundation for the Study of Chronic Liver Failure, Barcelona, Spain. Belli Luca S Department of Hepatology and Gastroenterology, ASST Grande Ospedale Metropolitano Niguarda, Milan, Italy. . Liver Transplantation in ACLF is a Wise Long - term "Investment". [J]. Liver transplantation: official publication of the American Association for the Study of Liver Diseases and the International Liver Transplantation Society, 2020.

[432] Troy Pollard. Sneaking in the back door? An evaluation of reverse mergers and IPOs [J]. Review of Quantitative Finance and Accounting, 2016, 47 (2).

[433] Two Harbors Investment Corp. Updates on Redemption of Series D and Series E Cumulative Redeemable Preferred Stock [J]. Manufacturing Close - Up, 2021.

[434] Umi Kulsum, Sudarso Kaderi Wiryono, Yunieta Anny Nainggolan. Revisiting conceptual framework of governance & financial factors in reverse merger performance [J]. Risk Governance and Control: Financial Markets & Institutions, 2019, 9 (2).

[435] Vetter Highlights Long - term Investment Strategy [J]. Wireless News, 2020.

[436] Wells Fargo & Company Reports Full Redemption of its Series I Preferred Stock and the 5.80% Fixed - to - Floating Rate Normal Wachovia Income Trust Securities of Wachovia Capital Trust III [J]. Manufacturing Close - Up, 2021.

[437] Wells Fargo & Company Reports Full Redemptions of its Series P and Series W Preferred Stock and Related Depositary Shares [J]. Manufacturing Close - Up, 2021.

[438] Wells Fargo & Company Reports Partial Redemption of its Series N Preferred Stock and Related Depositary Shares [J]. Manufacturing Close - Up, 2021.

[439] Yenn - Ru Chen, Mi - Hsiu Chiang, Chia - Hsiang Weng. Are investors always compensated for information risk? Evidence from Chinese reverse - merger firms [J]. Review of

Quantitative Finance and Accounting, 2019, 52 (1).

[440] Zijian Cheng, Grant Fleming, Zhangxin (Frank) Liu. Financial constraints and investment thirst in Chinese reverse merger companies [J]. Accounting & Finance, 2017, 57 (5).

[441] 송종준. The Listing Performance of Merger of SPAC and Small and Medium Sized Enterprises [J]. Korean Journal of Financial Studies, 2017, 46 (3).